교수대 위의 까치

진중권의 독창적인 그림 읽기

교수대 위의 까치

진중권 지음

휴머니스트

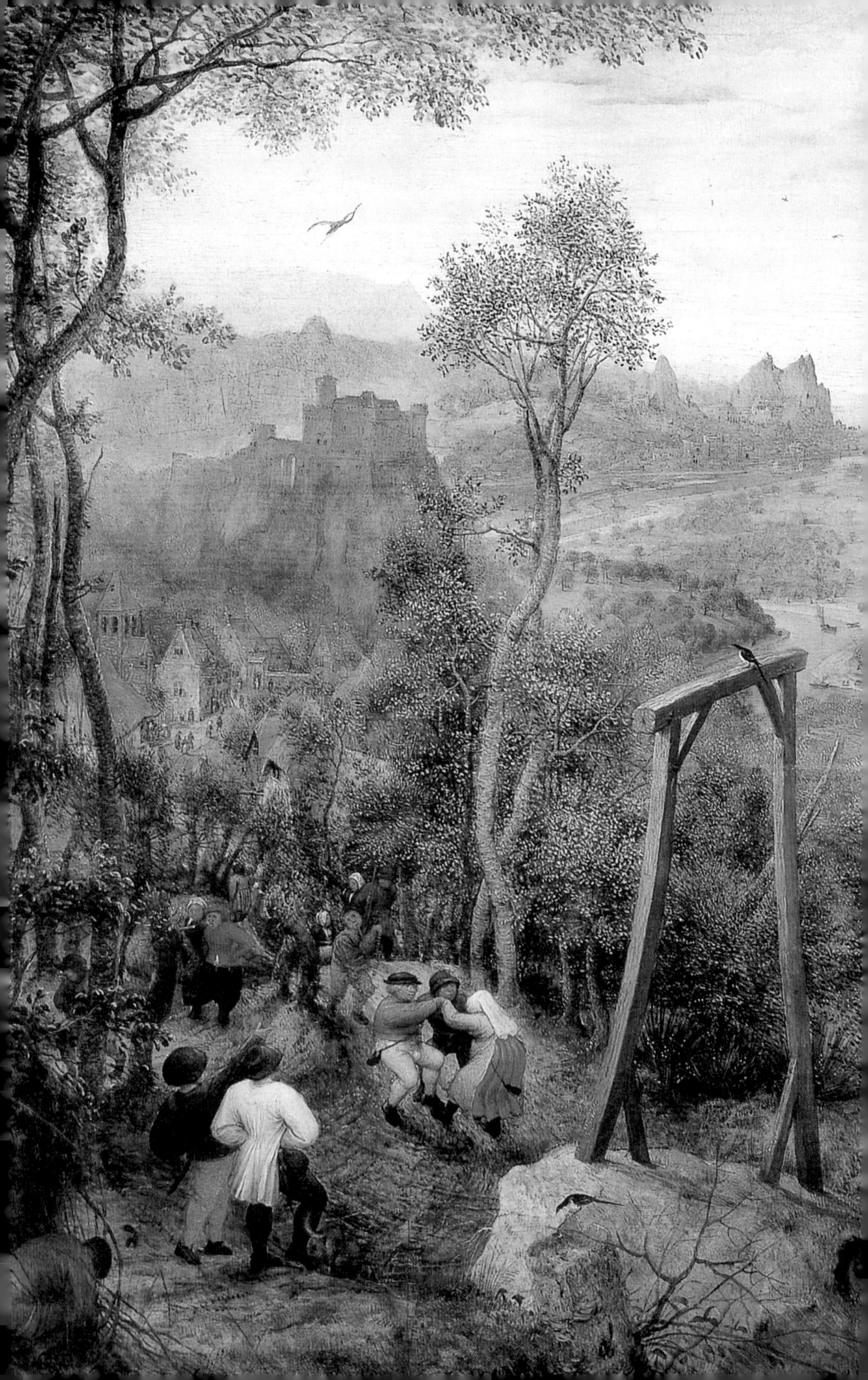

지은이의 말

아주 가끔 영혼의 울림을 주는 작품과 마주칠 때가 있다. 그런 그림은 마치 원래 한 몸이었으나 세상에 태어나면서 둘로 쪼개져야 했던 자신의 반쪽과 같은 느낌을 준다. 내게는 파울 클레의 〈앙겔루스 노부스〉와 피터르 브뤼헐의 〈교수대 위의 까치〉가 그렇다. 사실 이 책에 수록된 글 중에서 가장 마음에 드는 서술은 정작 굼프의 자화상과 기스브레히츠의 정물화를 다룬 장(章)일 것이다. 하지만 여기에 소개하는 작품들 중에서 영적 울림에 가까운 푼크툼의 효과를 주는 것은 피터르 브뤼헐의 이 마지막 작품이다. 그래서 그것을 책의 제목으로 뽑았다.

네덜란드의 자유로운 분위기를 스페인 군대가 반동의 물결로 덮어버렸던 시절. 풍자와 해학을 즐기던 명랑한 정신의 소유자는 교수대 위에 까치가 앉은 그 그림만 남기고 자신의 작품을 모두 불태우라고 말한다. 보르헤스의 느낌대로 역사는 원형의 멜로디가 다양한 형태로 반복되는 변주곡일까? 지금 겪는 이 반복이 비극인지 희극인지 모르겠지만, 지금 느끼는 이 감정을 먼 훗날 다시 한 번 느껴보고 싶어 여기에 그 기분의 흔적을 남겨놓는다. 신변을 둘러싼 온갖 번잡함 속에서 이 책을 쓰는 내내 나를 사로잡았던 그 기분은 기념할 만한 가치가 있다.

지난 9월 11일, 6년간 몸담았던 중앙대를 떠나는 기념으로 학생들이 마지막 강의의 자리를 마련해주었다. '화가의 자화상' 이라는 제목으로 이루어진 이 강의의 내용은 〈사라진 수체〉라는 새로운 이름을 달고 이 책의 한 장(章)으로 수록되었다. 중앙대에서 계속 강단에 섰다면, 비평론이나 해석론과 관련하여 이 책의 다른 장들에 관한 수업도 이루어졌을 것이다. 하지만 첫 강의가 곧 고별 강연이었기에 강의는 단 1회로 그쳐야 했고, 그 바람에 이 책은 강단에서 미처 하지 못한 수업의 강의록이 되었다. 언젠가 이 내용으로 강의를 하는 날이 올까?

이 책을 쓰는 내내 벤야민의 〈역사철학테제〉에 나오는 여러 구절이 어지럽게 머릿속에 맴돌았다. "억눌린 자들의 전통이 우리에게 가르치는 교훈은, 오늘 우리가 처한 비상사태라는 것이 예외가 아니라 정상적 상태라는 점이다." "우리가 지금 체험하는 일들이 20세기에 들어선 오늘날에도 여전히 가능하다는 놀라움은 결코 철학적 놀라움이 아니다." "과거로부터 희망의 불꽃을 점화할 재능을 가진 사람은, 오로지 죽은 자들까지도 적으로부터 안전하지 못하리라는 것을 투철하게 인식하는 특정한 역사가뿐이다. 적들은 승리하기를 멈추지 않는다."

작은 몸통에 커다란 머리를 가진 역사의 천사는 아마도 지식인을 가리킬 것이다. 천사의 작은 몸통은 현실의 무능함을, 커다란 머리는 과도하게 발달한 그의 관념성을 상징한다. 정의는 관념이고, 폭력은 물질이다. 그리고 세상을 움직이는 것은 어디까지나 원시적인 물질의 힘이다. 그 때문에 천사는 날개를 편 채로 거센 바람에 밀려 끝없이 뒤로 물러날 수밖에 없다. 부조리야말로 삶의 예외적 현상이 아니라 정상적 상태라는 것, 그것이 〈교수대 위의 까치〉가 연출하는 풍경만큼이나 을씨년스러운 세상의 진리, 누구나 알고 있으면서 말하지 않는 비밀인 모양이다.

2009년 9월 22일

진중권

차례

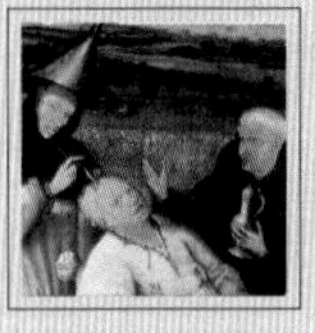

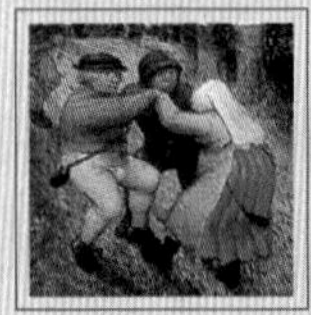

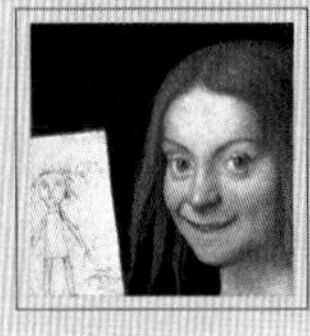

프롤로그

푼크툼으로서 그림

푼크툼으로서 그림

가끔 어느 화가를 좋아하느냐는 질문을 받곤 한다. 아마도 나의 미적 취향을 묻는 질문일 것이다. 이 물음은 나를 곤혹스럽게 만든다. '좋아한다'는 말은 어쩐지 나의 취향을 기술하는 데 적합하지 않다고 느끼기 때문이다. '좋아한다'는 말은 강하게 작품 감상의 정서적 측면을 함축한다. 하지만 작품을 좋아한다는 것이 그것을 볼 때 마음속에서 어떤 '정서적' 반응이 일어나는 것을 가리킨다면, 솔직히 그런 의미에서 좋아하는 화가나 좋아하는 작품은 없다. 그저 우연한 계기에 나를 사로잡는 몇몇 작품들이 있을 뿐이다. 하지만 거기에 늘 정서적 반응이 수반되는 것은 아니다. 예술 작품에 건조하게 매료될 수도 있다.

아주 거칠게 분류하면, 예술 작품을 감상하는 데에는 크게 네 가지 수준이 있는 듯하다. 관객은 작품으로부터 정서적(emotional) 감동을 받거나, 지각적(perceptual) 쾌감을 얻거나, 지성적(intellectual) 자극을 받거나, 그리 흔하지는 않지만 가끔 영성의(spiritual) 울림을 얻기도 한다. 사람마다 작품을 감상하는 태도는 다를 것이다. 어떤 이는 작품과 정서적 교감을 나누고, 어떤 이는 작품의 텍스추어의 지각적 섬세함에 매료되고, 어떤 이는 작품의 내용과 형식에 침전된 지적 코드를 해독하는 정신적 유희를 즐기고, 어떤 이는 작품에서 거의 종교적 체험에 가까운 깊은 영성에 도달하기를 바랄 것이다.

내 경우에는 작품의 지적 측면에 끌리는 편이다. 이 책에서 다루는 작품들은 언젠가 한번 나의 지적 호기심을 자극했던 것들이다. 그 자극은 작품 전체 또는 작품의 주요 모티프에서 흘러나올 수도 있지만, 많은 경우 그림 속의 별로 눈에 띄지 않는 아주 작은 '디테일'에서 흘러나오기도 한다. 작은 디테일들을 접하는 매우 사밀한 개인적 체험의 기록이기에, 이 책은 내가 소장하고 싶은 작품들의 가상(假想) 컬렉션이자, 내가 보여주고 싶은 작품들의 지상(紙上) 전시회라 할 수 있다. 동시에 '어느 화가를 좋아하느냐'는 독자들의 물음에 대한 답변이자, 내가 작품과 관계를 맺는 방식의 노출이기도 하다.

에니그마

오래전에 베를린의 '기술박물관'에서 2차 세계 대전 당시에 독일군이 사용한 에니그마 머신(enigma machine)을 본 적이 있다. 무슨 이유에선지 기계와 전자를 결합한 이 암호화 장치에 강하게 끌렸다. '에니그마'란 그리스어 '아이니그마(αἴνιγμα)', 라틴어 역어 '애니그마(aenigma)'에서 유래한 말이다. 오늘날에는 별 생각 없이 '수수께끼'의 동의어로 사용되나, 원래 이 말은 '어둡게 말하기'라는 뜻을 갖고 있었다. 나를 자극하는 것은 이른바 '에니그마 같은(enigmatic)' 작품, 어원 그대로 '어둡게 말하는' 작품들이다. 그런 작품은 기술박물관의 에니그마 머신처럼 화폭 위에 해독하기 어려운 메시지들을 생성해낸다.

몸을 잃고 홀로 허공을 떠도는 머리. 기괴한 형상 앞에서 책을 삼키는 사내. 빛을 발하며 허공에 나타난 손이 왕궁의 벽에 새긴 글씨. 광인의 두개골에 구멍을 내는 수술. 불가능한 형태로 뒤틀린 교수대. 르네상스 시대 개구쟁이의 낙서. 들여다보는 자의 시선을 외면하는 거울. 뒷면인 동시에 전면인 캔버스. 세 얼굴을 가진 인간과 세 머리를 가진 짐승. 아주 평범해 보이나 해석의 바벨탑을 쌓아 올리는 그림. 위로 올라가면서 점점 사라지는 고대 신전의 열주(列柱). 그리고 텅 빈 공간 속에 달랑 머리 하나로 남은 개. 새 책의 제안을 받고 그동안 삶의 번잡함 속에 닫혀 있었던 기억의 창고에서 이 수수께끼 같은 형상들을 다시 끄집어내기로 했다.

이게 예술 작품을 일종의 암호문으로 간주하자는 얘기처럼 들릴지도 모르겠다. 하지만 작품은 그저 암호문에 불과한 게 아니다. 그것은 메시지가 아니라 외려 생성기에 가깝다. 굳이 비유를 하면, 작품은 에니그마로 생성한 암호문이 아니라, 수많은 암호문을 생성해내는 에니그마 머신에 가깝다고 해야 한다. 작품의 수용은 그저 작품이 던지는 물음에 답하는 데 머물러서는 안 된다. 진정한 의미의 감상은 작품을 통해 누구도 던지지 않았던 새로운 물음들을 생성시키는 것이어야 한다. 문제를 '해결' 하는 능력보다 중요한 것은 문제를 처음으로 '제기' 하는 능력, 의제를 처음으로 '설정' 하는 능력이기 때문이다.

창조적 독해

미술에 관한 어떤 책들은 마치 작품 속에 누구나 읽어내야 할 무슨 보편적 메시지가 있는 것처럼 전제한다. 물론 그런 부류의 접근도 의미가 없는 것은 아니다. 글자를 모르는 아이들에게는 가끔 어른들이 책을 읽어줄 필요도 있으니까. 하지만 아이에게 책을 읽어주는 것보다 중요한 것은 역시 아이에게 책을 읽는 능력을 갖게 하는 것이리라. 예술 작품의 경우도 다르지 않다. 대중을 예술적 문맹으로 간주하고 그들에게 작품을 읽어주는 것보다 중요한 것은 역시 독자로 하여금 작품을 스스로 읽도록 자극하는 것이리라.

작품을 스스로 읽는다는 것은, 작품을 보며 스스로 물음을 제기하고 스스로 대답하는 것을 의미한다. 작품은 제작된 순간에 완성되는 죽은 '물건'이 아니다. 그것은 끝없는 물음과 답변의 놀이를 통해 영원히 자신을 형성해 나가는 '생물'이다. 이 물음과 답변의 연쇄가 끊어질 때, 작품은 더 이상 살아 있기를 멈춘다. 작품의 독해는 그저 남이 이미 읽은 궤적으로 그대로 따라가는 것이어서는 안 된다. 그것은 늘 새로운 물음, 새로운 해석으로 작품을 살아 있게 만들어야 한다. 수용미학에서 강조하듯이, 작품은 작가와 독자의 공동 창작의 산물이다. 창조적이어야 할 것은 작가만이 아니다. 독자 역시 창조적이어야 한다.

따라서 여기에 모은 글들은 독자들을 대신하여 그림을 읽어주기 위함이 아니다. 굳이 말하면 이 책의 성격은 '범례적'이라 할 수 있다. 즉 이 책은 독자들을 향한 적극적 독해의 요청, 다시 말해 '그림을 이처럼 읽어보라.' 거나 '이와는 다른 식으로 읽어보라.' 는 채근에 가깝다. 일반 독자들은 정보와 자료의 제한을 탓할지 모르겠다. 하지만 이 책에 사용된 자료들은 몇 가지만 제외하면 99퍼센트 인터넷을 통해 찾은 것이다. 텍스트를 다운로드하기 위해 비싼 비용을 지불해야 하는 경우도 있지만, 자료를 제공하는 기관과 협력을 맺고 있는 대학이나 기관을 통하면 웬만한 책이나 논문은 대부분 무료로 내려 받을 수가 있다.

회화의 푼크툼

롤랑 바르트(Roland Barthes, 1915~1980년)는 사진의 의미에 두 개의 층위가 있음을 지적한다. 하나는 '스투디움(studium)' 으로, 사회적으로 널리 공유되는 '일반적' 해석의 틀에 따라 읽어내는 의미다. 우리는 특정한 사진을 보고 그 사진이 뭘 의미하는지 금방 이해하곤 한다. 다른 하나는 사회적으로 널리 공유되는 그런 일반적 해석과 관계없이, 때로는 그것을 전복하면서 보는 이의 가슴과 머리를 찌르는 효과이다. 오직 보는 이 혼자만이 느끼는 이 절대적으로 '개별적' 인 효과를 바르트는 '푼크툼(punctum)' 이라 부른다.

> 이 자극, 이 상처들은 점이다. 스투디움을 방해하러 오는 이 두 번째 요소를 나는 푼크툼이라 부르겠다. 왜냐하면 그것은 찌름, 작은 구멍, 작은 반점, 작은 흠, 주사위 던지기이기 때문이다. 사진의 푼크툼은 그 자체가 나를 찌르는 (또한 나를 상처 입히고 괴

롭히는) 우연이다.

'푼크툼' 과 '스투디움' 은 물론 사진에 적용되는 개념적 도구일 것이나, 어느 정도는 회화에서도 이와 비슷한 구별이 존재하는 듯하다. 고전 회화에는 '제재(sujét)' 가 존재한다. 그래서 그림을 보고 대개 그것이 무엇을 그린 것인지 이해한다. 첫눈에 이해하기 어려울 경우에는 도상해석학(iconology)의 도움을 받을 수 있다. 이것은 바르트가 말한 사진의 '스투디움' 에 해당할 것이다. 하지만 종종 우리는 그런 일반적 해석으로는 도저히 포착이 안 되는 작품의 세세한 디테일, 미묘한 텍스추어에 불현듯 사로잡히곤 한다. 마치 바늘로 찌르는 듯한 이 느낌을 회화의 '푼크툼' 이라 불러도 될지 모르겠다.

나에게 와서 꽂히는 듯한 그 촉각적 효과를 다른 이들은 못 느낄 수도 있다. 푼크툼은 사밀한 체험, 때로는 절대적으로 사밀한 체험이기 때문이다. 그런 의미에서 그것은 그저 무시해도 좋을 한 개인의 주관적 감상에 불과할지도 모른다. 하지만 아무리 사밀한 체험이라도, 그것이 사회 속에 사는 인간의 것이라면, 거기에는 어느 정도 전달 가능성이 있다. 가령 내가 그림 속의 한 요소를 손가락으로 가리킬 때, 어떤 독자들은 물론 거기서 아무 감흥도 느끼지 못할지도 모른다. 하지만 다른 독자들은 거기서 나와 비슷한 것을 느낄 것이고, 또 다른 독자들은 나와는 전혀 다른 것을 느끼되 거기에 함께 매료될 수도 있을 것이다.

작품의 해석에 관하여

"해석에 반대한다."는 수잔 손탁(Susan Sontag, 1933~2006년)의 말은 글자 그대로 '모든 해석에 반대한다.'는 뜻이 아닐 게다. 작품은 해석을 먹고살고, 더 이상 해석되지 않는 작품은 죽은 것이나 다름없기 때문이다. 그가 반대하는 것은 하나의 해석을 특권화하는 사고방식일 게다. 가령 해석학의 바탕에는 작품에 대한 여러 해석 중에서 가장 옳거나 가장 적절한 해석이 적어도 하나 존재한다는 믿음이 깔려 있다. 말하자면 여러 해석 사이에 위계가 설정되는 것이다. 하지만 상이한 해석들을 서로 비교할 수 있게 해주는 공통의 기준이 과연 존재할까? 질적으로 달라서 서로 비교할 수 없는 해석들도 존재할 수 있지 않은가.

후기 구조주의자들의 반해석학주의(anti-hermétisme)는 해석 자체에 대한 반대라기보다는 해석에 대한 관념을 '과학'에서 '예술'로 옮기려는 시도로 봐야 할 것이다. 과학으로서 해석이 폐쇄적이라면, 문학으로서 해석은 개방적이다. 즉 전자가 보편적 구속력이 있는 정답으로 작품을 둘러싼 담론의 놀이에 종지부를 찍으려 한다면, 후자는 수용자의 개별적 체험에 기초하여 작품에 대한 담론의 놀이를 무한히 영속화하려 한다. 과학으로서 해석이 순수주의를 지향한다면, 문학으로서 해석은 혼합주의를 용인한다. 전자가 상이한 해석들 사이의 모순을 제거하려 한다면, 후자는 다양한 해석 사이의 모순성을 허용한다.

근대적 사유 속에는 정합성, 무모순성, 형식적 완결성에 대한 거의 강박에 가까운 관념이 존재한다. 하지만 과학과 수학에서조차 형식적으로 완전한 체계란 존재하지 않는다. 하물며 작품의 해석에 정합적으로 완결된 체계가 있을 수 있겠는가? 그런 의미에서 작품에 대한 해석은, 하나의 균질적인 공간이 지배하는 르네상스 회화보다는 다수의 이질적인 공간들을 애매하게 접합시켜놓은 중세 회화, 또는 한 공간에 다수의 시점을 애매하게 결합시켜놓은 세잔의 정물화에 가깝다. 그런 의미에서 해석이란 작품에 관한 담론의 장에 또 하나의 이질적인 공간, 또는 시각을 애매하게 접합시키는 놀이라 할 수 있을 것이다.

이는 '스투디움' 위주의 해석에서 '푼크툼'의 계기를 결합시킬 필요성을 지시한다. 이를 위해서는 작품과 관객의 관계가 고독하고 개별적이어야 한다. 물론 스투디움도 작품의 이해에 도움을 준다. 하지만 작품과 관객 사이에 스투디움만 끼워 넣을 경우, 이 표준적 해석의 필터가 외려 작품에 대한 생산적 독해를 가로막을 수가 있다. 따라서 중요한 것은 관객이 작품에 대해 자신만의 고독하고 개별적인 관계를 유지하는 것이다. 때로는 말로 설명할 수 없는 느낌이 작품에 대한 표준적 해석을 넘어서는 직관을 제공해줄 때, 관객은 남이 찾아놓은 의미를 재확인하는 수준을 넘어 스스로 새로운 의미를 창출하게 된다.

주의 얼굴에 침을 뱉은 자

1

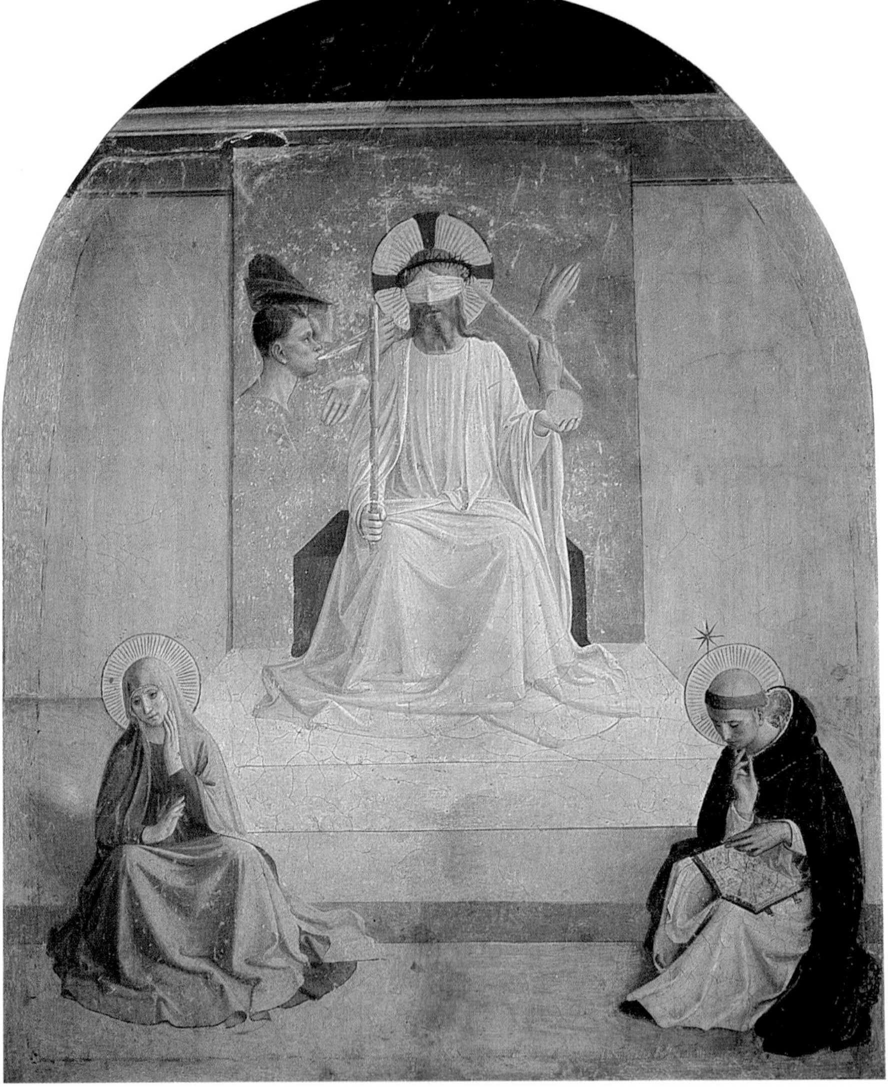

〈조롱당하는 그리스도〉 프라 안젤리코,
1440~1441년

주의 얼굴에 침을 뱉은 자

피렌체를 방문하는 여행자들은 대개 산마르코 수도원을 들르게 된다. 이 수도원은 같은 모듈로 된 수많은 작은 방(cell)으로 이루어져 있는데, 그 방들의 벽은 온통 프라 안젤리코(Fra Angelico, 1387~1455년)가 그린 프레스코화로 장식되어 있다. 건물 1층에만 복도에 3점, 45개의 방에 43점, 모두 46점이 그려져 있다. 물론 그 많은 작품을 화가 혼자서 그렸을 리는 없다. 미술사학자들은 적어도 네 명 이상이 프레스코 작업에 참여한 것으로 추정한다. 물론 그 중 상당수는 안젤리코가 직접 그린 것이다. 그렇지 않은 경우에도 결국 안젤리코의 지도 아래 제자들이 그렸으니, 작품 전체를 그의 것으로 돌려도 큰 무리는 없을 것이다.

콰트로첸토의 초현실주의?

수도원의 벽을 장식하는 그 많은 프레스코화 중에서 내 눈길을 사로잡은 것은 〈조롱당하는 그리스도〉였다. 그림을 보라. 화면 정면으로 보이는 하얀 옷의 인물은 앉아 있는 자세나 머리 뒤의 후광(nimbus)으로 보건대 예수 그리스도일 것이다. 화면 왼쪽에 앉아 있는 여인은 한눈에 봐도 성모 마리아이다. 그 맞은편에 앉아 있는 남자는 누굴까? 머리 가운데를 밀어버린 독특한 헤어스타일로 보아 예수 시대의 인물로 보이지 않는다. 찾아보니 프라 안젤리코가 속해 있던 승단의 창시자인 성 도미니쿠스(1170~1221년)라고 한다. 이 세 인물이 르네상스 특유의 삼각형 구도 속에 안정적으로 배치되어 있다.

흥미로운 것은 예수를 둘러싸고 있는 저 초록색 사각형의 배경 안쪽에서 벌어지는 사건이다. 기괴하지 않은가? 예수의 왼쪽으로 한 사내의 머리가 허공에 떠 있다. 그는 왼손으로 모자를 들어 올리면서 볼을 한껏 부풀려 예수를 향해 힘껏 침을 뱉는다. 그 반대편으로는 막대기를 쥔 손이 허공에 떠다니는 것이 눈에 들어온다. 그 손은 막대기로 예수의 머리를 내리치는 것으로 보인다. 그런가 하면 예수의 좌우로 대각선을 이루며 아무것도 들지 않은 손등과 손바닥이 떠 있다. 주인을 잃은 이 손들의 정체는 무엇일까? 허공에 떠 있는 하나의 머리와 네 개의 손은 누구의 신체에 속하는 것이었을까?

여기서 우리는 르네 마그리트(Rene Magritte, 1898~1967년)의 작품을 떠올리게 된다. 가령 실크햇 신사를 삼등분해놓은 〈순례자〉이나, 자신의 신체에 네 개의 손을 달아놓은 〈마술사〉를 보자. 산마르코의 벽화는 마치 이 두 작품을 하나로 합쳐놓은 듯하다. 마그리트는 이른바 초현실주의자이다. 초현실주의는 우리에게 익숙한 일상적 장면을 해체시켜 그것을 낯설게 만들고, 그로써 평범한(ordinary) 것 속에 감추어진 비범한(extraordinary) 것을 보게 해준다. 하지만 프라 안젤리코는 15세기의 화가가 아닌가? 콰트로첸토(=1400년대)의 화가가 20세기 초현실주의

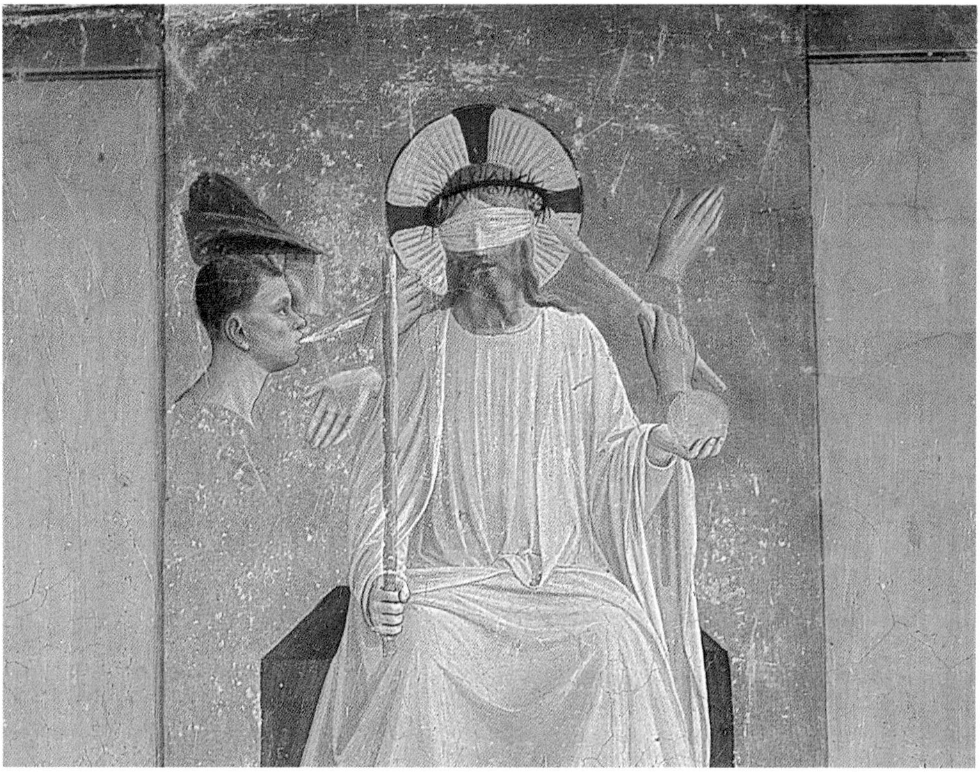

〈조롱당하는 그리스도〉(부분) 프라 안젤리코,
1440~1441년

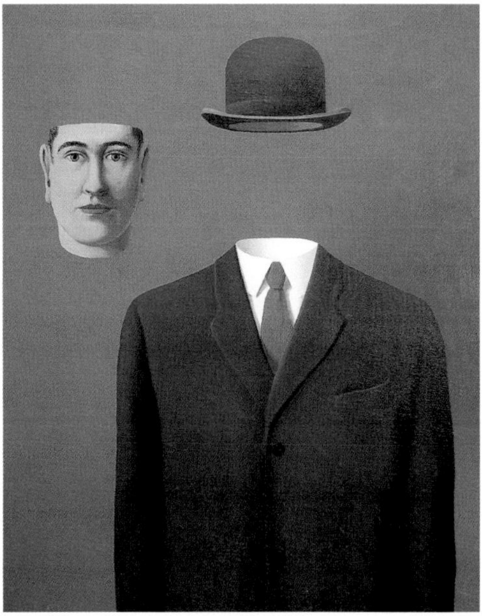

〈순례자〉 르네 마그리트,
1966년

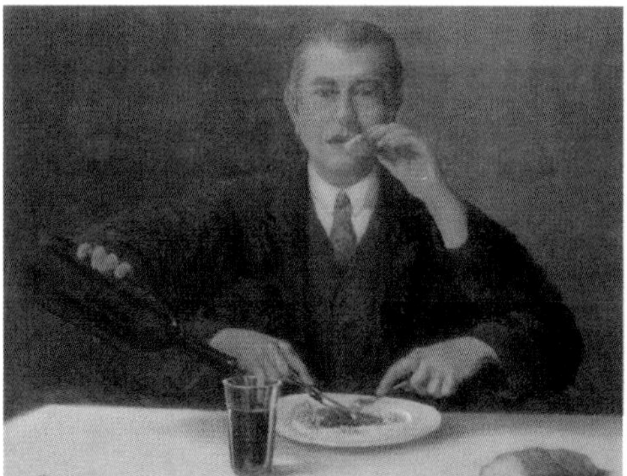

〈마술사〉(네 팔이 달린 자화상) 르네 마그리트,
1952년 (《화가의 자화상》 p.299)

자와 같은 의도를 가졌다고 생각할 수는 없으리라.

조롱당하는 그리스도

제목이 말해주듯이 이 작품은 '그리스도 수난 연작(Passionszyklus)'의 한 장면이다. 복음서들에 따르면, 십자가에 못 박히기 전 예수는 헤롯과 제사장 앞에서 군중에게 모욕을 당하고, 이어 빌라도 앞에서 로마의 병정들에게 조롱을 당한다. 그 장면을 프라 안젤리코는 조롱하는 자들의 신체 일부만 가지고 살짝 암시만 했다. 만약 그가 전체 장면을 다 그렸다면 어떻게 보였을까? 우리에게는 운이 좋게도, 프라 안젤리코는 같은 제재로 템페라화를 그려 남겼다. 같은 장면을 묘사한 '아르마디오를 위한 패널'을 보면, 화가가 잘려진 신체의 부위들로 원래 무슨 장면을 묘사하려 했는지 미루어 짐작할 수 있다.

예수의 왼쪽의 사내는 볼을 한껏 부풀려 예수에게 막 침을 뱉으려는 모양이다. 화면 오른쪽에 앉은 사내는 조롱의 몸짓을 하며 손으로 모자를 들어올린다. 이제 산마르코 프레스코화에서 사내의 머리가 무엇을 암시하는지 알 수 있을 게다. 그것은 이 두 장면을 하나로 합쳐놓은 것이다. 예수의 오른쪽에 무릎을 꿇은 사내는 막대로 예수의 머리를 마구 때려댄다. 산마르코 프레스코화에서는 이것이 신체 없는 손에 막대기가 들린 것으로 묘사되어 있다. 한편, 예수의 양쪽에 서 있는 사내들은 마구 예수의 빰을 치고 있는 듯하다. 이제 산마르코 프레스코화 속에서 허공을 떠도는 손들이 무엇을 하고 있는지 알 수 있을 게다.

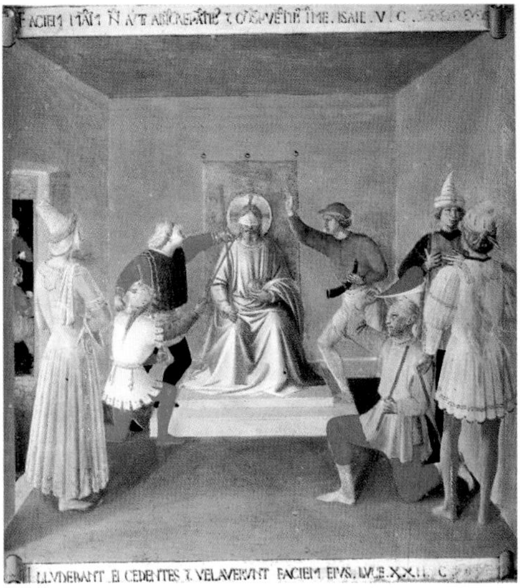

아르마디오를 위한 패널 중
〈조롱당하는 그리스도〉 프라 안젤리코,
1450년경

복음서의 기록에 따르면, 예수는 세 번 조롱을 받는다. 먼저 그는 '대제사장 앞에서' 모욕을 당한다. 사람들은 예수를 먼저 빌라도에게 데려간다. 하지만 유대인들의 일에 간섭하고 싶지 않았던 빌라도는 이를 번거로이 여겨 예수를 헤롯에게 내려 보낸다. 예수는 '헤롯 앞에서' 또다시 욕을 보고 다시 빌라도에게 보내진다. 성경에서 이 장면은 구체적인 묘사 없이 사실만 간략하게 언급된다. 마지막으로 예수는 '빌라도 앞에서' 이번엔 로마 군병들에게 또다시 조롱을 당한다. 그렇다면 저 그림은 이 세 가지 사건 가운데 어느 것을 묘사한 것일까?

빌라도에게 고난을 받으사

'아르마디오를 위한 패널'의 아래쪽에는 라틴어 성경 〈누가복음〉 22장(Luce XXII)의 인용문이 적혀 있다. 이게 단서가 될지도 모르겠다.

> 지키는 사람들이 예수를 희롱하고 때리며 그의 눈을 가리우고 물어 이르되 선지자 노릇하라 너를 친 자가 누구냐 하고 이 외에도 많은 말로 욕하더라.(〈누가복음〉 22장 63~65절)[1]

〈누가복음〉 22장에서 묘사하는 것은 예수가 '제사장 앞에서' 조롱당하는 장면이다. 제사장의 집에서 비열한 군중은 예수의 눈을 가리고 때리며, '네가 선지자라면 누가 때렸는지 알아맞히라.'고 놀린다. 그렇다면 이 장면은 〈누가복음〉의 묘사인가? 그럴지도 모르겠다. 하지만 〈누가복음〉의 이 구절에는 정작 그들이 예수에게 '침을 뱉었다.'는 기록이 없다. 따라서 그 얘기는 〈누가복음〉이 아니라 다른 곳에서 가져온 것으로 봐야 한다. 찾아보니 그 장면은 〈마태복음〉에 나온다. "이에 예수의 얼굴에 침 뱉으며 주먹으로 치고 혹은 손바닥으로 때리며……."(〈마태복음〉 26장 67~68절) 이로써 인용은 비록 〈누가복음〉에서 했지만, 프라 안젤리코가 그림을 그릴 때 다른 복음서들도 두루 참조했음을 알 수 있다.

하지만 예수가 제사장의 집에서 모욕을 당하는 부분에는 다시 예수를 막대기로 때렸다는 얘기가 없다. 그도 그럴 것이, 복음서에서 그 장면은 예수가 제사장 앞이 아니라 나중에 빌라도 앞에서 조롱당하는 대목에 등장하기 때문이다. 예수를 막대로 때린 것은 유대인들이 아니라 실은 로마의 군병들이었다. 예수의 머리에 가시면류관을 씌운 것도 빌라도의 병사들이었다. 이 사건은 〈마태복음〉과 〈마가복음〉(14장 16~19절)에 동시에 기록되어 있는데, 그 중에서 〈마태복음〉 쪽의 기술이 훨씬 자세하다.

> 이에 총독의 군병들이 예수를 데리고 관정 안으로 들어가서 온 군대를 그에게로 모으고 그의 옷을 벗기고 홍포를 입히며 가시면류관을 엮어 그의 머리에 씌우고 갈대를 그 오른손에 들리고 그 앞에서 무릎을 꿇고 희롱하여 이르되 유대인의 왕이여 평안할찌어다 하며 그에게 침 뱉고 갈대를 빼앗아 그의 머리를 치더라.(〈마태복음〉 27장 27~30절)

이제 그림 속의 막대가 무엇인지 알 수 있다. 그것은 회초리로 사용된 갈대이다. 또 템페라화 속의 두 인물이 예수 앞에 무릎을 꿇은 이유도 드러난다. 그들은 왕에게 예를 표하는 장난으로 자칭 '유대인의 왕'을 희롱하고 있는 것이다. "유대인의 왕이여 평안할찌어다." (손으로 모자를 들어올리는 것은 물론 유대나 로마의 예법이 아니라 프라 안젤리코가 살았던 당시의 서구 인사법일 게다.) 결론적으로, 프라 안젤리코의 〈조롱당하는 그리스도〉는 네 복음서 모두에 기초하여, 헤롯과 제사장과 빌라도 앞에서 행해진 모든 조롱의 장면을 하나로 묶어 종합한 것이라 할 수 있다.

중세인의 상상력

프레스코화에서 프라 안젤리코는 잘린 신체 부위만으로 사건 전체를 암시한다. 이런 묘사는 르네상스가 아니라 실은 고딕의 전통에 속한다. 하지만 프라 안젤리코는 트레첸토(=1300년대)의 방식을 그대로 이어받기로 했다. 어떤 의미에서 이는 시대착오라 할 수 있다. 안젤리코는 왜 그런 결정을 내렸을까? 일설에 따르면, 이런 식의 압축적 표현은 되도록 잔혹한 장면의 묘사를 피하면서 그림에 내러티브 구조를 도입하는 장치라고 한다.[2] 하긴, 템페라화에서처럼 격렬한 장면을 담았다면, 그리스도의 수난을 생각하는 마리아와 도미니쿠스의 고요한 명상이 방해받지 않았을까?

중세 말에는 이런 표현이 일반적이었다. 가령 스위스의 판화가 우르스 그라프(Urs Graf, 1485~1529년)의 작품을 보자. 부활한 예수 주위로 허공에 사물들이 떠돈다. 그 사물들 각각은 복음서에 묘사된 예수 수난의 장면을 암시한다. 가령 왼쪽 상단의 은전 30냥은 유다가 예수를 파는 장면. 그 아래 밧줄이 휘감긴 기둥은 예수가 빌라도의 관저에서 포박당하는 장면. 십자가 양쪽에 걸린 채찍은 매질을 당하는 장면. 침을 뱉는 사내의 머리는 조롱당하는 장면. 기둥 위의 닭은 베드로가 날이 밝기 전에 예수를 세 번 부인하는 장면. 세 개의 못은 예수가 십자가에 달리는 장면. 그리고 관 뚜껑 위의 옷은 로마의 병정들이 내기를 하여 그의 옷을 차지하는 장면.[3]

이는 오늘날 파일을 압축하는 것에 비유할 수 있을 것이다. 압축 프

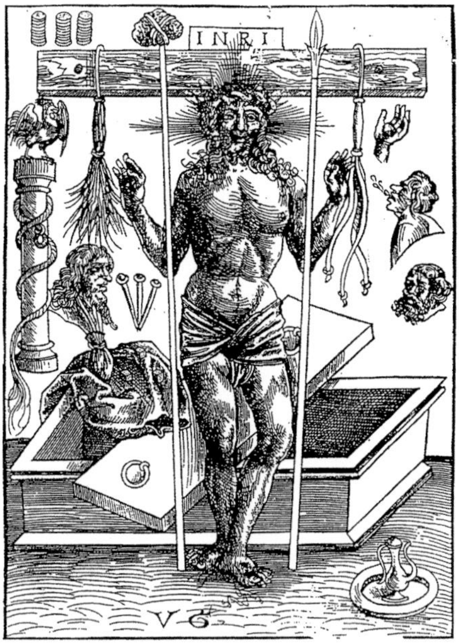

〈그리스도의 수난〉 우르스 그라프,
1506년

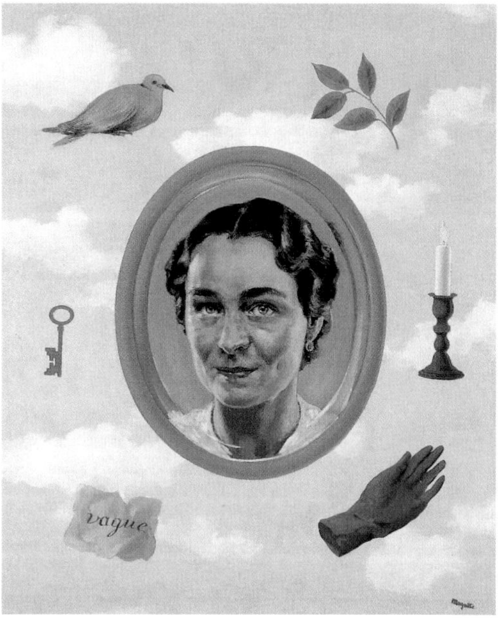

〈조르제트〉 르네 마그리트,
1935년

로그램은 남아도는 정보를 생략해버린다. 우르스 그라프 역시 화폭에 서사의 전달에 필요한 최소한만 남기고 나머지는 생략한다. 문제는 물론 해독일 것이다. 압축 파일을 푸는 중세인의 비결은 풍부한 상상력이었다. 그들의 상상력은 우리 것보다 왕성해서 '못'만 봐도 머릿속으로 예수의 손에 못이 박히는 동영상을 돌릴 수 있었다. 중세인이 머릿속으로 상상하던 것을, 오늘날 우리는 스크린 위에 고해상의 동영상으로 투사한다. 이를 우리는 '발전'이라 부르나, 그 발전이 얼마나 바람직한 것인지는 모르겠다. 영화의 해상도가 높아질수록 외려 관객의 상상력은 줄어드는 게 아닐까?

우르스 그라프는 한 장의 그림 안에 예수 수난의 전 과정을 담아냈다. 그것을 위해 화면의 거의 모든 귀퉁이를 남기지 않고 예수 수난의 상징들로 채워 넣었다. 이 작품의 화폭은 원근법에 따른 '재현의 공간'이 아니다. 그저 내러티브의 전개에 필요한 모티프들을 배치하는 '구성의 평면'일 뿐이다. 따라서 화면 속의 사물들이 중력의 법칙을 거스르며 허공에 떠 있는 것으로 읽으면 안 된다. 저 작품은 르네상스 이전의 중세의 규약에 따르고 있기 때문이다. 작품의 연도(1506년)가 너무 늦지 않냐고? 당시 유럽에서 이탈리아 이외의 지역은 16세기에도 여전히 중세의 관습과 전통에서 완전히 벗어나지 못한 상태였다.

성스러운 상처

이보다 한 세기 정도 앞선 그림을 보자. 앞서 장 부시코(Jean Boucicaut, 1366~1421년)의 성무일과서에 등장하는 〈그리스도 수난의 도구〉이다. 여기에는 만신창이가 된 예수의 몸이 보이지 않는다. 끔찍한 수난의 모든 장면이 오직 거기에 사용된 도구들을 통해 암시만 되어 있다. 예수를 잡으러 온 이의 귀를 자르는 베드로의 칼, 쟁반에 씻는 빌라도의 손, 해융에 쉰 포도주를 적셔 예수에게 건넸다는 창. 그 밖에 십자가 아래에 놓인 입술 모양의 물체가 눈에 들어올 게다. 무엇일까? 그것은 로마 병정의 창에 찔린 예수의 옆구리 상처라고 한다. 성경에 따

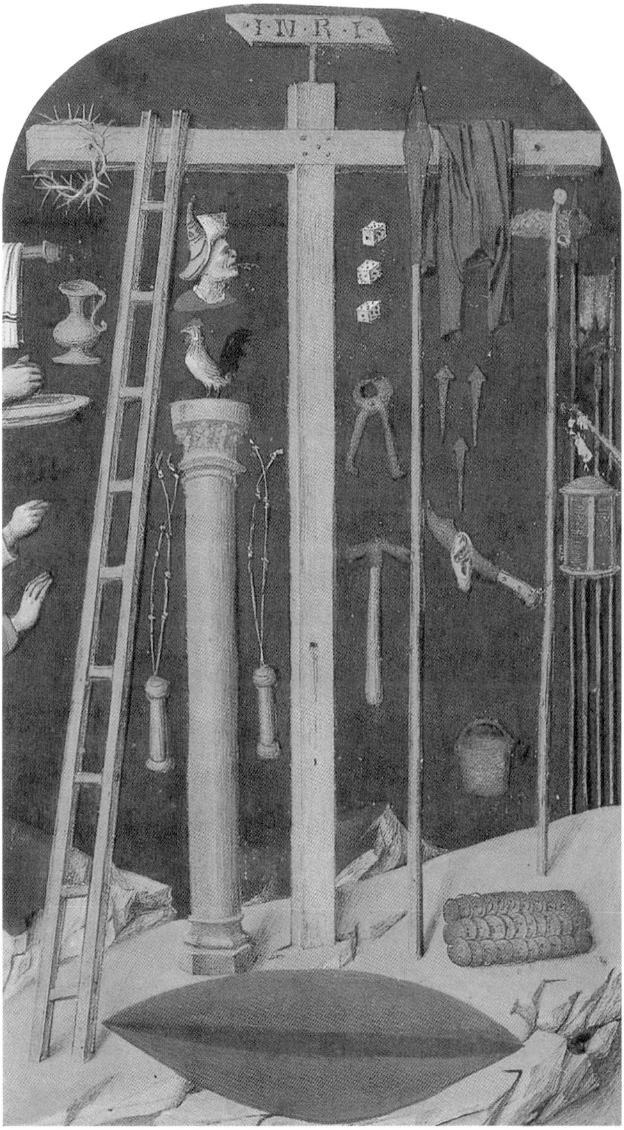

부시코 원수의 성무일과서 중
〈그리스도 수난의 도구〉 피에르 빌라트의 아틀리에,
1405~1408년

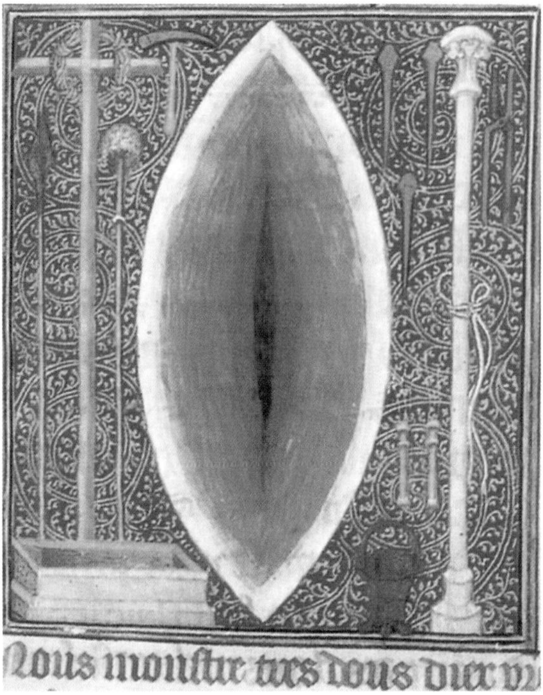

노르망디 공작부인 본 드 뤽상부르의 성무일과서 중 **〈그리스도의 성흔〉**, 1345년

르면, 예수는 그리로 물과 피를 흘렸다.

그보다 반세기 앞선 본 드 뤽상부르(Bonne de Luxembourg, 1315~1349년)의 성무일과서 삽화에서는 수난의 도구들이 거의 사라지고, 달랑 상처만 남았다. 중세의 성녀들은 그리스도의 수난에 동참하는 것을 그의 옆구리 상처에 키스를 하는 것으로 상상했다고 한다.[4] 그런데 저 상처는 묘하게 입술을 닮지 않았는가? 그리스도의 상처에 키스를 하는 성녀들은 자연스레 예수의 입에 키스를 하게 된다. 그럼 남자들은? 그리스도의 상처는 공교롭게도 동시에 여성의 성기를 닮았다.[5] 실제로 저 성스런 상처는 때로 자궁에 비유됐다. 기독교인이라면 모름지기 저리로 들어갔다 나와야 영적으로 거듭날 수 있다는 것. 신학적 페티시즘이라고 할까? 이 그림은 잔혹하기는커녕 외려 에로틱하게 느껴진다.

중세로 거슬러 올라갈수록 수난의 잔혹한 묘사는 화면에서 사라진다. 반면 르네상스로 내려올수록 수난의 잔혹함은 점점 더 사실적으로 묘사된다. 중세에 그리스도 수난은 명상의 공간 속에서 묘사되었다. 하지만 르네상스에 이르러 수난의 묘사는 서서히 현실의 3차원 공간으로 자리를 옮기기 시작한다. 그것은 사람들이 점점 더 눈에 보이는 현세를 중시하게 된 것과 관련이 있을 것이다. 프라 안젤리코가 이런 시대적 흐름을 거슬러가며 수난의 장면을 신체 부위로 암시만 한 것은 의도적인 것으로 보인다. 그는 수난의 장면을 관객들 눈앞에 펼치기보다는 그들의 명상 속에서 전개시키려 했던 것이다.

프라 안젤리코의 두 작품을 비교해보라. 아르마디오를 위한 패널화는 3차원의 현실 공간에서 일어나는 희롱의 장면을 묘사한다. 반면 산 마르코에서 이루어지는 희롱은 명상을 하는 마리아와 성 도미니쿠스의 머릿속 영상에 가깝다. 공교롭게도 그 장면을 담은 저 푸른색 바탕은 오늘날 CG 합성을 위한 촬영에 사용되는 블루 스크린을 닮지 않았는가? 묵상 속에서 펼쳐지는 가상에는 굳이 현장의 생생함이 필요하지 않다. 과도하게 잔혹한 묘사는 쓰라리면서도 달콤한 명상을 방해할 것이다. 묵상에는 외려 생각의 단초만 제시하는 영상의 파편들이 더 적합하다. 그런 의미에서 예수의 앞에 앉아 명상에 빠진 성 도미니쿠스는 저 그림 앞에 설 관객을 대표한다고 할 수 있다.

예수의 수난을 묵상한다는 것은 어떤 의미를 가질까? 그것은 예수의 고통에 동참함으로써 기독교의 핵심 교리를 몸 속 깊이 새겨 넣으려는 노력이라 할 수 있다. 가톨릭의 전설에 따르면, 그리스도가 성 게르투르드에게 나타나 이렇게 말했다고 한다.

> 십자가 경배를 내가 기뻐함은 …… 사람들이 십자가를 그 자체로서 경배하는 게 아니라, 거기에서 수난의 고통에 담긴 사랑과 믿음의 기억을 되살려내고, 나의 수난을 스스로 느껴보려는 열렬한 욕망이 있을 때니라.[6]

수난의 도구, 예수의 무기

아직 한 가지 의문이 남아 있다. 예수의 오른손에 들린 것은 회초리로 사용된 갈대이다. 그렇다면 그가 왼손에 들고 있는 둥근 물체는 무엇일까? 복음서에는 예수를 희롱하는 장면에 그의 왼손에 뭔가를 들려줬다는 얘기가 없다. 오른손에 막대기, 왼손에 둥근 물건을 든 예수의 모습은 전통적인 황제의 도상을 연상시킨다. 황제들은 오른손에 칼이나 왕홀을 들고, 왼손에는 '십자가 달린 지구의(globus cruciger)'를 들고 있다. 십자가 달린 지구의는 물론 전 세계에 대한 그리스도의 지배를 상징한다. 이 지구의를 예수가 들고 있으면 이른바 '구세주(salvator mundi)'라는 도상이 된다.

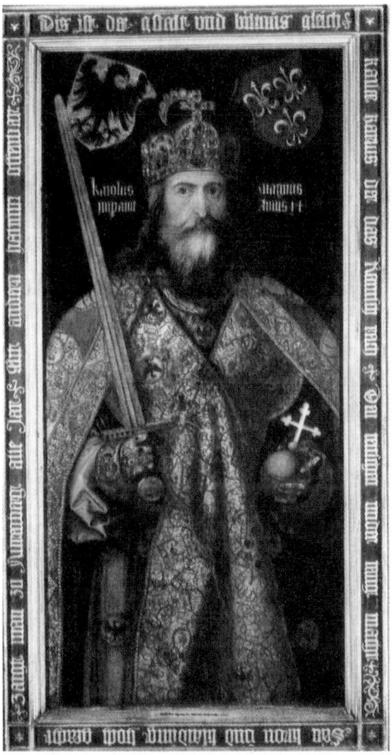

〈샤를마뉴 대제〉 알브레히트 뒤러,
1512년경

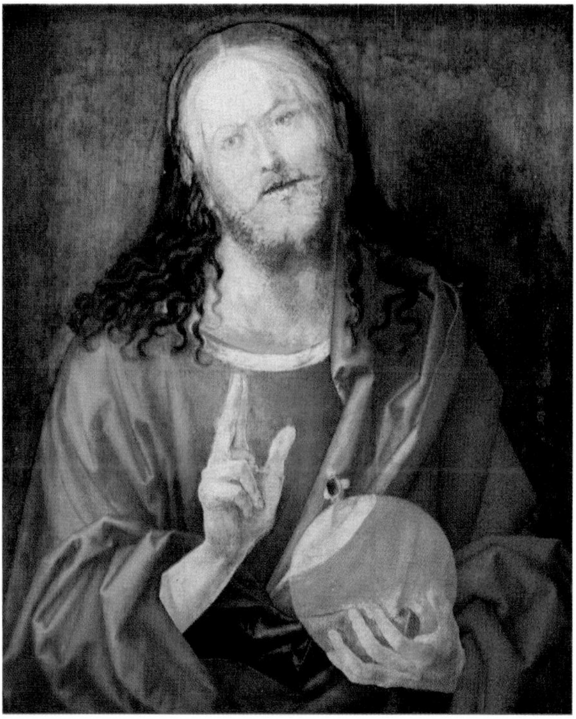

〈구세주〉 알브레히트 뒤러,
1526년

예수를 그릴 때 프라 안젤리코는 옥좌에 앉은 왕의 포맷을 따른 것으로 보인다. 조롱당하는 사람을 의자에 앉아 있는 근엄한 자세로 묘사하는 것은 애초에 어울리지 않는 일. 저 장면을 묘사할 때 프라 안젤리코는 마음속으로 유대의 왕과 유럽의 왕 사이에 모종의 평행관계를 설정한 게 아닐까? 그렇다면 산마르코 프레스코화 속에서 예수의 왼손에 들린 것은 지구의(globus)일 가능성이 있다. 하지만 이 추측에는 문제가 있다. 예수의 손에 들린 물건에는 꼭지에 십자가가 달려 있지 않다. 그의 오른손에 들린 것도 칼이나 왕홀이 아니잖은가? 게다가 지금 그는 구세주가 아니라, 조롱과 핍박을 받는 가련한 사형수가 아닌가?

예수의 오른손에 들린 것이 수난의 도구라면, 왼손에 들린 것도 같은 종류의 것이어야 한다. 따라서 그 둥근 물체는 돌일지도 모르겠다. 예수가 살던 당시에 유대에는 죄인을 돌로 치는 관습이 있지 않았던가. 하지만 거기에는 한 가지 문제가 있다. 즉 예수 수난의 전 과정에서 예수가 군중에게 돌을 맞는 장면은 복음서에서 찾아볼 수 없기 때문이다. 다만 〈요한복음〉에 예수가 군중에게 돌을 맞을 뻔한 장면이 묘사되어 있기는 하다.

> 나와 아버지는 하나이니라 하신대 유대인들이 다시 돌을 들어 치려 하거늘 예수께서 대답하시되 내가 아버지께로 말미암아 여러 가지 선한 일을 너희에게 보였거늘 그 중에 어떤 일로 나를 돌로 치려 하느냐.(〈요한복음〉 10장 30~32절)

물론 이 대목에서 예수는 실제로 봉변을 당하지는 않는다. "저희가 다시 예수를 잡고자 하였으나 그 손에서 벗어나 나가시니라."(10장 39절) 예수는 현장을 무사히 빠져나간 것으로 보인다. 그럼에도 불구하고 이 일화가 예수 수난의 장면에 오버랩 된 모양이다. 예수 수난에 사용됐던 도구를 흔히 '그리스도의 무기(arma christi)'라 부르는데, (이 명칭의 역설은, 그로 인하여 예수가 죽어 부활하여 죽음을 이길 수 있었던 데서 비롯된 것이라 한다.) 그 무기들의 목록 중에는 종종 돌이 포함되어 있다. 그렇다면 프라 안젤리코가 예수의 왼손에 들려준 것은 '그리스도의 무기', 즉 수난의 도구 중 하나인 돌일 가능성이 크다.

너희가 어떤 일로 나를

1454년 베네치아에서 출간된 《기도의 정원》은 신자들에게 마치 일련의 프레스코화 앞에 있는 것처럼 예수의 수난에 대해 명상하라고 권유한다. 이는 마치 15세기의 저자가 오늘날 산마르코 수도원을 방문하는 사람들에게 던지는 말처럼 들린다.

> 한 일화에서 다른 일화로 천천히 걸음을 옮기면서 각 일화에 대해 명상하고 이야기의 단계마다 걸음을 멈추어라. 그리고 만약 어떤 지점에서 독신의 감정을 느낀다면 이 부드럽고 경건한 감정이 지속되는 동안 발걸음을 떼지 마라.[7]

어쩌면 이런 것이 산마르코의 프레스코화를 감상하는 적절한 태도일지 모른다. 프라 안젤리코 자신도 그림을 그릴 때 관객들이 자신의 그림을 그렇게 봐주기를 기대했을 것이다. 그저 도상의 출처를 알아내거나 화법의 역사를 파악하는 것만으로 작품을 이해했다고 할 수는 없다. 그보다 더 중요한 것은, 작가가 의도했던 연출 속으로 들어가 그 분위기를 몸으로 체험해보는 것이 아닐까?

그리스의 시인 시모니데스는 회화를 가리켜 '말 없는 시'라 불렀다. 하지만 화가의 표현 수단은 시인의 그것과는 완전히 다른 것이다. 로마의 시인 호라티우스는 '시는 회화처럼' 쓰라고 말했다. 하지만 말이 좋아 '엑프라시스(ekphrasis)'이지, 언어라는 수단으로 그림처럼 생생한 묘사를 할 수는 없는 법이다. 회화는 문학이 아니다. 회화의 매력은 종종 보편적 개념으로 이루어진 언어의 피안에서 발산되곤 한다. 이 작품에서 나를 사로잡은 것 역시 이제까지 말로 설명한 것과는 별 관계가 없는 아주 조그만 디테일이었다.

예수의 얼굴을 가린 천 뒤로 보이는 예수의 눈매. 프라 안젤리코는 하얀 천의 뒤로 예수의 눈매를 그냥 묻어버리지 않는다. 눈을 감싼 하얀 천 위로 그는 슬쩍 예수의 눈매가 드러나게 만들었다. 수건에 새겨진 윤곽을 통해 드러나는 예수의 두 눈은 지그시 감겨 있다. 감추어지면서 동시에 드러나는 이 눈매의 표정은 모나리자의 미소 못지않게 신비한 느낌을 준다. 그 눈매는 현대의 불신자까지 '독신의 감정'에 빠뜨린다. 예수는 지금 무슨 생각을 하고 있을까? 지그시 감은 그 그윽한 눈매는, 그가 언젠가 자신을 핍박하려던 사람들에게 이른 것처럼, 우리에게 이렇게 묻는 듯하다.

어떤 일로 나를 돌로 치려 하느냐.

1 Et viri, qui tenebant illum, illudebant ei caedentes ; et velaverunt eum et interrogabant eum dicentes : "Prophetiza : Quis est, qui te percussit? Et alia multa blasphemantes dicebant in eum." 패널에는 '그(eum)' 대신에 '그의 얼굴(faciem eius)'이라 적혀 있다.

2 John Pope-Henessy, *Fra Angelico*, Sogema Marzari S. P. A. Schio, 1990, p. 44

3 Jörg Jochen Berns, *Film vor dem Film*, Jonas Verlag Marburg, 2000, pp. 25~80

4 David Williams, *The five wounds of Christ*, Gracewing, 2004, pp. 19~25

5 Karma Lochrie, Peggy McCracken, James Alfred Schultz (ed.), *Constructing medieval sexuality*, University of Minnesota Press, 1997, p. 192

6 The Life and Revelations of St. Gertrude, Cristian Classics, INC., reprint 1983.

7 다니엘 아라스, 이윤영 옮김, 《디테일》, 도서출판 숲, 2007, p. 89

책을 삼키는 사도 요한

2

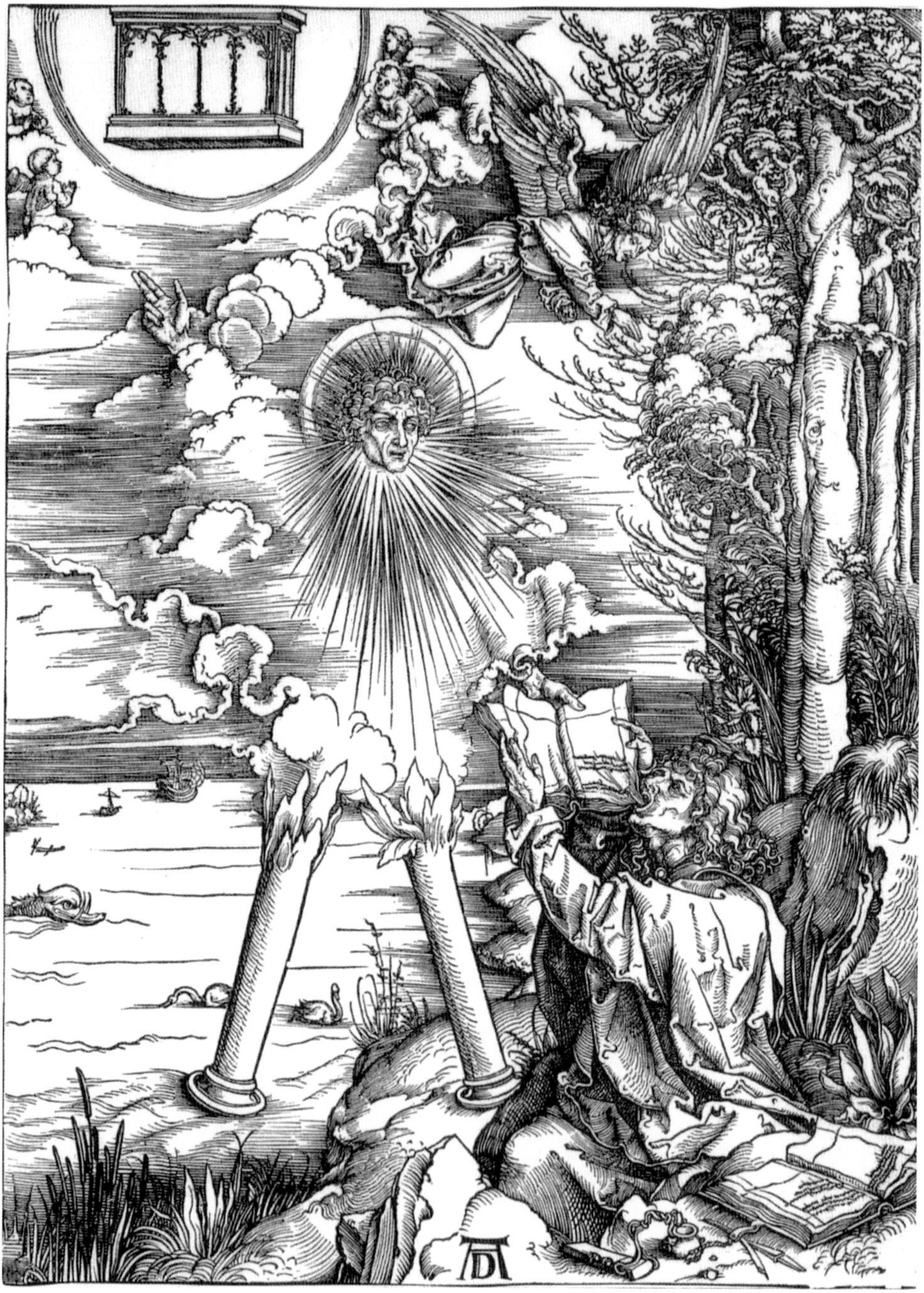

삽화가 있는 〈요한계시록〉 중
〈책을 삼키는 요한〉 알브레히트 뒤러,
1498년

책을 삼키는 사도 요한

유학 초기라 궁금한 게 많아 여기저기 쏘다니던 1994년 5월의 어느 날. 페르가몬 박물관으로 가는 길에 우연히 벼룩시장을 지나게 되었다. 낡은 가재도구에서 동독 시절의 물건까지 온갖 잡동사니 속에 화집 하나가 눈에 들어왔다. 낡은 케이스에 고풍스런 고딕체로 적힌 제목은 '알브레히트 뒤러(Albrecht Dürer, 1471~1528년)의 목판화 전집.' 안에는 누렇게 변색된 종이 위에 인쇄된 목판화들이 빼곡히 들어 있었다. "얼마예요?" "100마르크." 행여 누가 채 갈세라, 묻지도 깎지도 않고 지갑에서 100마르크 지폐를 꺼내주고 물건을 집어들었다. 거의 100여 년이나 묵은 놈을 단돈 5만 원에 샀으니 괜찮은 장사를 한 셈이었다.

파트모스 섬의 환상

360여 장의 목판화 중에서 가장 눈에 띄는 것은 역시 〈요한계시록〉 연작. 원래 '삽화가 있는 묵시록(Apocalipsis cum Figuris)' 이라는 제목으로 1498년에 라틴어와 독일어로 출간되었던 것이다. 연작은 모두 열다섯 장의 그림으로 이루어져 있는데, 그림의 뒷면에는 원래 〈요한계시록〉이 적혀 있었다고 한다. 〈요한계시록〉이 워낙 상징과 비의로 가득 차 있다 보니, 당시에는 대중의 이해를 도우려 텍스트에 삽화를 덧붙여 출간하는 일이 많았단다. 원래 〈계시록〉 연작은 이렇게 감상을 위한 작품이 아니라 텍스트의 이해를 돕는 일러스트레이션이었다.

일반적으로 삽화에서는 이미지가 텍스트에 종속된다. 하지만 뒤러의 것은 다르다. 그것은 자기 스스로 서사의 힘을 발휘하며 외려 텍스트를 압도한다. 독일어로 '치클루스(Zyklus)'라 부르는 연작의 열다섯 장면은 그 놀라운 표현력으로 사도 요한이 파트모스 섬에서 본 환상을 눈앞에 생생하게 펼쳐놓는다. 이 연출이 당시 사람들에게 매우 인상적이었던 모양이다. 뒤러의 이름을 유럽 사람들에게 널리 알린 것도 바로 이 〈계시록〉 연작이었다고 한다. 게다가 연작은 미술사적으로도 중요한 의미를 갖는다. 흑백의 대조만으로 입체감을 표현하는 목판화의 전통이 바로 여기서 시작되었기 때문이다.

〈계시록〉에 나오는 모든 장면을 그림에 담을 수는 없는 일이다. 그리하여 어떤 책은 삽화를 무려 40여 장이나 사용했다고 한다. 하지만 뒤러는 〈계시록〉의 전체를 열다섯 장으로 압축하려 한다. 때문에 한 장의 그림에 때로 여러 개의 장면을 한꺼번에 담아놓아야 했다. 이 연작 중에서 가장 잘 알려진 그림은 〈묵시록의 네 기사〉일 것이다. 그 중에서 가장 소름끼치는 형상은 역시 네 번째 기사이다. 요한의 환상 속에서 흰 말, 붉은 말, 검은 말에 이어 네 번째로 청황색 말이 등장하는데, "그 탄 자의 이름은 사망이니 음부가 그 뒤를 따르더라."(〈요한계시록〉 6장 8절) 하지만 뒤러의 연작에서 내가 주목한 것은 정작 다른 그림이었다.

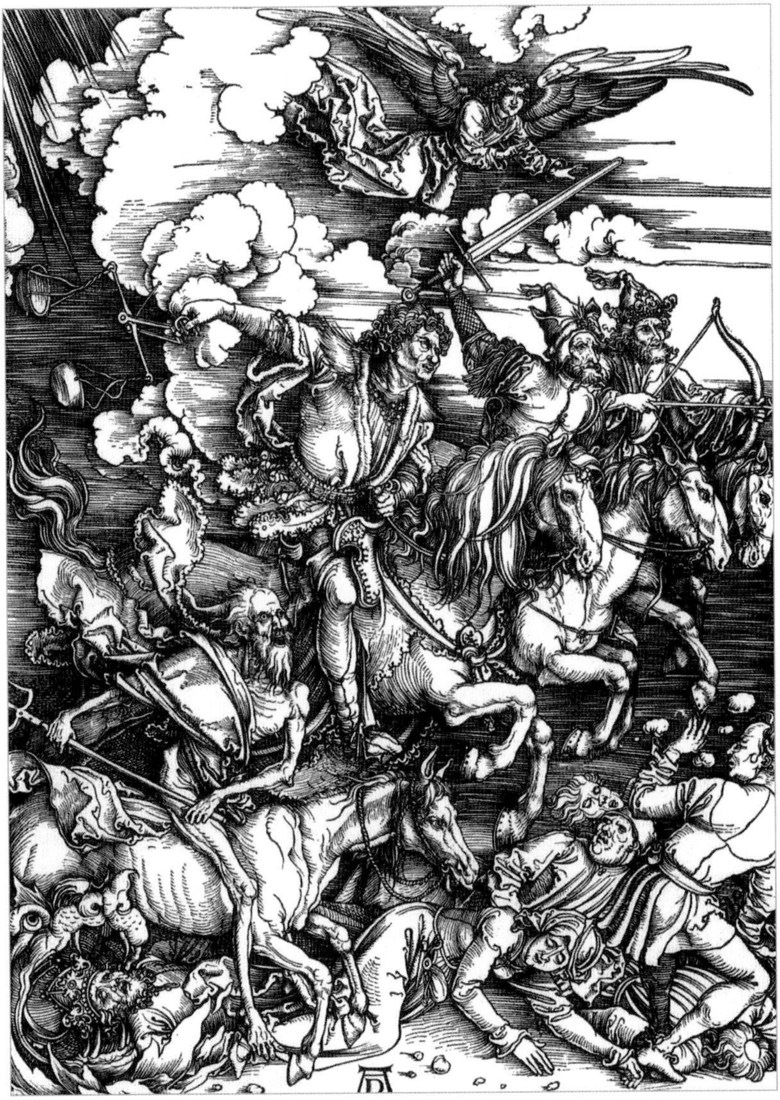

삽화가 있는 〈요한계시록〉 중

〈계시록의 네 기사〉 알브레히트 뒤러,

1498년

책을 삼키는 요한

한 사내가 책을 삼킨다. 대체 무슨 장면일까? 도상의 근거를 찾는 것은 어려운 일이 아니다. 뒤러의 연작은 〈요한계시록〉을 토대로 한 것이 아니던가. 그림은 〈계시록〉 10장에 나오는 장면의 묘사이다.

> 내가 또 보니 힘센 다른 천사가 구름을 입고 하늘에서 내려오는데 그 머리 위에 무지개가 있고 그 얼굴은 해 같고 그 발은 불기둥 같으며 그 손에 펴 놓인 작은 책을 들고 그 오른발은 바다를 밟고 왼발은 땅을 밟고 사자의 부르짖는 것같이 큰 소리로 외치니 외칠 때에 일곱 우레가 그 소리를 발하더라.

이것으로 보아 저 사내는 사도 요한이며, 그 앞에 불기둥 같은 다리로 서 있는 것은 '힘센' 천사임을 알 수 있다. 과연 〈계시록〉의 기술대로 천사의 한 다리는 바다를 밟고, 한 다리는 땅을 밟고 있다. 해 같은 얼굴, 불기둥 같은 다리에 인간의 두 팔을 가진 천사의 환상. 이 이미지는 큐비스트의 작품을 연상시킨다. 아무튼 여기서 몇 줄 건너뛰면 드디어 그림 속에 묘사된 사건이 등장한다.

> 하늘에서 나서 내게 들리던 음성이 또 내게 말하여 가로되 네가 가서 바다와 땅을 밟고 서 있는 천사의 손에 펴 놓인 책을 가지라 하기로 내가 천사에게 나아가 작은 책을 달라 한즉 천사가 가로

되 갖다 먹어버리라 네 배에는 쓰나 네 입에는 꿀같이 달리라 하거늘 내가 천사의 손에서 작은 책을 갖다 먹어 버리니 내 입에는 꿀같이 다나 먹은 후에 내 배에서는 쓰게 되더라.(〈요한계시록〉 10장 1~10절)

매력적인 것은 이 모티프이다. 요한은 천사가 명하는 대로 그가 건네준 '작은 책'을 통째로 삼켜버린다. 왜 책을 삼켜야 할까? 오래전에 일본의 총리를 지냈던 어떤 이는 학창 시절 사전을 한 장씩 찢어 먹어가며 통째로 외웠다고 한다. 책의 내용을 소화하는 것을, 실제로 그것을 먹어치우는 폭력(?)으로 상징하려 한 것이다. 하지만 하나님이 내리신 책을 인간이 마구 찍어 파는 콘사이스 영어사전 따위에 비교할 수는 없는 일. 천사는 대체 왜 요한에게 그 신성한 책을 '먹어버리라'고 한

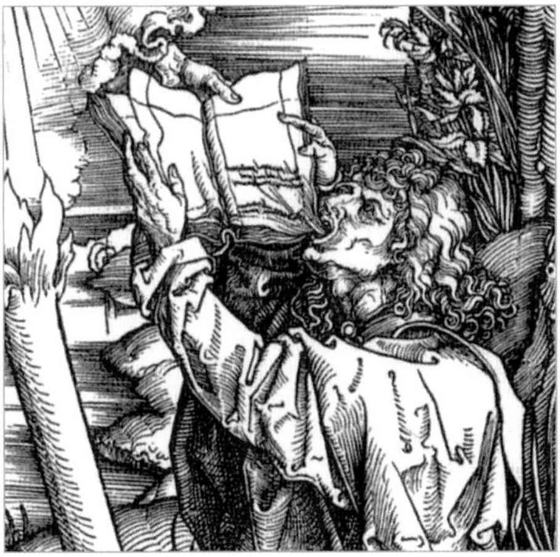

삽화가 있는 〈요한계시록〉 중
〈책을 삼키는 요한〉 알브레히트 뒤러,
1498년

걸까?

인간을 변화시키는 책

사실을 말하면, 〈요한계시록〉은 요한의 독창적 환상이 아니라 에스겔, 다니엘, 에녹 등 《구약성경》의 선지자들의 비전을 종합한 것이다. 책을 먹는다는 모티프는 역시 《구약성경》의 독해에서 비롯된 발상일 것이다. 성경에서 책을 먹은 것은 요한이 처음이 아니었다. 실은 그보다 몇백 년 앞서(기원전 593년) 이미 에스겔 선지자가 먼저 책을 삼킨 적이 있다.

> 그가 또 내게 이르시되 인자야 너는 받는 것을 먹으라 너는 이 두루마리를 먹고 가서 이스라엘 족속에게 고하라 하시기로 내가 입을 벌리니 그가 그 두루마리를 내게 먹이시며 내게 이르시되 인자야 내가 네게 주는 이 두루마리로 네 배에 넣으며 네 창자에 채우라 하시기에 내가 먹으니 그것이 내 입에서 달기가 꿀 같더라.(〈에스겔〉 3장 1~3절)

책을 먹었고 그 맛이 '꿀같이' 달았다는 데에서 〈에스겔〉과 〈계시록〉의 기술은 서로 일치한다. 국역 성경은 '꿀 같다'는 표현의 동일성에 주목하여 그 작은 책을 〈시편〉에 나오는 '주의 말씀'으로 푼다. "주의 말씀의 맛이 내게 어찌 그리 단지요. 내 입에 꿀보다 더하니이다."(〈시

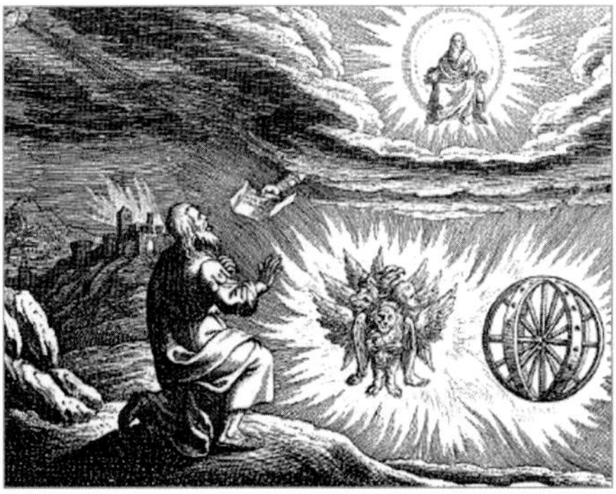

〈에스겔의 환상〉 마테우스 메리안,
1625~1630년

편〉 119장 103절) 하지만 이런 상투적 해석은 성경과 인간의 관계를 '먹는다' 는 모티프로 표현한 이유를 충분히 설명해주지 못한다. 성경과 인간의 관계를 다룬 독일 신학자들의 책에서 이보다 근사한 해석을 발견했다.

> 한 권의 책이 에스겔을 선지자로 만들었다. …… 자기가 받은 책을 통째로 자기 것으로 만든 후 그는 선지자가 되었고, 그리하여 마침내 그의 예언은 우리 성경의 일부가, 즉 〈에스겔서〉가 되었다. 〈계시록〉의 저자 요한도 에스겔과 비슷한 체험을 한다. …… 천사의 손에 들린 두루마리를 그는 삼켜야 한다. 이 일을 한 대가로 그는 많은 민족의 선지자가 된다. …… 앞서간 선지자들의 책을 통해 요한은 말을 하는 능력과 고통을 느끼는 능력을 얻었고, 그의 예언 자체도 성경의 일부가, 즉 〈계시록〉이 되었다.[1]

한 권의 책이 에스겔을 선지자로 만들었고, 한 권의 책이 요한을 예언자로 만들었다. 성스러운 책은 이렇게 평범한 인간을 신의 사자로 바꾸어놓는 '변용의 힘(Verwandlunskraft)'을 갖고 있다. 하나님이 내리신 그 책은 두 사람의 입을 거쳐 성경의 일부가 되었다. 그것은 에스겔의 배로 들어가 〈에스겔서〉가 되었고, 요한의 배로 들어가 〈계시록〉이 되었다. 그런 의미에서 그림 속의 저 '작은 책'의 정체는 오늘날 성경의 일부가 된 책, 바로 〈요한계시록〉 자체라 해도 무방할 것이다.[2]

사실 신성한 것을 먹어치우는 것은 아득한 고대로부터 내려오는 원시적 관습이다. 몇몇 원시 부족들 사이에는 비교적 최근까지도 죽은 부족장의 시신을 함께 뜯어먹는 관습이 있었다. 성경에도 이 원시적 세레모니의 아득한 흔적이 남아 있다. "받아 먹으라 이것이 내 몸이니라 …… 너희가 다 이것을 마시라 이것은 …… 나의 피 곧 언약의 피니라."(〈마태복음〉 26장 26~28절) 성체성사에서 빵을 받아 먹는 사람의 몸은 성스러운 그리스도의 몸이 되고, 포도주를 받아 마시는 사람의 피는 성스러운 그리스도의 피가 된다. 신성한 책을 먹는 것 역시 일종의 성체성사라 할 수 있다.

적그리스도의 표식 666

동일한 환상을 기록하고 있지만, 〈계시록〉에는 〈에스겔서〉에 없는 말이 등장한다. "먹은 후에 내 배에서는 쓰게 되더라." 이것은 무엇을 의미할까? 기독교에서는 이를 앞으로 닥칠 2차 핍박의 예언으로 푼다. 성경학자들은 〈계시록〉이 도미티아누스 통치의 말년인 서기 95년경에 기록된 것으로 추정한다. 도미티아누스는 네로에 이어 2차 기독교 핍박을 주도한 인물이다. 사도 요한이 그때까지 살아 있었을 리 없으므로, 저자는 '요한'이라는 이름을 가진 다른 인물이었을 것이다. 하지만 기독교에서는, 저자가 누구냐에 상관없이, 그 구절을 사도 요한이 생전에 미래에 닥칠 도미티아누스의 2차 핍박을 예언한 것으로 해석한다.

널리 알려진 것처럼 〈계시록〉에서 요한은 기독교인을 핍박할 '적그리스도'의 출현에 대해 언급한다. 그 사탄의 이름은 그 유명한 숫자 666과 관련이 있다. "지혜가 여기 있으니 총명 있는 자는 그 짐승의 수를 세어보라 그 수는 사람의 수니 육백육십육이니라."(〈요한계시록〉 13장 18절) 얼마 전 가장 오래된 〈요한계시록〉 사본을 판독한 결과 악마의 수는 666이 아니라 616으로 밝혀졌다는 보도가 있었다. 이는 새로운 사실이 아니다. 교부 이레나이우스(Irenaeus, 서기 2세기~202년경)는 이미 666이 아닌 616으로 표기된 사본들의 존재를 알고 있었다. 하지만 이레나이우스는 616을 필경사들의 오기로 간주했다.

이미 백수십 년 전에도 666이냐, 616이냐를 놓고 논쟁이 있었다. 흥미롭게도 카를 마르크스의 친구였던 프리드리히 엥겔스가 한때 이 문제에 관심을 가졌던 모양이다. 웬일일까? 아무튼 런던에 망명 중이던 1883년 엥겔스는 〈프로그레스〉라는 잡지에 〈요한계시록〉에 관한 글을 기고한다.[3] 그에 따르면, 기원전 3세기 이후 유대인들은 알파벳으로 숫자를 상징하는 방법을 사용해왔다. 이를 '게마트리아(Gematria)'라 부르는데, 이 방법을 이용하여 666을 풀면, 네론 카이사르(Neron Kaisar),

즉 네로 황제가 된다고 한다.

(nun)	n	=	50
(resch)	r	=	200
(waw)	o	=	6
(nun)	n	=	50
(koph)	k	=	100
(samech)	s	=	60
(resch)	r	=	200

음가를 수치로 환산하여 합산하면 666이 된다. 하지만 '네론 카이사르'는 네로 황제의 그리스어 표기법이다. 같은 이름을 로마인들이 사용하던 라틴어 표기법으로 옮기면, n이 하나 빠지면서 '네로 카이사르'가 될 것이다. 이 경우 'n'이라는 문자에 해당하는 수, 즉 50을 빼야 한다. 결국 666－50＝616, 모로 가나 도로 가나 결과는 마찬가지라는 것이다. 한마디로 엥겔스가 강조하는 것은 '616이냐, 아니면 666이냐'가 아니라, 어느 쪽이든 그 숫자는 변함없이 네로 황제를 가리킨다는 사실이다.

네로가 워낙 악독했던 모양이다. 엥겔스에 따르면, 기독교인을 핍박한 네로가 죽은 후에도 세간에는 '네로가 아직 죽지 않았으며, 언젠가 부상에서 회복되어 다시 돌아올 것'이라는 믿음이 퍼져 있었다고 한다(타키투스, Hist. II, 8). 이 환생 네로에 대한 두려움이 〈계시록〉의 저자로 하여금 그 두려운 이름을 '666' 이라는 숫자에 감추어 놓게 했다는 것이다. 실제로 그랬을 가능성이 높다. 가령 "지혜가 여기 있으니 총명 있는 자는 그 짐승의 수를 세어보라."라는 〈계시록〉의 구절을 보라. 한마디로, 똑똑한 자여, 한번 맞춰보라는 얘기다. 정말로 우리에게 수수께끼를 내는 것 같지 않은가?

세계를 변혁시키는 책

엥겔스가 게마트리아까지 동원해 666이 네로라고 단언하는 데에는 이유가 있다. 오늘날에도 666이 아직 오지 않은 적그리스도라며 〈계시록〉의 예언을 기다리는 광신도들이 있지 않은가. 당시에는 더 했을 것이다. 엥겔스는 이렇게 〈계시록〉을 '초역사적' 문서로 만드는 데 반대하여 그것을 철저하게 역사적 기록으로 자리매김하려는 것이다. 엥겔스가 "그리스어 문법이 엉망"이라고 혹평하면서도 〈계시록〉을 "신약의 나머지 책들을 합한 것보다 더 귀중하다."고 평가한 것은, 그것이 어수선하기 짝이 없었던 초기 기독교의 진솔한 초상이라고 보았기 때문이다. 과연 사적 유물론자답다. 재미있는 것은, 엥겔스가 초기 기독교 운동을 초기 사회주의 운동과 비교하는 대목이다.

> 기독교는 현대의 사회주의와 똑같은 방식으로 대중을 사로잡았다. 거기에는 다양한 종파들이 있고, 그보다 더 많은 서로 모순되는 개별적 견해들이 있다. 어떤 견해는 명확하고, 어떤 견해는 혼

란스러운데, 후자가 대부분을 이룬다. 그럼에도 그 모두의 공통점은 지배 체제, 즉 현존하는 권력을 적으로 생각한다는 점에 있다.

엥겔스는 〈계시록〉을 '초역사적' 문서에서 '역사적' 문서로 되돌려 놓으려 한다. 하지만 역사 '밖'의 종교와 역사 '안'의 정치의 차이는, 엥겔스가 생각하는 것만큼 커 보이지 않는다. 절망의 시대에 요한은 핍박 받는 유대인들에게 '계시록'이라는 희망을 약속했다. 파국의 시대에 마르크스는 노동자들에게 '자본론'이라는 희망을 선사했다. 인류에게 천년왕국을 약속했다는 점에서 서로 비슷하지 않은가? 로마의 핍박을 받는 유대인이 산업혁명을 거치면서 부르주아의 탄압을 받는 프롤레타리아로 바뀌었을 뿐이다.

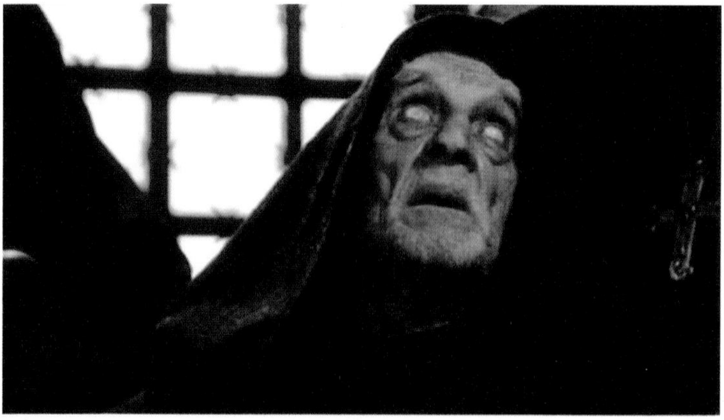

영화 〈장미의 이름〉 중 호르헤 수사의 모습

그러고 보니 마르크스주의를 가리켜 '트리에르 지방에서 일어난 묵시록의 일파'라고 한 움베르토 에코(Umberto Eco, 1932~)의 말이 떠오른다. 엥겔스가 암시하고, 에코가 지적하는 대로, 어쩌면 마르크스주의는 〈계시록〉 신앙의 세속화한 형태였는지도 모른다. 에코의 《장미의 이름(Il nome della rosa)》을 흔히 '포스트모던 소설'이라고 하던가? 소설 속의 수도원은 세속적 〈계시록〉을 철저히 믿었던 공산주의 사회를 의미할 것이다. 하지만 책을 광신하는 게 어디 공산주의자들뿐인가. 그것은 동시에 좌우를 뛰어넘어 근대의 이념적 강박증 자체를 가리킨다. 화염에 휩싸인 수도원 속에서 '모던'이라 불리는 시대는 종언을 고한다.

다시 책을 먹는다는 것

'책을 먹는다'는 모티프는 매혹적이다. "먹어버리라." 이 명령은 이제부터 내가 하는 말을 남김없이 기억했다가 기록하라는 뜻일 게다. 기억력이 배라는 소화기관으로 번역되는 게 흥미롭지 않은가? 책을 먹음으로써 요한은 그것과 완전히 일체가 된다. 그의 손에서 나오는 글, 그의 입에서 나오는 말은 곧 신의 말씀이 된다.[4] 그런 의미에서 책을 먹는 것은 신과의 완전한 동화, 어떤 종교나 이념이나 주의에 대한 완전한 헌신을 의미한다. 그 헌신은 정신만이 아니라 육체의 헌신이기도 하다. 미하일 M. 바흐친(Mikhail M. Bakhtin)은 '책을 먹는다'는 은유에 대해 이렇게 말한다.

> 여기서 신체는 자신의 한계를 뛰어넘는다. 신체는 세계를 입에 넣고, 삼키고, 쪼개어 제 안에 섭취한다. 신체는 그것을 대가로 몸집을 불리며 성장한다. 벌린 채 물어뜯고 씹어대는 입 속에서 벌어지는 책과 인간의 만남. 인간의 사유의 가장 오래되고 가장 중요한 제재, 가장 오래된 모티프 중 하나이다. 여기서 인간은 세계를 경험하고, 그 맛을 느끼며, 그것을 받아들여 자신의 일부로 만든다.[5]

책을 먹음으로써 인간은 신과 하나가 되고, 세계와 하나가 된다. 다시 말해 인간이 신과 하나가 되어 세계에 대한 절대적 진리에 도달하는 것이다. 하지만 제 몸을 온전히 바칠 만큼 책을 신뢰해도 되는 것일까? 책이 곧 세계는 아니다. 책은 그저 세계에 대한 저자의 해석일 뿐이고, 그 해석마저도 독자들의 다양한 해석의 대상이 될 수밖에 없다. 에코의 말대로 "책은 언제나 다른 책을 언급할 뿐이고, 이야기는 언제나 이미 말한 이야기를 말할 뿐이다." 책의 이 일반적 운명에서 〈요한계시록〉도 예외가 될 수는 없는 모양이다. 국역본 성경에 달린 주해를 보자.

> 과거파에 따르면 〈계시록〉은 사도 요한 당대의 사건들을 기록한 책이라 한다. …… 역사파에 따르면 〈계시록〉은 …… 세계사 전체를 제시해준다. 온건미래파에 따르면 본서는 …… 주의 재림 직전의 어느 기간 동안에 일어날 종말사건을 다룬다. 극단미래파에 따르면 …… 1장은 부활하신 예수님의 환상을 다루며, 2~3장

은 교회사 전체를 다룬다. 그리고 4장 이하는 장차 될 일을 다룬다. 이상주의파는 〈계시록〉이 어떤 구체적 사건을 예언한다기보다는 영원한 진리, 즉 하나님의 도덕적 통치 원리, 선악 간의 투쟁, 선의 궁극적 승리 등을 말하고 있다고 본다.

이러하니 신이 "이 두루마리를 먹고 가서 이스라엘 족속에게 고하라."고 말해도, 과연 그 족속들이 알아들을 수 있을지 의문이다. 도대체 〈계시록〉의 사건은 세계 속의 무엇을 가리키는 것일까? 그것은 과거의 기록일까? 현재의 징후일까? 아니면 미래의 예언일까? 아니면 그저 시간을 초월한 영원한 진리일까? 이 다양한 해석들 사이에 불행히도 공통분모는 존재하지 않는다. 존재하는 것은 무한한 해석의 사슬뿐이다. 데리다가 "텍스트 너머는 없다."고 했던 것은 이 때문일 것이다.

뒤러의 그림을 보면서 내가 머릿속에 떠올린 것은, 글자 그대로 마르크스의 예언서를 집어삼킨 세대였다. 나 역시 속하는 그 세대는 사회주의의 붕괴와 더불어 세계가 자기가 먹어치운 예언서대로 돌아가지 않는다는 것을 깨달았다. 책은 세계가 아니다. 책이 보여주는 것은 세계의 상태가 아니라 저자의 상태일 뿐이다. 〈계시록〉과 《자본론》은 모두 종말을 얘기하며, 그 후에 찾아올 인류의 구원을 약속한다. 오늘날 이 거대한 이야기(grand récit)를 믿는 신도는 거의 없다. 아쉬운 것이 있다면, 그와 더불어 결코 버려서는 안 될 유토피아의 희망마저 사라져버렸다는 것이다.

실은 《장미의 이름》에도 책을 먹는 모티프가 등장한다. 소설 속의 호르헤는 책을 통째로 집어삼킨 광신의 화신일 것이다. 그는 제 생각이 절대적 진리라 믿고, 그 진리를 수호하기 위해 심지어 동료를 살해하기까지 한다. 소설의 마지막 장면에서 호르헤는 수도원의 도서관에서 살인의 비밀을 풀고 자신을 찾아온 윌리엄 수사와 맞닥뜨린다. 이 맹인 수사의 손에는 《시학(Poetica)》의 〈희극〉 편이 들려 있다. 이 이교도의 책을 영원히 없애기 위해 그는 자신이 독을 발라놓았던 그 책을 뜯어 먹는다. 성경을 통째로 삼킨 광신의 화신은 자신의 믿음과 더불어 몰락할 때도 똑같은 방식을 택한다.

1 Klara Butting, 'Von der Verwandlungskraft der Bibel' in : *Über den Umgang mit den heiligen Schriften* (hrsg. von Stefan Meissner und Georg Wenz) Berlin, Hamburg, Münster, 2007.

2 Ernst Wilhelm Hengstenberg, *The Revelation of st. John* (tr. by P. Fairbairn), London, 1851, p. 391

3 Friedrich Engels, 'Das Buch der Offenbarung' in : *Karl Marx/Friedrich Engels Werke.* Dietz Verlag, Berlin. Band 21, 5. Auflage 1975, unveränderter Nachdruck der 1. Auflage 1962, Berlin/DDR. S. 9~15.

4 Jean-Luc Nancy, *The birth to presence,* Stanford University Press, 1993, pp. 330~332

5 Kirsten Dickhautsten Dickhaut, *Verkehrte Bücherwelten, Eine kulturgeschichtliche Studie über deformierte Bibliotheken in der französischen Literatur,* Wilhelm Fink Verlag. 2004 p. 105에서 재인용

신의 손가락

3

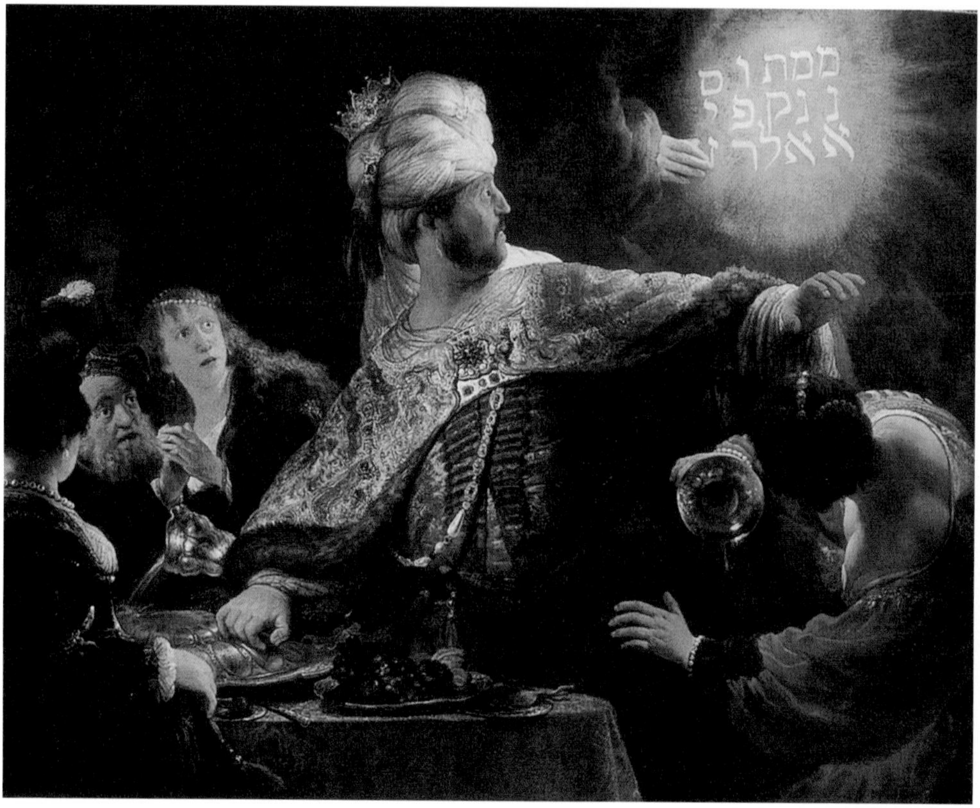

〈벨사살의 연회〉 렘브란트,
1635년경

신의 손가락

성경에 따르면, 갈대아의 왕 벨사살은 어느 날 천여 명이 참석하는 큰 잔치를 연다. 그는 특별히 명령을 내려 이 잔치에 자신의 부왕 느부갓네살이 예루살렘의 성전에서 약탈해온 금은 제기를 사용하게 한다. 왕과 왕후, 귀인과 빈궁들은 하나님의 성전에서 나온 그 성스러운 그릇에 술을 따라 마신 후, 금 · 은 · 동 · 철 · 목 · 석으로 만든 신들을 찬양했다고 한다. 자신을 모욕하는 이 교만한 인간을 신은 도저히 용서할 수 없었던 모양이다. 흥겨운 만찬의 분위기에 취해 있는 그에게 마침내 신이 경고의 신호를 보낸다.

> 그때 사람의 손가락이 나타나서 왕궁 촛대 맞은편 분벽에 글자를 쓰는데 왕이 그 글자 쓰는 손가락을 본지라 이에 왕이 즐기던 빛이 변하고 그 생각이 번민하여 넓적다리 마디가 녹는 듯하고 그 무릎이 서로 부딪친지라.(〈다니엘〉 5장 5~6절)

그 해석을 내게 보이면

화면 오른쪽 상단으로 밝은 빛 속에 신의 손가락이 나타나 벽에 글씨를 쓰는 것이 보인다. 대체 무슨 뜻일까? 이 변괴에 크게 놀란 벨사살은 갈대아 지방의 마술사와 점쟁이와 바빌론의 박사들을 불러 이르기를, "누구든지 이 글자를 읽고 그 해석을 내게 보이면 자주 옷을 입히고 금 사슬로 그 목에 드리우고 그로 나라의 셋째 치리자를 삼으리라."(〈다니엘〉 5장 7절) 하지만 이 신성한 글자를 해독할 자는 벨사살의 왕국엔 존재하지 않았다. "때에 왕의 박사가 나 들어왔으나 능히 그 글자를 읽지 못하며 그 해석을 왕께 알게 하지 못하는지라."(〈다니엘〉5장 8절) 마침 잔치를 위해 왕궁에 들어와 있던 태후가 벨사살에게 왕의 나라에 '거룩한 신들의 영이 있는 사람'이 있다고 고한다. 부왕 느부갓네살이 유대를 멸하고 잡아온 포로의 후손들 중에 다니엘이라는 자가 있는데, 그자가 "마음이 민첩하고 지식과 총명이 있어" 부왕도 그를 갈대아 마술사와 점쟁이들의 어른으로 삼은 바 있다는 것이다. 그라면 "능히 꿈을 해석하며 은밀한 말을 밝히며 의문을 파할 수 있"을 터이니, 왕이시여 "이제 다니엘을 부르소서. 그리하시면 그가 그 해석을 알려드리리이다."(〈다니엘〉 5장 12절)

왕의 부름을 입어 다니엘은 왕의 앞에 나오게 된다. 왕은 그에게 글자만 해독해주면 자주색 옷을 입히고 금 사슬을 목에 둘러 그를 나라의 세 번째 통치자로 삼을 것이라 약속하나, 다니엘은 "예물은 왕이 스스로 취하시며 왕의 상급은 다른 사람에게" 주라면서 왕의 호의를 정중

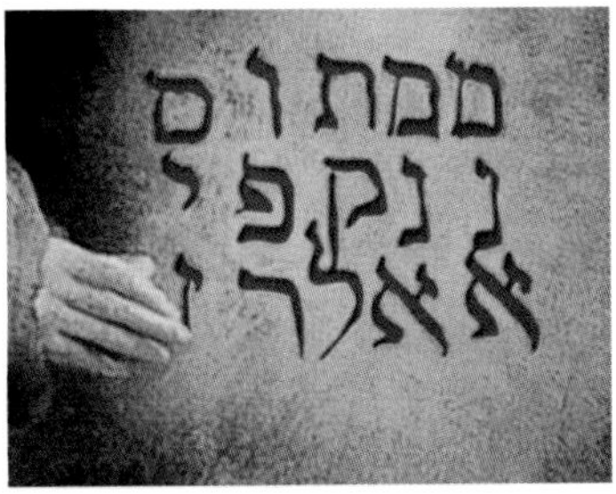

컴퓨터로 재현한 〈벨사살의 연회〉(부분)

히 사양하며 이르기를, "그럴찌라도 내가 왕을 위하여 이 글을 읽으며 그 해석을 아시게 하리이다."(《다니엘》 5장 17절) 이어서 다니엘은 이것이 왕의 교만함에 대한 신의 경고라며 손가락 글자의 뜻을 왕에게 알려준다.

> 기록된 글자는 이것이니 곧 메네 메네 데겔 우바르신이라. 그 글을 해석하건대 메네는 하나님이 이미 왕의 나라의 시대를 세어서 그것을 끝나게 하셨다 함이요 데겔은 왕이 저울에 달려서 부족함이 뵈었다 함이요 베레스는 왕의 나라가 나뉘어서 메대와 바사 사람에게 준 바 되었다 함이니이다.(《다니엘》 5장 25~28절)

심판은 내려졌다. 판결 못지않게 집행도 신속했던 모양이다. 성경에 따르면, 바로 "그날 밤에 갈대아 왕 벨사살이 죽임을 당하였고, 메대 사람 다리오가 나라를 얻었는데 때에 다리오는 육십이 세였더라."(《다니엘〉 5장 30~31절) 이게 역사적으로 사실일까?

벨사살의 죽음

사실을 말하면 성경의 벨사살(Belshazzar) 얘기는 정확하지 않다. 〈다니엘서〉는 벨사살을 바빌론 제국의 위대한 왕 느부갓네살(Nebuchadnezzar II)의 아들로 소개한다. 하지만 벨사살은 바빌론의 마지막 왕 나보니두스(Nabonidus)의 아들이었다. 느부갓네살의 아들이 아니라 손자라는 주장도 있으나, 그의 아버지 나보니두스 역시 원래 왕가의 혈통이 아니었다. 평범한 귀족가문 태생이던 나보니두스가 느부갓네살 사후에 찾아온 정치적 혼란을 틈타 왕가로부터 권력을 찬탈한 것이다. 실제로 신바빌론 왕국 갈대아 왕조의 계보를 보면, 느부갓네살 사후 6년 사이에 왕이 네 번이나 바뀌는 것을 볼 수 있다. 결국 벨사살은 느부갓네살과는 아무런 혈연관계가 아니었다.

기원전	626~605	나보폴라사르
기원전	605~562	느부갓네살
기원전	562~560	아멜 말둑
기원전	560~556	네르갈사레셀
기원전	556	라바시 말둑
기원전	556~539	나보니두스

벨사살이 '갈대아 왕'이라는 기록도 정확한 것이 아니다. 벨사살은 갈대아 왕조 마지막 왕의 아들일 뿐, 공식적으로는 왕위에 오른 적이 없다. 벨사살의 아버지 나보니두스는 남다른 종교적 열정을 갖고 있었던 것으로 전해진다. 달의 신을 숭배한 그는 말둑 신을 섬기던 바빌론을 떠나 아예 10여 년간 타이마라는 곳에 머문 적이 있다. 이때 그는 아들 벨사살에게 바빌론 북부의 통치를 맡겼는데, 이것이 〈다니엘서〉의 저자로 하여금 벨사살을 신바빌론 왕국의 마지막 왕으로 착각하게 만든 모양이다.

벨사살이 다리우스에게 살해당했다는 것도 역사적으로 올바르지 않다. 바빌론을 멸망시킨 것은 페르시아 제국의 창설자 고레스(Cyrus, 기원전 559~530년)였기 때문이다. 고레스 사후에 그의 뒤를 이은 것도 그의 아들 캄비세스(Cambyses, 기원전 530~522년)였고, 다리우스는 그저 고레스의 아들인 캄비세스 휘하의 경호원이었을 뿐이다. (역사학자들은 다리우스가 캄비세스를 암살했을 것으로 의심한다.) 바빌론의 멸망(기원전 538년경)과 다리우스의 즉위(522년) 사이에는 무려 16년의 차이가 난다. 그럼에도 〈다니엘서〉가 벨사살을 느부갓네살의 아들로 제시한 것은, 바빌론 제국의 대명사로 통하는 인물과 그를 부자관계로 묶어 서사를 강화하기 위해서였을 것이다.

하지만 그렇다고 〈다니엘서〉의 얘기가 모두 터무니없는 것은 아니다. 벨사살이 신바빌론 왕국 마지막 왕의 맏아들로 아버지와 왕국을 공동으로 통치했으며, 바빌론이 페르시아에게 점령당하던 순간에 목숨을 잃은 것은 사실이기 때문이다. 바빌론이 함락 당하던 순간에 실제로 그가 거대한 연회를 베풀고 있었음을 암시하는 역사적 기록들이 존재한다. 고대의 역사학자 헤로도토스는 바빌론이 연회를 벌이느라 경계를 게을리 하는 사이에 함락 당했다고 전하고, 크세노폰 역시 바빌론을 함락시킬 당시 고레스는 성내에서 연회를 여는 소리를 들었다고 전한다.[1]

렘브란트의 유대인들

ןיסרפו, לקת, אנמ, אנמ

손가락이 쓴 글자는 무슨 문자였을까? 렘브란트(Rembrandt, 1606~1669년)는 그것이 당연히 히브리 문자일 거라고 생각한다. 당시에 다른 화가들은 히브리어를 이국적 분위기를 연출하는 장식으로만 사용했지만, 렘브란트는 서사의 일부, 심지어 작품의 중심이 되게 사용했다. 그의 작품에 히브리어가 등장하는 것은 모두 여덟 점. 그 대표적인 예가 〈십계명이 적힌 석판을 부수는 모세〉(1659년)이다. 하지만 렘브란트의 히브리어는 완전하지 않아, 그의 그림에는 비슷한 철자를 서로 혼동하는 등 히브리어를 아는 사람이라면 도저히 저지를 수 없는 실수들도 들어 있다고 한다. 이로 미루어보아 렘브란트는 히브리어를 제대로 배운 적이 없었던 것 같다.

그가 학생으로 적을 두었던 라이덴 대학에는 유대인 교수들이 있었다. 그들에게서 히브리어를 배울 수도 있었을 것이나, 당시에는 병역이나 세금을 면제 받기 위해 학교에 적만 두는 경우가 많았다고 한다. 렘

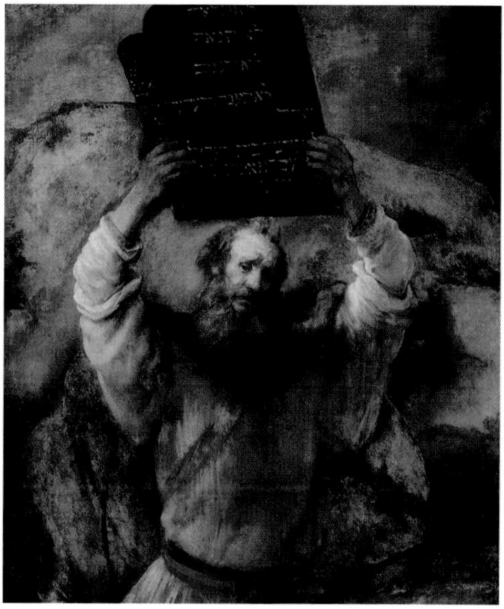

〈십계명이 적힌 석판을 부수는 모세〉 렘브란트,
1659년

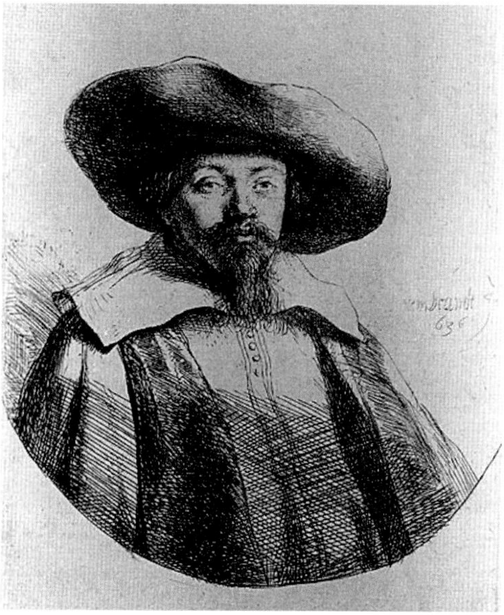

〈메나세 벤 이스라엘의 초상〉 렘브란트,
1654년

브란트도 그런 페이퍼 학생이었을 것으로 추정된다. 그런 그가 그림에 히브리어를 도입하려 했을 때 히브리어를 잘 아는 누군가의 도움이 필요했을 것이다. 도와줄 이를 찾는 것은 어렵지 않았다. 당시 암스테르담에는 수많은 유대인이 살고 있었기 때문이다. 그 중에서 렘브란트를 도운 것은 뛰어난 랍비이자 인쇄업자였던 메나세 벤 이스라엘(Menasseh Ben Israel, 1604~1657)이었다.[2]

히브리어는 글자를 (우리와는 반대로) 우에서 좌로 써 나가게 되어 있다. 하지만 그림 속의 손가락은 낱말을 위에서 아래로 적어 나가고 있다. 왜 그럴까? 렘브란트가 히브리어를 몰라서 그랬다는 얘기도 있다. 하지만 아무리 히브리어를 몰랐다 하더라도, 렘브란트가 히브리 문자를 쓰는 방향까지 모르지는 않았을 것이다. 그럼에도 글자를 위에서 아래로 적어 나가는 것으로 설정했다면 거기엔 나름대로 이유가 있었을 것이다. 작품을 소장한 런던 국립미술관의 홈페이지도 그 사실만 간략히 언급할 뿐, 그 이유에 대해서는 아무런 설명이 없다.[3]

한 가지 가능성은 이런 것이다. 물론 이는 주관적 추측에 불과하다. 성경에 따르면, 내로라하는 갈대아의 박사들도 벽에 적힌 문자를 해독하지 못했다. 왜 그랬을까? 그 이유를 놓고 예로부터 유대의 랍비들 사이에는 갖가지 추측이 분분했던 모양이다. 그 중 하나가 그 글자들이 당시 근동 지방의 관습과는 완전히 다른 방식으로 배열되는 바람에 그랬다는 가설이다. 즉 철자를 하나씩 뒤로 미루어(가령 a→b) 쓰거나, 배열의 방향을 바꾸어(수평→수직) 쓰는 바람에 술사들이 그것을 해독해낼 수 없었다는 얘기다. 렘브란트가 혹시 메나세 벤 이스라엘을 통해 그 얘기를 들었던 것이 아닐까?

메네 메네 데겔 우바르신

손가락이 쓴 낱말들은 무슨 언어였을까? 성경은 거기에 대해서도 언급이 없다. 학자들은 그것이 아람어족에 속하는 언어였을 것이라 추측한다.[4] mene, mene. 첫 낱말은 반복되고 있다. 여기에 대해서도 수많은 설명이 있지만, 그냥 고대의 문헌에는 강조를 위해 같은 낱말을 반복하는 경우가 있다고 해두자. tekel. 근동의 언어에서 모음은 대개 생략되고 자음(TQL)만 적게 된다. upharsin. 아람어에서 'u'는 접속사(and)에 해당하며, 다음에 이어지는 p를 약화시켜 f(ph)로 발음되게 한다. 따라서 마지막 단어는 parsin이 되는 셈이다.

결국 왕궁의 벽에 적힌 것은 '메네', '데겔', '바르신'이라는 세 낱말이다. 어떤 학자는 이 세 낱말이 원래 명사로, 아람어에서 무게를 재는 계량 단위를 뜻한다고 주장한다. 즉 메네=마네, 데겔=셰켈, 바르신=1/2마네라는 것이다. 하지만 그 경우 그 낱말들을 통해 바빌론의 멸망이 예언되어 있다는 사실을 설명할 길이 없어진다. 반면, 《구약성경》의 그리스어 번역본인 70인역(Septuagint)은 그 세 낱말을 수동태를 가리키는 분사로 적고 있다. 이 경우 '메네 데겔 우바르신'의 의미는 '세어지다(counted), 달리다(weighed), 나뉘다(devided)'가 될 것이다.[5]

다니엘의 해석은 실은 이 세 낱말의 중의성을 이용하고 있다. 즉 메네의 원형은 동사 '메나'(히브리어 manah, 바빌론어 manu)라고 한다. 이는 '세다'와 동시에 '끝내다'를 의미한다. 데겔은 두 개의 어원을 갖고 있다. 하나는 '달다'라는 뜻의 '테갈'이고, 다른 하나는 '가볍다', '모자라다'는 뜻의 '칼'(히브리어 qalal, 바빌론어 qalalu)이다. 바르신 역시 두 개의 어원을 갖는다. 하나는 '나누다'를 의미하는 '페라스'(히브리어 paras 또는 parash, 바빌론어 parasu)이고, 다른 하나는 고유명사 '파라스', 즉 페르시아이다.[6]

결국 '메네 데겔 바르신'은 각각 두 개의 어원에서 비롯되는 두 개의 상이한 의미를 함축하는 셈이다. 이것이 그 표현에 중층적 의미 구조를 만들어낸다. 그것의 일차적 의미가 '세어지다, 달리다, 나뉘다'라면, 이차적 의미는 '끝나다(finshed), 부족하다(wanting), 바사(Persia)'가 된다. 여기서 다니엘의 해석을 다시 인용해보자. 이제 그 문자들의 뜻을 왜 그렇게 풀었는지 이해할 수 있을 것이다.

> 메네('mene')는 하나님이 이미 왕의 나라의 시대를 세어서 그것을 끝나게 하셨다 함이요
> 데겔('tekel')은 왕이 저울에 달려서 부족함이 뵈었다 함이요
> 베레스('peras')는 왕의 나라가 나뉘어서 메대와 바사(Persia) 사람에게 준비되었다 함이니이다

예레미야의 예언

벨사살은 왜 쓸데없이 야훼를 모욕하여 제국의 멸망을 자초하였을

까? 예루살렘 성전에서 약탈해온 제기들은 느부갓네살 때만 해도 어딘가에 고이 보존되어 있었던 모양이다. 하지만 벨사살은 그 신성한 그릇들을 꺼내어 제 술자리에 쓰게 했다. 아무리 이민족의 신이라 하더라도, 신을 모욕하는 것은 결코 현명한 일이 아니다. 온갖 상상력으로 가득 찬 유대의 랍비 문학은 이 신성 모독의 이유를 예레미야의 예언이 빗나간 데서 찾는다.

> 나 여호와가 이같이 말하노라 바벨론에서 칠십 년이 차면 내가 너희를 권고하고 나의 선한 말을 너희에게 실행하여 너희를 이곳으로 돌아오게 하리라.(〈예레미야〉 29장 10절)

랍비 문학에서는 느부갓네살의 통치를 45년, 아멜 말둑의 통치를 23년으로 본다. 아무튼 거기에 벨사살 자신이 통치한 2년을 합치면, 바빌론의 통치는 도합 70년이 된다. 이렇게 70년이 다 차도록 유대인들이 여전히 포로로 잡혀 풀려날 가망이 없으니, 벨사살로서는 "예레미야가 틀렸음에 틀림없다."고 생각할 수밖에 없었다는 것이다. 이 확신에서 그는 맘껏 야훼를 모욕했으나, 모욕당한 유대인들의 신은 바로 그날 밤에 그 옛날 예레미야에게 했던 약속을 성취한다. 바빌론을 멸망시킨 고레스는 유대인들을 고향으로 돌려보낸다.

이 랍비 문학의 계산법은 물론 근거가 빈약한 것이다. 역사적으로 느부갓네살의 통치는 36년, 아멜 말둑의 통치는 8년에 불과했기 때문이다. 랍비 문학이 이렇게 정확하지 않은 사실로 벨사살의 얘기를 윤색하는 것은, 물론 구약의 예언이 옳았음을 강변하기 위해서일 것이다. 예언은 미래의 일을 말한다 하나, 모든 예언은 실은 과거를 말할 뿐이다. 예언이란 이렇게 나중에 성취되는 것이 아니라 사후에 정당화되는 어떤 것이다. 예언은 이루어졌다. 70년이 차매, 과연 예레미야의 예언대로 바빌론의 유수가 끝나더라. 에스라 선지자의 말이다.

> 바사 왕 고레스 원년에 여호와께서 예레미야의 입으로 하신 말씀을 응하게 하시려고 바사 왕 고레스의 마음을 감동시키시매 저가 온 나라에 공포도 하고 조서도 내려 가로되 …… 하늘의 신 여호와께서 세상 만국으로 내게 주셨고 나를 명하사 유다 예루살렘에 전을 건축하라 하셨나니 …… 고레스 왕이 또 여호와의 전 기명을 꺼내니 옛적에 느부갓네살이 예루살렘에서 옮겨다가 자기 신들의 당에 두었던 것이라 바사 왕 고레스가 고지기 미드르닷을 명하여 그 그릇을 꺼내어 계수하여 유다 목백 세스바살에게 붙이니 …… 사로잡힌 자를 바벨론에서 예루살렘으로 데리고 올 때에 세스바살이 그 기명들을 다 가지고 왔더라.(〈에스라〉 1장 1~11절)

이 사건을 페르시아의 역사가가 기록했다면, 여호와의 이름은 아예 나오지도 않았을 것이다. 그들에게 이 일은 그저 고레스 왕이 불쌍한 유대 민족을 바빌론의 폭정에서 해방시켜준 사건이었을 것이다. 예루살렘 성전에 있던 기명들을 되돌려주고 성전의 재건축을 명한 것으로 보아, 고레스는 제국 내의 소수 민족들의 종교와 문화를 존중하는 정책을 취했던 것으로 보인다. 에스라 선지자는 그 모든 것이 여호와가 고레스의 마음을 감동시키고 그에게 명령을 내린 결과라 말한다. 하지만 그것은 유대인들의 주관적 해석일 뿐. 페르시아 인들이 그 얘기를 들었다면 실소를 머금지 않았을까?

이민족의 손에 포로로 잡혔다가 이민족의 손으로 해방이 되었다는 이 이야기 속에서 우리는 거대 제국들의 틈바구니에 끼어 제 운명을 스스로 결정할 수 없었던 어느 역사적 민족의 처지를 읽을 수 있다. 그런 상황에서 그들이 할 수 있는 것이라곤 고작 자신들의 현실적 무력함을 여호와라는 가상적 존재의 전능함으로 보상받는 게 아니었을까? 그래서 그들에게는 그토록 절실하고 집요하게 신학적 환상이 필요했을 것이다. 벨사살의 궁전에 나타난 신의 손가락은, 절망적 상황 속에서도 신의 약속을 끝까지 믿을 수밖에 없는 한 역사적 민족의 집단적 염원이 빚어낸 강렬한 시각적 환상이었을 것이다.

1 Morris Jastrow Jr., Ira Maurice Price, Marcus Jastrow, H. M. Speaker, 'Belshazzar' in : Jewish Encyclopedia
(http://www.jewishencyclopedia.com/view.jsp?artid=612&letter=B)

2 Steven M. Nadler, *Rembrandt Harmenszoon van Rijn, Rembrand's Jews,* The University of Chicago Press, 2003, p. 130

3 http://www.nationalgallery.org.uk/server.php?show=conObject.84

4 R. J. A. Sheriffs, mene mene tekel upharsin in : Geoffrey W. Bromiley, *International standard bible encyclopedia 1988* Vol. I pp. 318~319

5 Isidore Singer, M. Seligsohn, mene mene tekel upharsin in : *Jewish Encyclopedia*
(http://www.jewishencyclopedia.com/view.jsp?artid=612&letter=B)

6 R. Dick Wilson, mene mene tekel upharsin in : *International standard bible encyclopedia 1915*

4

바보의 돌

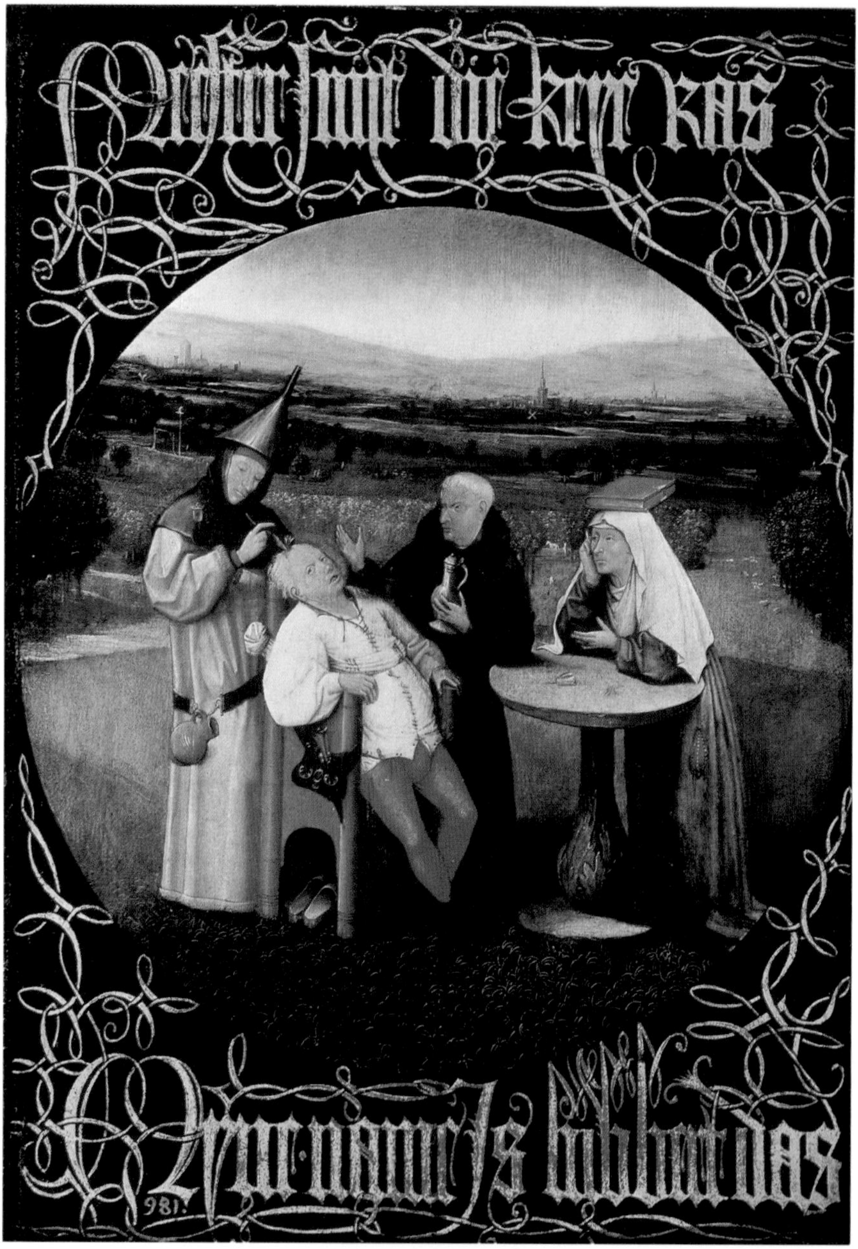

〈우석의 제거〉 히에로니무스 보슈,
1494년경

바보의 돌

야외의 풍경 속에 펼쳐지는 수술. 머리에 고깔을 쓴 사람이 의사라고 한다. 오늘날 의사는 고도의 전문성을 가진 직업이나, 그림 속의 의사는 어딘지 어설퍼 보인다. 그도 그럴 것이 외과의의 전신은 이발사(이른바 'barber surgeon')였기 때문이다. 이발관 앞 회전등 속의 푸른 띠와 붉은 띠는 정맥과 동맥을, 하얀 띠는 붕대를 상징한다고 하지 않는가. 의사는 메스로 환자의 머리를 절개하고 있다. 수사와 수녀가 이 장면을 물끄러미 구경하고, 오직 환자만이 고통에 찬 표정으로 눈길을 그림 밖의 관객에게 던진다. 마치 자신을 도와달라는 듯, 그 시선이 절절하다. 우리에게 무슨 말을 하고 싶은 걸까?

우자(愚者)의 돌

"선생님, 돌을 제거해주세요. 제 이름은 루베르트 다스(Lubbert Das)랍니다." 원형 포맷의 위아래로 환자가 의사에게 던지는 대사가 적혀 있다. 이로써 저 환자의 이름이 '루베르트'임을 알 수 있다. 하지만 루베르트는 당시 네덜란드 문학에 자주 등장하는 이름으로, 특정인을 가리키는 고유명사라기보다는 '바보' 또는 '바보 같은 이'를 가리키는 일반명사에 가깝다고 한다. 환자의 요청에 따라 의사는 메스를 들어 그의 머리를 절개한다. 메스에 베인 부분에서 흘러나온 피가 환자의 윗머리를 적신다. 대체 무엇을 하는 걸까? 환자의 머릿속에서 '바보의 돌'을 제거하여 환자의 광기를 치료하는 장면이라고 한다.

여기서 '바보'란 머리 나쁜 사람이 아니라, 이른바 '광우(狂愚)'를 가리킨다. 르네상스 시대에는 광우라는 증상이 뇌 속에 박혀 있는 '어리석음의 돌'에서 비롯되었다는 관념이 널리 퍼져 있었다. 결국 그림 속의 의사는 이 속실을 과감하게 외과적 실천으로 옮기고 있는 셈이다. 이렇게 '광기'를 물리적 대상으로 간주하고 그것을 수술로 제거한다는 발상은 해괴하기 짝이 없다. 가령 머리 나쁜 사람을 가리켜 '돌머리'라 부른다 하여, 그 사람의 총기(聰氣)를 되살려주기 위해 그의 두개골을 열어 돌을 제거한다고 생각해보라.

이 속설이 어디서 비롯된 것인지는 알 수 없다. 어쩌면 문학적 대구(對句)의 산물인지도 모르겠다. 르네상스 시대의 연금술사들은 '현자의 돌(lapis philosophorum)'이 있다고 믿었다. 평범한 물질을 금으로 바꾸어주고, 늙은이를 젊은이로 되돌려주는 이 돌을 찾아내는 것이 연금술의 목표이기도 했다. '현자(賢者)의 돌'이 있다면, '우자(愚者)의 돌'도 있어야 하지 않겠는가? 아무튼 이 속설은 중세에서 근대로 넘어가는 과도기에 나타나는 개념적 혼란의 진솔한 초상일 것이다. 연금술이 주술과 과학의 중간에 서 있듯이, 우석(愚石) 적출 수술 역시 주술과 의학의 경계에 서 있기 때문이다.

광우 퇴치를 위한 시술

몇몇 미술사학자들은 이 그림이 당시 의료 관행의 묘사라는 사실을 부정한다. 저 수술은 허구로만(in fiction) 실행됐을 뿐, 실제로(in fact) 행해진 적은 없다는 것이다. 가령 그림을 자세히 보자. 의사가 환자의 머릿속에서 꺼내든 물건은 돌이 아니라 꽃이다. 원형의 탁자 위에 놓인 것 역시 물 튤립인데, 히에로니무스 보슈(Hieronymus Bosch, 1450년경~1516년)가 살던 당시에 이 꽃은 '광기(=어리석음)'의 상징으로 통했다. 이로 보아 이 장면은 당시 의료 관행의 '사실적' 묘사라기보다는, (보슈가 평소에 비판하곤 했던 교만 · 허영 · 사치 등과 나란히) '어리석음' 이라는 또 하나의 악덕에 대한 '상징적' 풍자에 불과하다는 것이다.

하지만 보슈의 시절에 실제로 저런 시술이 행해졌다는 것은 부정하기 힘든 역사적 사실이다. 그래서 몇몇 미술사학자들은 그런 시술의 존재는 인정하되, 그것이 진지한 의료 행위였다는 사실을 부정한다. 즉 "당시에 그런 시술이 종종 행해지긴 했지만 의학계에서 인정받지 못한 일종의 사술로서, 사회적으로도 몇몇 돌팔이들의 사기 행각으로 여겨졌다."는 것이다. 만약 이 해석이 옳다면, 보슈는 저 그림을 통해 광기를 치료해준답시고 환자의 두개골에서 돌을 꺼내는 트릭으로 우매한 대중의 등을 치던 사기꾼들을 풍자하고 있는 셈이다.

위의 두 그룹은 우석(愚石)제거술의 역사적 실존에 대해서는 견해를 달리하지만, 그것이 진지한 의료 행위가 아니었다고 보는 점에서는 한가지다. 하긴, 당시에는 병원균의 존재가 알려지지 않았고, 위생에 대한 관념조차 없었다. 제대로 소독도 하지 않은 그 더러운 이발소 도구로 두개골에 구멍을 내고도 과연 환자가 온전할 수 있었겠는가? 환자의 대부분은 수술 후에 뇌가 병원균에 감염되어 사망했을 것이다. 수술받은 환자의 치사율이 높게 나타난다면, 당연히 요법의 실효성에 의혹이 제기될 터. 어떻게 그런 엉터리 시술의 관행이 오래 지속될 수 있었겠는가.

정신과 치료를 위한 천공술

하지만 보슈의 시절에 정신병 치료를 위한 두개골 천공(trepanation)이 의학계의 정규적 요법이었다는 주장도 있다.[1] 심지어 18세기에 이르기까지 유럽에서 두개골 천공은 (머리에 외상을 입은 경우는 물론이고) 간질 발작이나 정신 질환을 치료하는 요법으로 널리 사용되었다는 것이다. 물론 전문 의학서에도 이 요법이 수록되어 있다. 예를 들어 라틴 유럽에 고대의 외과술을 부활시킨 루게로 다 파르마(Ruggero da Parma, 1170년경 활동)는 자신의 저서 《외과 실습(Practica Chirugiae)》에 이렇게 썼다.

> 광기(mania) 또는 우울증(melancholy)의 경우 두부의 상단을 절개한 후, 두개골을 관통하여 해독 물질이 밖으로 빠져나오게 해야 한다. 이때 환자는 사슬에 묶어야 하며…….[2]

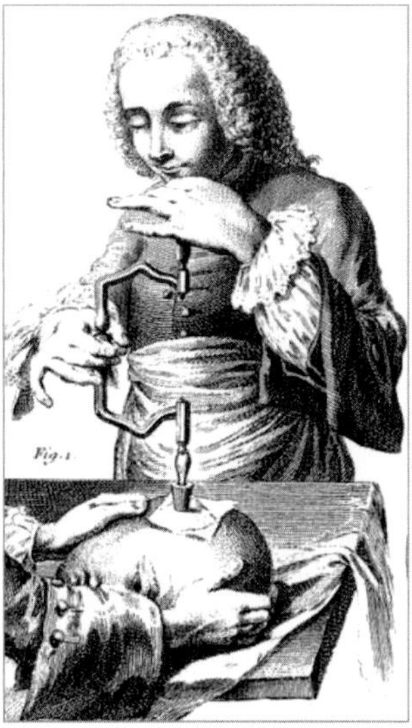

두개골 천공 시술

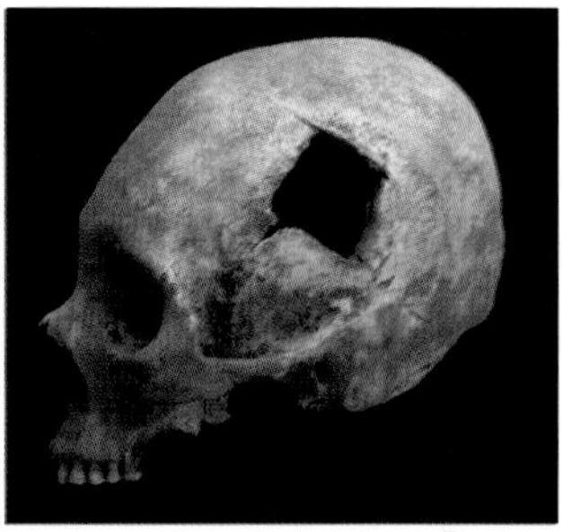

잉카인의 두개골 천공

심지어 이 요법으로 효과를 봤다는 기록까지 있다. 가령 옥스퍼드의 학자로 다양한 주제를 연구했던 로버트 버턴(Robert Burton, 1577~1640년)은 자신의 병력을 바탕으로 쓴 주저 《우울증의 해부(Anatomy of Melancholy)》(1652년)에서 이렇게 전한다.

> 검은 증기를 배출하기 위해 두개골에 구멍을 뚫는 것도 적절하지 않은 것이 아니다. 귀네리우스는 사부아의 한 귀족을 구멍을 뚫는 것만으로 치료한 바 있다. 구멍을 한 달 동안 열어놓음으로써 2년간 그를 괴롭혔던 우울증과 광기로부터 벗어날 수 있었다.[3]

고고학적 발굴의 증거 역시 두개골 천공술이 아득한 구석기 시대부터 행해져왔음을 보여준다. 천공 시술을 받은 구석기 사람들의 두개골에는 구멍 주위로 뼈 조직이 새로 생성된 흔적이 남아 있다고 한다. 이는 조직 재생의 증거로, 두개골 천공이 반드시 환자의 사망으로 이어지지는 않았음을 보여준다. 그러므로 보슈의 시대에도 광기를 치료하기 위해 두개골 천공이 실제로, 그것도 의학계의 정규 요법으로 진지하게 행해졌을 가능성이 있다.

보슈는 대체 무슨 생각으로 저 그림을 그렸을까? 엉터리 시술로 대중을 현혹하던 돌팔이들을 풍자하려고 했던 것일까? 그렇다면 저 그림은 그의 또 다른 작품, 즉 〈야바위꾼〉과 비슷한 주제를 가진 풍속화가 될 것이다. 저 어처구니없는 시술 자체에 대해서는 또 어떻게 생각했을까? 알 수 없다. 설사 두개골 천공이 당시에 진지한 요법으로 행해졌다 하더라도, 그것을 보슈가 어떻게 생각했는지는 별개의 문제이기 때문이다.

르네상스 시대의 광우

미술사학자들은 대개 저 그림을 '악덕(=광기)에 대한 상징적 풍자'로 읽는다. 이는 도덕화하는(moralizing) 독법이라 할 수 있다. 실제로 르네상스 인문주의자들이 광기(=광우)를 다루는 방식은 다분히 도덕주의적이었다. 중세인들은 광기를 객관적인 세계의 힘으로, 말하자면 사탄의 역사로 이해했다. 하지만 르네상스 인문주의자들은 광기를 인

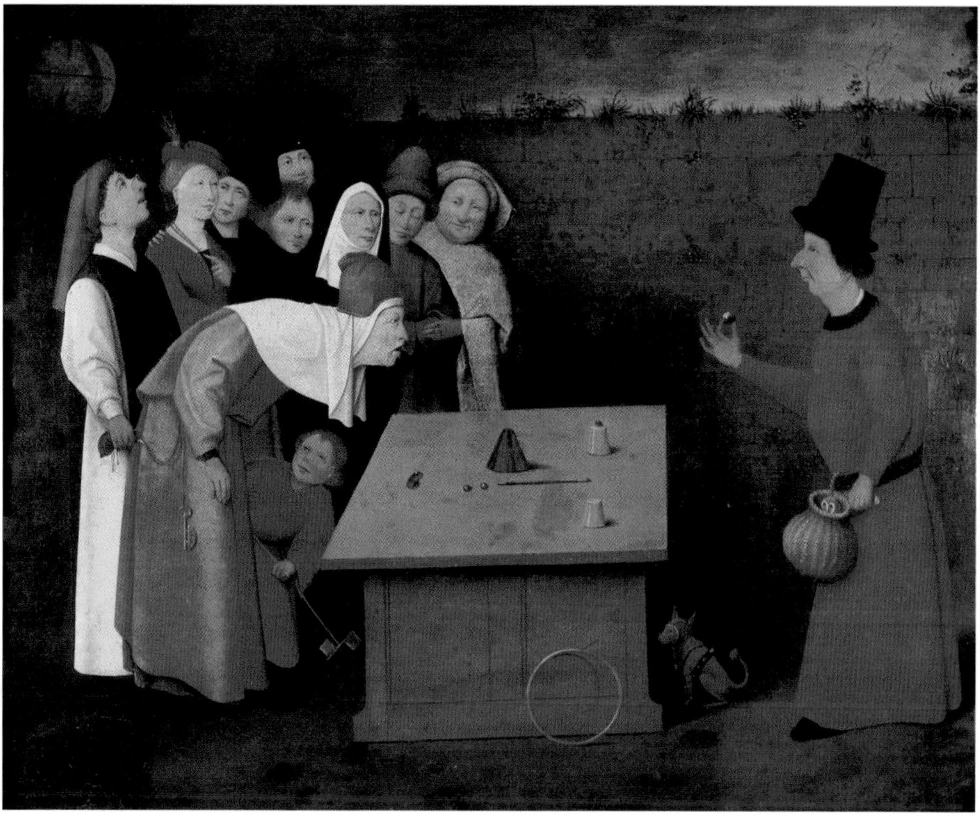

〈야바위꾼〉 히에로니무스 보슈,
1475년

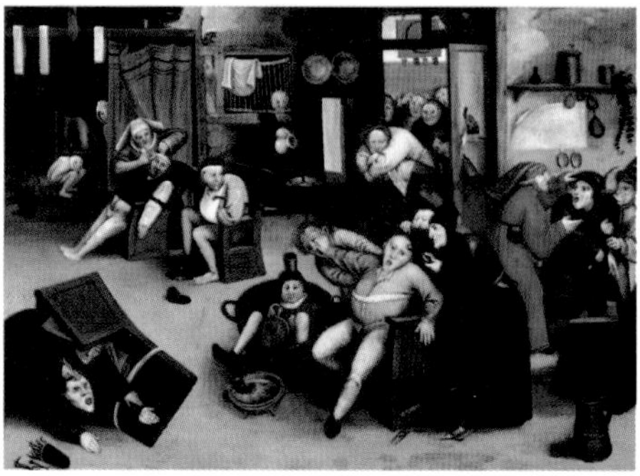

〈우석의 제거〉 피터르 브뤼헐,
1550년경

간의 주관적 속성으로, 즉 '인간이 자신과 맺는 관계'로 보았다. 그들에게 광기란 이성과 덕행을 통해 피할 수 있고, 또 피해야만 하는 인간적 악덕일 뿐이었다. 바로 이 점에서 그들의 휴머니즘적 특성이 드러난다.

보슈 역시 이들 인문주의자들의 문헌에 영향을 받았다. 그것은 광우를 다룬 보슈의 또 다른 작품(〈바보들의 배〉)이 세바스찬 브란트의 저서를 그대로 차용한 것만 봐도 알 수 있다. 그 때문에 보슈의 작품을 브란트나 에라스무스의 정신에 비추어 해석하는 것이 관행으로 굳어졌을 게다. 하지만 미셸 푸코(Michel Foucault, 1926~1984년)는 《광기의 역사(History of Madness)》에서 이런 일반적 해석과는 좀 다른 얘기를 한다. 그리고 이는 보슈의 그림에 대한 나의 직관적 느낌과도 일치한다. 푸코에 따르면, 광기에 관한 한 르네상스의 텍스트와 이미지 사이에는 무시할 수 없는 '분열의 선'이 존재한다.

> 그림과 언어가 동일한 광기의 우화를 동일한 도덕적 세계에서 표현하고 있다 하더라도, 이내 그것들은 …… 서구의 광기에 대한 경험 속에서 나타날 거대한 분열의 선을 보여주면서 서로 다른 두 개의 방향을 향하고 있다.[4]

르네상스의 인간들이 신을 향하던 눈을 자신에게로 돌렸을 때, 그들이 제일 먼저 맞닥뜨린 것은 인간 내면의 야수성이었다. 르네상스 시대에 갑자기 광우가 문학과 예술의 주제의 중심으로 떠오른 것은 이 때문이다. 문제는 이 광기를 대하는 태도이다. 인문주의자들의 텍스트는 인간의 광기에 화들짝 놀라 그것을 서둘러 이성의 지배 아래 도덕적으로 가두려 한다. 반면 보슈의 그림은 어떤가? 온갖 기괴한 형상들로 가득 찬 보슈의 화폭은 광기가 맘껏 제 환상을 펼칠 수 있도록 그냥 내버려 두는 듯하다. 그리하여 푸코는 말한다.

> 보슈, 브뤼헐, 그리고 뒤러는 무섭도록 경험에 철저한 관찰자였고 광기 속에 파묻혀 자신들 주위에서 포효하는 광기와 함께 어울렸으나, 에라스무스는 충분히 떨어져 위험하지 않은 거리에서 광기를 관찰했다. 에라스무스는 광기를 올림포스의 동산 위에서 관찰했다. 그가 탄성을 질렀다면 그것은 그가 신들의 그칠 줄 모르는 웃음을 가지고 광기를 대할 수 있었기 때문이다.[5]

광기의 매혹, 더 은밀한 매력

환상적 형상들은 원래 고딕 이전의 현상이었다. 가령 로마네스크 예술에는 온갖 기괴한 동물들이 등장한다. 고딕에 이르면 이 환상적 존재들은 일제히 사라진다. 이 시기에 토마스 아퀴나스는 장인들에게 "신의 창조 질서대로 그리라."고 요구했다. 보슈의 화폭에서 기괴한 형상들이 부활한 것은 고딕의 몰락을 보여준다. 하지만 보슈는 그저 로마네스크를 반복하고 있는 게 아니다. 중세의 장인들은 자신들이 그린 기괴한 존재가 지구상 어딘가에 실재할 가능성을 믿었다. 하지만 보슈는 자신의 형상들이 인간의 환상 속에서 산다는 것을 알았다. 그런 의미에서

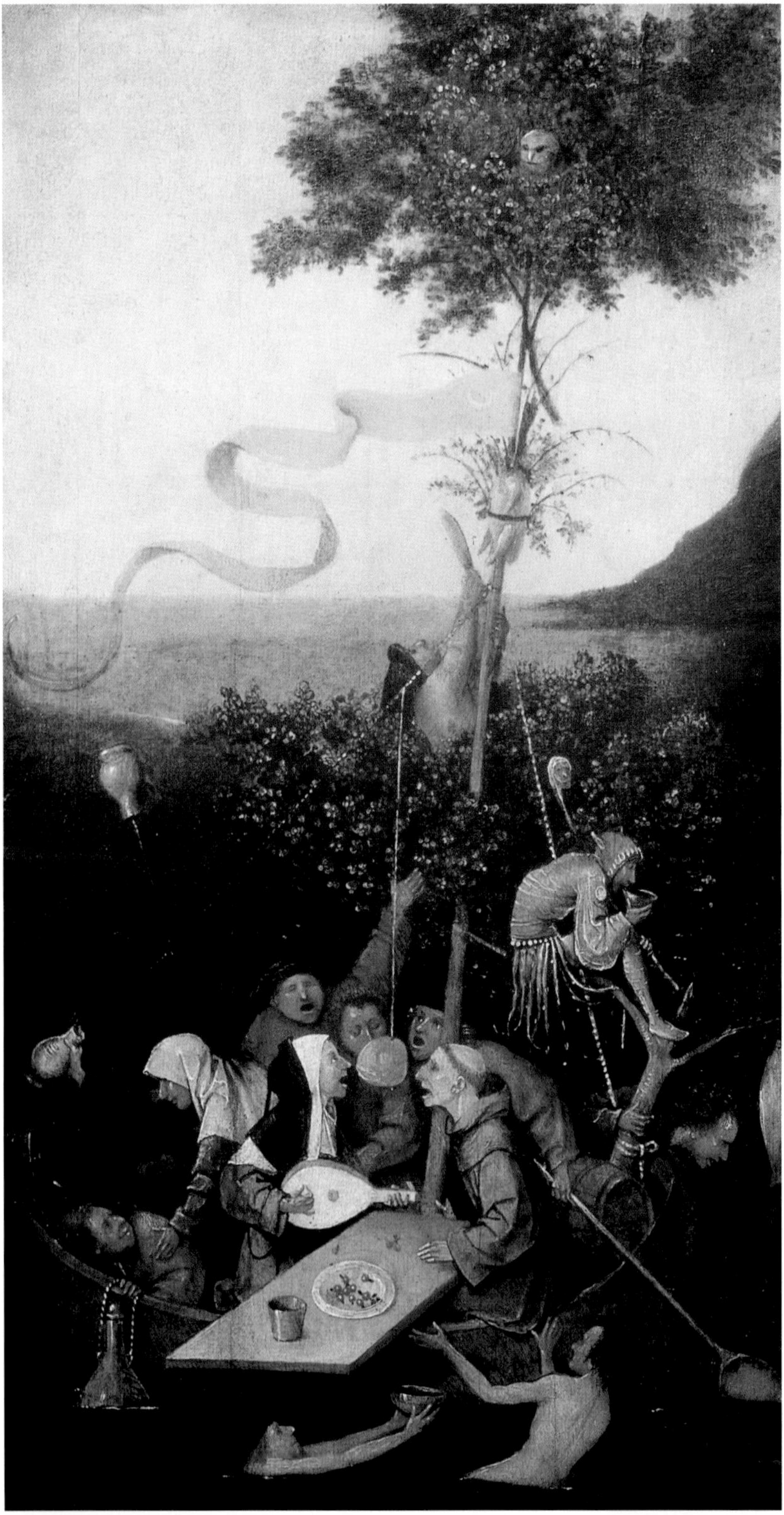

〈바보들의 배〉
히에로니무스 보슈,
1490~1500년

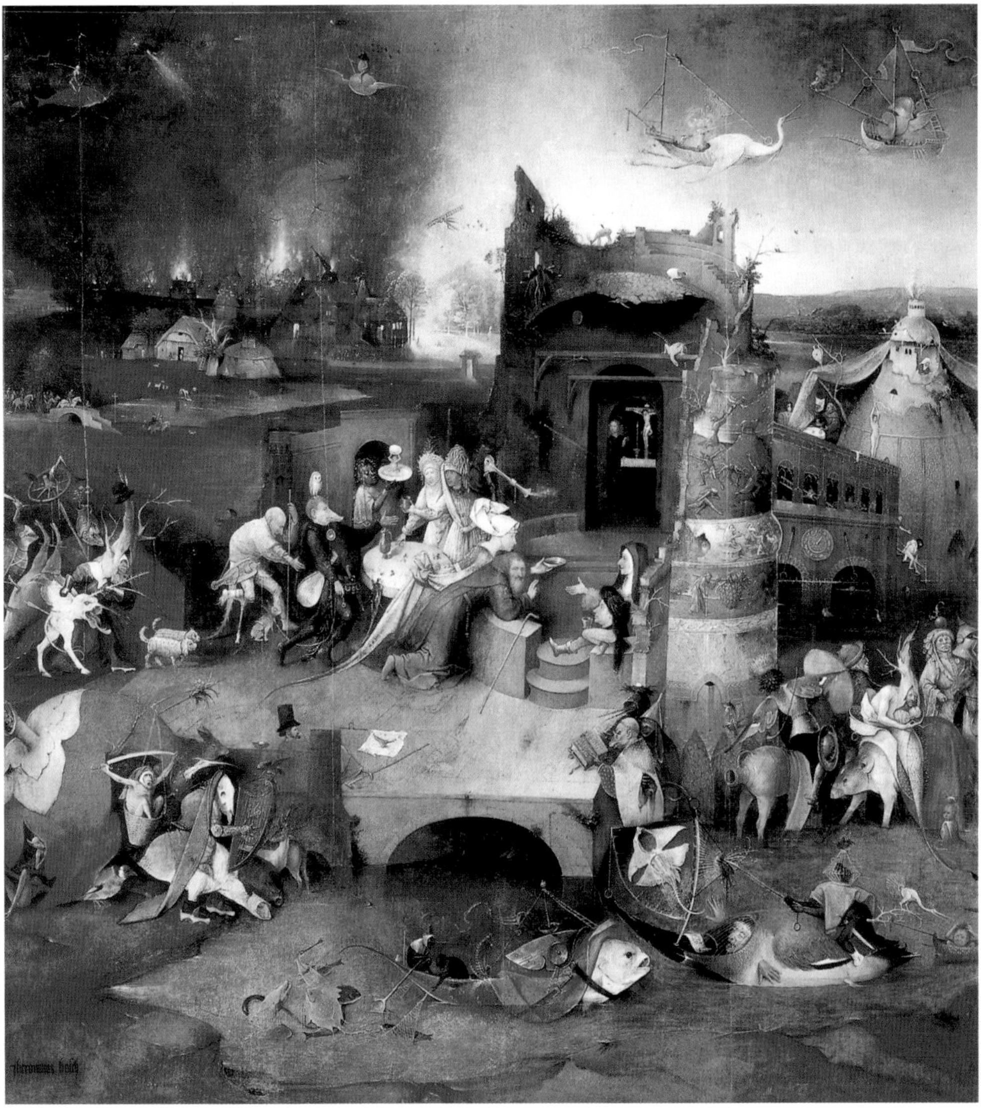

〈성 안토니우스의 유혹〉 히에로니무스 보슈,
1505년경

그는 현대의 초현실주의자에 가깝다.

신을 향하던 사람들의 눈이 다시 인간을 향하던 시대에 광우가 문학과 예술의 관심사로 떠오른 것은 필연적이었다. 사람들이 다시 관심을 갖게 된 인간의 내면에서 발견한 것은 찬란한 이성만이 아니었다. 거기에는 어두운 광기도 있었다. 그러니 거기에 호기심을 느끼는 것은 당연한 일이 아닌가.

> 광기는 인간을 매혹시켰다. 광기가 생성해내는 환상적인 형상들은 순간적으로 나타났다가 사라지는 현상들이 아니다. …… 가장 지독한 정신착란에서 생겨나는 현상은 이미 존재의 본질 속에 비밀처럼, 접근할 수 없는 진리처럼 숨어 있었다. 사람이 광기의 임의적 특질을 노출시킬 때, 그는 세계의 어두운 필연과 대면하고 있는 것이다. 사람들이 악몽을 꾸고 가위에 눌릴 때, 그 꿈속에서 어슬렁거리는 동물은 사실 그의 본성이고, 지옥의 무자비한 진리를 노출시키는 것이다. …… 르네상스는 자신이 세계의 위협과 비밀들에 대해 파악한 것을 바로 이 형상들 속에서 표현하고 있다.[6]

보슈가 그린 성 안토니우스는 보슈 자신인지도 모른다. 푸코의 말대로, "성 안토니우스는 욕망이라는 폭력의 희생물이 아니라 호기심이라는 더 은밀한 매력의 희생물"이었기 때문이다. 가령 광적인 것에 대한 낭만주의자들의 열광, 정신착란에 대한 초현실주의자들의 집착, 그리고 부조리에 대한 다다이스트들의 찬양이 말해주는 것은, 17세기 이성주의 이후에도 광기는 여전히 저 깊은 어둠 속에서 은밀히 인간의 본성으로 남아 있었다는 사실이다. 광기는 매혹적이면서도 위협적이다. 그리하여 광기를 바라보는 보슈의 시선은 애매모호하다. 하지만,

> 보슈의 작품에서 보이는 바와 같은 광기에 들어 있는 애매모호한 표현들은 에라스무스에 와서는 전부 제거되어 있다.

다시 그림으로 돌아가자. 우리가 저 그림에서 보는 것은 외과적 수술을 통한 '광기의 제거'이다. 그렇다면 어떤 의미에서 저 의사는 에라스무스가 했던 것과 같은 일을 하고 있는지도 모른다. 하지만 무엇이 광기이고, 무엇이 이성인가? 우리 눈에는 저 무지막지한 제거술 자체가 또 하나의 광기로 보일 뿐이다. 한 가지 분명한 것은, 저 우스꽝스러운 수술이 17세기 서구 사회에서 벌어질 '광인들의 감금'이라는 드라마의 서막이었는지도 모른다. 보슈는 "이성의 그칠 줄 모르는 웃음으로" 광기를 비웃고 있는 게 아니다. 그의 그림에서 느껴지는 것은 외려 모욕당하고 능욕당하는 광우를 바라보는 시선의 깊은 멜랑콜리다.

1 Charles G. Gross, 'Psychosurgery in Renaissance art' in : *TINS* Vol. 22 No. 10, 1999, pp. 429~431

2 E. S. Valenstein, *A History of Neurosurgery* (S. H. Greenblatt edi.), 1997, pp. 29~36 (위의 글에서 재인용)

3 Robert Burton, The Anatomy of Melancholy, Cripps & Lod, 1652 (위의 글에서 재인용)

4 미셸 푸코, 김부용 옮김, 《광기의 역사》, 인간사랑, 1991, p. 38

5 위의 책, p. 50

6 위의 책, p. 44

7 위의 책, p. 48

5

교수대 위의 까치

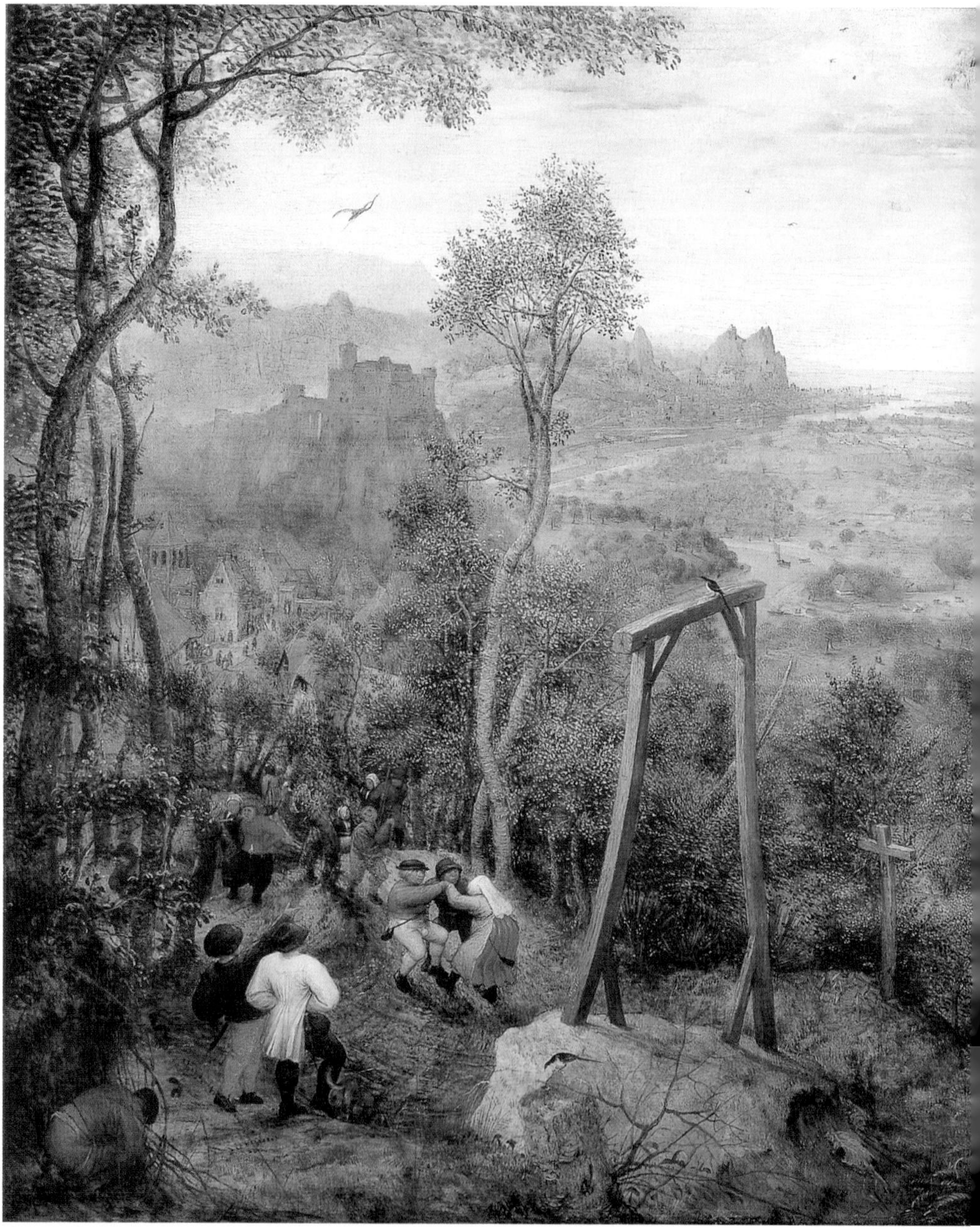

〈교수대 위의 까치〉 피터르 브뤼헐,
1568년

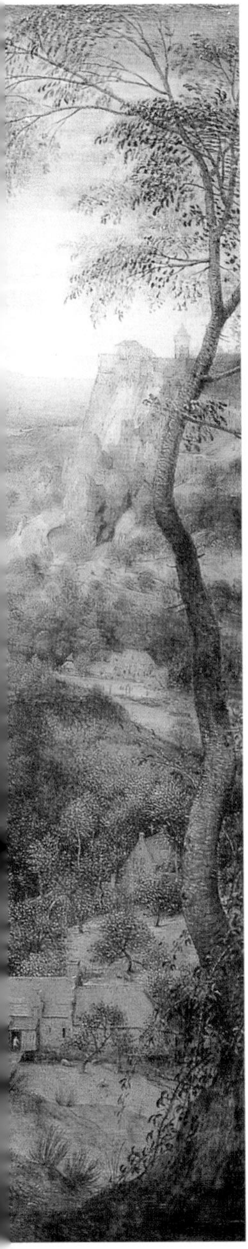

교수대 위의 까치

피터르 브뤼헐(Pieter Bruegel the Elder, 1525~1569년)의 〈교수대 위의 까치〉. 널리 알려진 그의 많은 걸작을 제쳐두고 이 작품에 눈이 꽂힌다. 아니, 작품이 내 눈에 와서 꽂혔다고 하는 게 더 정확할 게다. '농민 브뤼헐'의 작품에는 힘겨운 조건 속에서도 삶을 낙관하는 민중의 건강한 에너지가 넘쳐흐른다. 하지만 이 작품은 풍자와 해학 속에서도 왠지 모르게 착잡한 느낌을 준다. 죽기 직전 그는 브뤼셀과 안트베르펜을 잇는 운하 건설의 장면을 그려달라고 위촉을 받는다. 하지만 착수도 못하고 숨을 거두는 바람에, 교수대 위에 앉은 이 까치의 그림이 그의 예술적 유언이 되고 말았다.

고즈넉한 전원 풍경의 한가운데에 서 있는 섬뜩한 교수대. 그 가로대 위에 까치가 한 마리 앉아 있다. 우리에게 길조로 여겨지는 이 새가 네덜란드에서는 까마귀와 같은 존재라고 한다. 교수대 위에 앉은 한 마리의 까치가 히치콕의 영화처럼 화면 전체에 불길한 느낌을 더

해준다. 이 을씨년스러운 풍경에 어울리지 않게 교수대 아래로 세 명의 농민이 흥겹게 춤을 추고 있다. 뭐가 그렇게 즐거운 것일까? 그들의 뒤에는 어디서 왔는지 농민들의 행렬이 서 있고, 그들의 앞에는 두 사내가 조금 떨어져 선 채로 이 광경을 지켜본다. 한 사내는 손가락으로 어딘가를 가리킨다. 뭘 보라는 손짓일까?

이 작품에 대한 최초의 해석은 아주 오래전에 나왔다. 네덜란드의 화가 카렐 반 만데르(Karel van Mander, 1548~1606년)는 자신과 같은 시대를 산 네덜란드 화가들의 삶을 기록한 저서를 남겼다. 이는 물론 당대의 이탈리아 화가들의 삶을 기록한 바사리(Giorgio Vasari, 1511~1574년)의 유명한 저서의 네덜란드 버전이라고 할 수 있다. 만데르의 《화가열전(Schilder-boek)》(1604년)에는 당연히 브뤼헐에 관한 장(章)도 포함되어 있다. 거기에 따르면, 브뤼헐은 종종 농민의 옷을 입고 농민의 잔치나 축제에 잠입해 그들과 어울렸다고 한다. 한때 '보슈의 환상적 화풍의 계승자'라는 이미지가 우리에게 익숙한 '농민 브뤼헐'로 바뀐 것은 만데르가 전해준 이 일화 덕분이다.

교수대의 블랙 유머

만데르의 책에는 아주 간략하나마 교수대 위에 까치가 앉아 있는 이 그림에 관한 언급이 들어 있다. 여기서 만데르는 이 작품을 네덜란드의 속담과 연관시켜 해석한다.

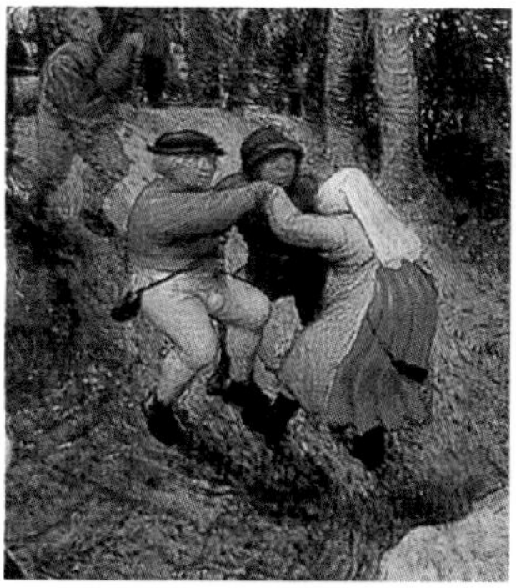

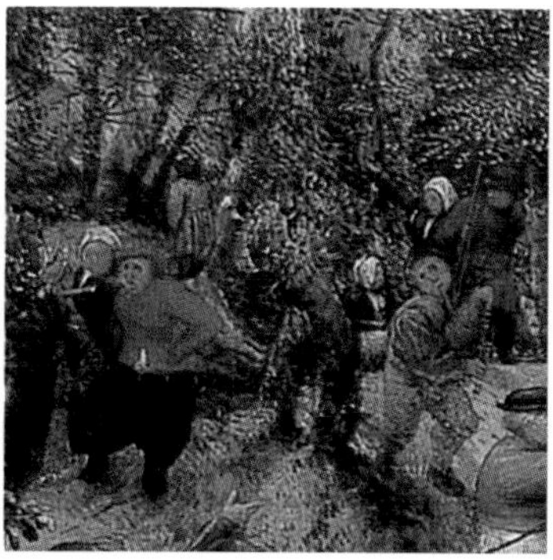

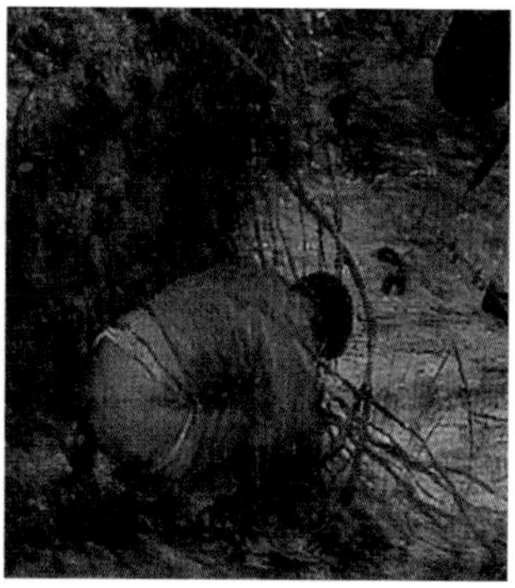

〈교수대 위의 까치〉(부분) 피터르 브뤼헐,
1568년

그는 유언으로 아내에게 교수대 위에 앉은 까치의 그림을 남겼다. 여기서 까치는 그가 교수대로 넘긴 수다쟁이들을 의미한다.[1]

네덜란드의 속담에 '까치처럼 수다를 떤다.'는 말이 있다. 그림 속의 까치가 바로 그렇게 헤픈 입으로 가십을 퍼뜨리고 다니는 이들을 가리킨다는 것이다. 이후 많은 저자가 만데르를 따라 이 작품과 연관됐을 것으로 추정되는 속담들을 제시했다. 그 중 하나가 '교수대 아래서 추는 춤'이라는 것이다. 이 속담은 이 작품 속에 춤추는 농민 셋의 형상으로 구현되어 있다. '교수대로 향하는 즐거운 길'이라는 속담도 있다. 춤추는 농민 셋의 뒤로 보이는 행렬을 보라. 가장 재미있는 것은 '교수대에 똥을 눈다.'는 속담이다. 실제로 화면 왼쪽 아래 귀퉁이를 보라. 엉덩이를 까고 쪼그리고 앉아 대변을 보는 사람이 눈에 들어올 것이다.

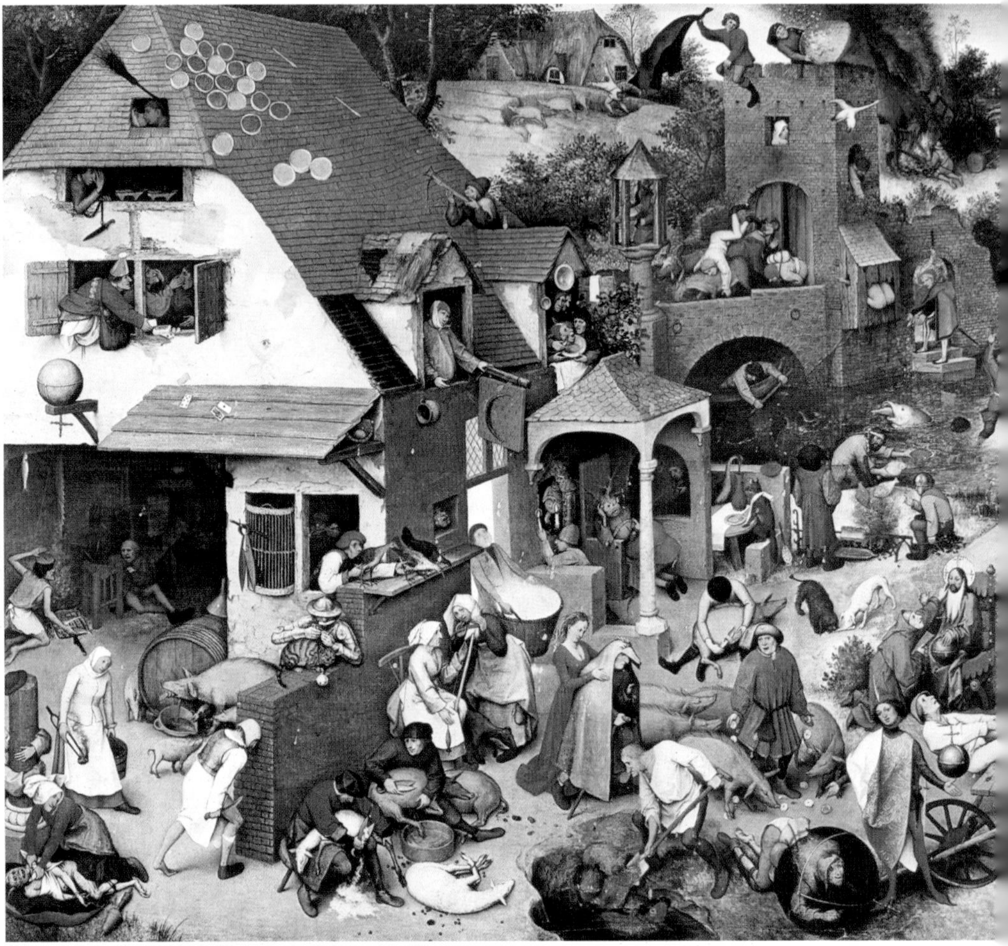

〈네덜란드 속담〉 피터르 브뤼헐,
1559년

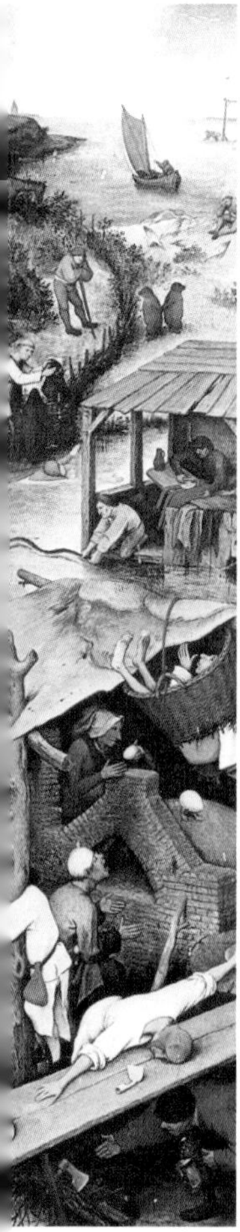

전에도 브뤼헐은 속담을 그대로 그림으로 옮긴 적이 있다. 대표적인 것이 〈네덜란드 속담〉이라는 작품이다. 이 조그만 작품 안에 브뤼헐은 100여 개에 달하는 네덜란드의 속담을 그림으로 번역하여 집어넣었다. 속담을 글자 그대로 그림으로 옮기면 그로테스크한 이미지가 탄생한다. 아주 어렸을 적에 '배보다 배꼽이 크다.'는 속담을 처음 듣고 얼마나 우스웠던지 조그만 배에 커다란 배꼽이 달린 기괴한 이미지를 떠올리며 방을 데굴데굴 굴렀던 기억이 난다. 하지만 교수대가 있는 풍경은 유머를 허락하지 않는 듯하다. '그가 교수대로 넘긴 수다쟁이들'이란 만데르의 말에서는 심지어 섬뜩함마저 느껴진다.

이 말은 물론 브뤼헐이 글자 그대로 동료 시민을 교수대로 보냈다는 뜻이 아니라, 그저 '가십을 퍼뜨리고 다니는 자는 결국 교수대에 달릴 것'이라고 경고했다는 뜻일 게다. 참고로, 네덜란드에서 '교수대 아래서 춤을 춘다.', '교수대에 똥을 눈다.', '즐겁게 교수대로 간다.'는 표현은 무서움을 모르고 경거망동하는 것을 의미한단다. 만데르의 도덕주의적 해석 속에서 교수대 위에 앉은 까치는 '함부로 남의 험담을 퍼뜨리고 다니지 말라.', 또는 '권력의 무서움을 모르고 경솔한 언행을 하지 말라.'는 도덕적 경구의 알레고리가 된다. 결국 교수대에 앉은 까치의 그림은 입이 가벼운 자들에게 브뤼헐이 보내는 고약한 블랙 유머라는 얘기다. 과연 그럴까?

양심의 가책과 두려움

만데르의 언급에는 또 다른 해석의 가능성이 들어 있다. 위에 인용한 글 바로 앞에서 그는 이렇게 말한다.

> 브뤼헐의 이상한 구성과 코믹한 제재를 그의 동판화에서 볼 수 있다. 그는 많은 훌륭하고 아름다운 드로잉을 그리고 거기에 제목을 달아주곤 했는데, 당시에 그것들은 너무나 날카롭고 신랄한 것이었다. 양심의 가책을 느껴서인지, 아니면 아내에게 뒤탈이 생길까 두려워서인지, 마지막 병을 앓는 동안 그는 아내에게 그것들을 태워버리라고 말했다.[2]

'양심의 가책을 느껴서인지' 라는 표현으로 판단하건대, 만약에 이 작품이 입이 헤픈 이들에 대한 풍자라면, 그 풍자의 대상은 브뤼헐 자신이었을 것이다. 만데르가 지적하듯이, 브뤼헐은 작품을 통해 '너무나 날카롭고 신랄한' 언행을 일삼아오지 않았던가. 그렇다면 브뤼헐이 아내에게 유언으로 남긴 그 그림은 자신의 경솔한 언행을 반성하는 참회록, 또는 그런 언행을 일삼던 자신에 대한 자기 풍자로 봐야 할 것이다. '아내에게 뒤탈이 생길까 두려워서인지' 라는 표현 역시 이 작품이 브뤼헐 자신에게 던지는 메시지임을 시사한다. 이 경우에도 교수대의 밧줄은 자기 자신, 또는 자기 아내를 위한 것이 되기 때문이다.

브뤼헐이 위협을 느낄 만한 사정이 있었다. 1566년 네덜란드에서는 가톨릭의 전횡에 반대하는 칼뱅주의 신교도들이 가톨릭교회의 성상을 파괴하는 커다란 봉기를 일으킨다. 네덜란드를 지배하고 있던 스페인의 펠리페 2세는 즉각 보복에 나서, 이듬해인 1567년 만 2천 명의 병력과 함께 알바 공작을 파견한다. '철의 공작'으로 알려진 이 냉혈한은 압도적 군사력으로 네덜란드의 민병대들을 진압한 후, 악명 높은 '공안평의회'라는 기구를 설치한다. 만 명이 넘는 종교적, 정치적 반대자들이 이 기구에 끌려가 이단으로 몰려 고초를 겪었는데, 그 중에서 처형당한 사람만 천 명이 넘었다고 한다. 때는 바야흐로 무시무시한 반동의 시절이었다.

말 한 마디만 잘못해도 곧바로 저 교수대에 목이 걸릴 수 있는 상황. '공안평의회'가 나라에서 출간되는 모든 텍스트와 그려지는 모든 이미지를 검열하던 시대. 그런 시기에 '날카롭고 신랄한' 그림들을 남겨두자니 당연히 두렵지 않았겠는가? 브뤼헐은 이 작품만 아내에게 유언으로 남겨두고 다른 작품들은 모두 불태우라고 지시했다. 이 역시 이 작품이 남에 대한 풍자가 아니라 바로 자신에 대한 경계임을 시사한다. 만데르의 추측이 옳다면, 모든 것이 미쳐 돌아가는 극단적인 반동의 시대에 심리적으로 위축이 된 브뤼헐이 이 작품으로 자신의 일생의 작업을 다분히 회의적으로 결산하고 있는 셈이다.

죽음을 비웃는 민중의 축제

하지만 그런 해석은 브뤼헐을 너무 과소평가하는 것일 수 있다. 우리는 이 작품을 그보다 적극적으로 해석할 수도 있다. 널리 알려진 것처럼 브뤼헐은 스페인의 지배에 반감을 갖고 있었고, 또 그것을 기꺼이 작품으로 표현하려 했다. 예를 들어 비슷한 시기에 그려진 〈베들레헴의 인구 조사〉(1566년)나 〈베들레헴의 영아 학살〉(1567년)은 스페인 지배자들이 네덜란드에서 행한 억압과 학살을 암시한다. 〈세례 요한의 설교〉(1566년)에서 그는 설교를 하는 성자에게 당시 신교 목사들의 복장을 입힘으로써 슬며시 자신의 정치적, 종교적 신념을 드러낸다.[3] 그렇다면 〈교수대 위의 까치〉 역시 그런 정치적 앙가주망으로 볼 수도 있지 않을까?

실제로 그렇게 푸는 정치적 해석도 있다. 교수대의 으스스함에도 불구하고, 농민들의 춤은 흥겨워 보인다. 여기서 이 그림을 저항의 표현으로 보는 해석이 성립한다. 즉 그림 속의 교수대는 스페인의 지배를 의미하고, 그 아래서 춤을 추거나 거기에 대변을 보는 것은 스페인의 권력에 보내는 네덜란드 민중의 조롱을 의미한다는 것이다. 이 경우 교수대 아래서 춤을 추거나 교수대에 똥을 눈다는 속담은 완전히 의미가 달라진다. 그것은 더 이상 권력의 무서움을 모르는 철없음이 아니라, 죽음과 권력을 조롱하는 민중의 용기를 상징하게 된다.[4] 우리는 미셸 푸코의 '감시와 처벌'을 통해 권력과 죽음을 비웃는 민중의 예를 알고 있다.

> 군중이 처형대 주위에 몰려드는 것은 …… 이제 아무것도 잃을 것이 없는 막판의 사형수가 재판관을, 법을, 권력을, 종교를 저주

하는 목소리를 듣기 위해서이다. …… 무서운 권력을 보여주어야 할 이러한 처형에서 카니발과 같은 축제의 양상이 있는데, 여기서 각자의 역할은 역전되어 권력자가 농락당하고 죄인은 영웅시된다.[5]

처형장의 축제는 종종 사형수를 구출하기 위해 사형 집행인을 살해하는 민중의 폭동으로 이어지곤 했다. 교수대 밑에서 춤을 추거나, 교수대에 대변을 보는 그림 속의 장면은 처형장에서 종종 벌어졌다는 이 '카니발과 같은 축제'를 연상시킨다. 실제로 (저 그림이 그려진 해에 처형당했다고 해서) 그림 속의 형틀이 스페인에 저항하다가 처형당한 에그몬트(Egmont) 백작과 호른(Hoorn) 백작이 달렸던 교수대라고 보는 해석까지 있다. 여기에 기꺼이 농민의 옷을 입고 민중 속으로 들어갔던 '농민 브뤼헐'의 이미지가 겹치면, 화가는 졸지에 저항의 영웅이 된다. 과연 브뤼헐은 민중의 투사였을까?

최초의 사회주의 리얼리스트?

이탈리아의 화가들이 신화나 성경에 나오는 관념을 그릴 때, 브뤼헐은 직접 농민의 틈으로 들어가 자기가 직접 보고 듣고 느낀 현실을 그렸다. 이탈리아의 화가들이 성경이나 신화 속의 인물을 영웅으로 삼았다면, 브뤼헐은 네덜란드의 민중을 제 회화의 예술적 주인공으로 만들었다. 그런 의미에서 브뤼헐의 풍속화는 19세기에 리얼리즘이 했던 것과 같은 역할을 했다고 할 수 있다. 게다가 당시 진보적인 네덜란드의 분위기 속에서 살았던 브뤼헐은 자연히 스페인의 중세적 통치를 비판하는 뉘앙스의 그림들을 그리기도 했다. 여기서 이 르네상스의 화가는 갑자기 사회주의 리얼리스트와 비슷해진다. 하지만 과연 그렇게 봐도 될까?

어느 독일 주간지의 기사에 따르면, 브뤼헐은 실은 민중의 영웅이 되는 데 필요한 자질들, 가령 '당파성과 낙관주의, 휴머니즘적 진보의 신념' 중 어느 하나도 갖고 있지 않았다고 한다.[6] 진보주의는 인간의 노력에 의해 세계가 바뀔 것이라는 믿음을 선제한다. 하지만 〈이카루스의 추락〉이나 〈바벨탑의 건설〉의 예가 보여주듯이, 그의 작품에서 인간의 노력은 대개 좌절과 실패로 끝난다. 게다가 브뤼헐은 자신이 민중을 이끌어야 한다고 생각했던 것 같지도 않다. 〈소경의 인도〉가 보여주듯이 소경이 소경을 인도하면 모두가 구렁텅이에 빠질 뿐이다.

그렇다면 그는 민중을 사랑했을까? 그는 성직자를 풍자하고, 탁발승들을 조롱하고, 고위 관료를 우롱하고, 스페인 세리(稅吏)를 비난하고, 부유한 시민을 비판했다. 하지만 가난한 민중들 역시 그의 신랄하고 날카로운 풍자에서 예외가 될 수는 없었다. 그는 농민들의 어리석음 역시 공평하게 비웃었다. 대중을 바라보는 브뤼헐의 시선은 때로 고대의 철학자 디오게네스가 보여준 인간 혐오에 가까울 정도이다. 사회주의 리얼리스트들은 '대중이 역사의 주인'이라는 의식을 갖고 있다. 하지만 브뤼헐은 민중을 이상화하지 않는다. 민중의 어떤 부분은 애정 어린 눈으로 바라보나, 그들의 다른 부분에는 차가운 냉소를 보낸다.

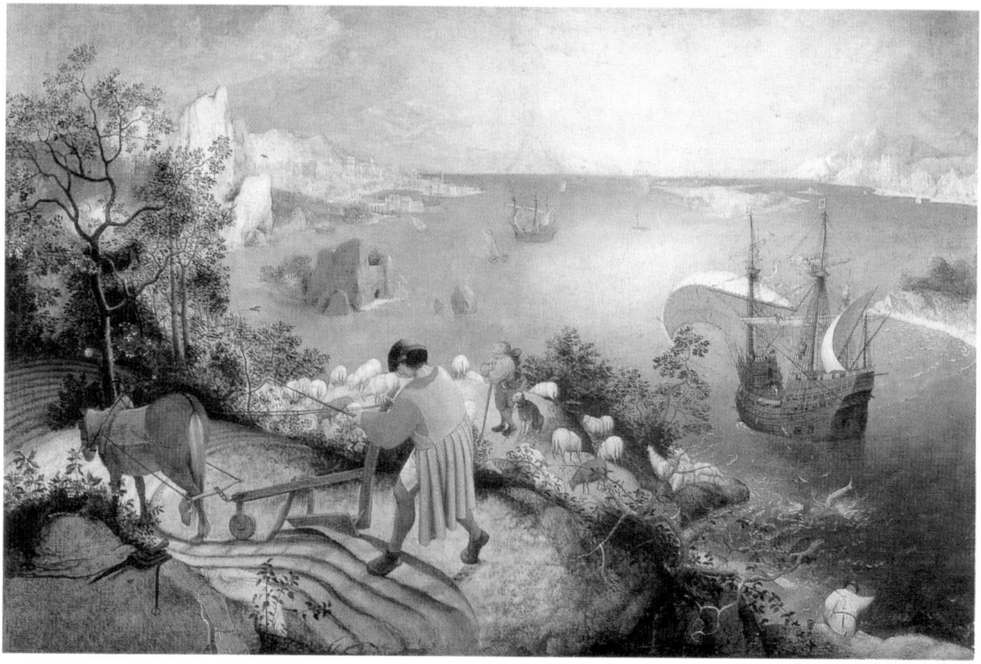

〈이카루스의 추락〉 **피터르 브뤼헐**, 1558년

〈바벨탑의 건설〉 **피터르 브뤼헐**, 1563년

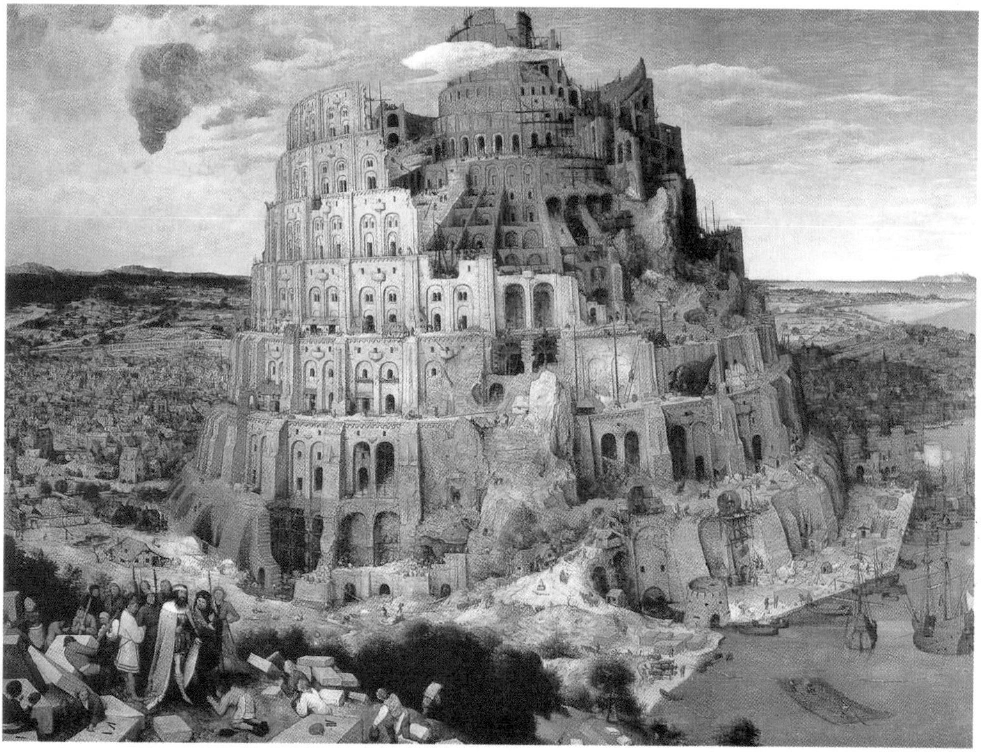

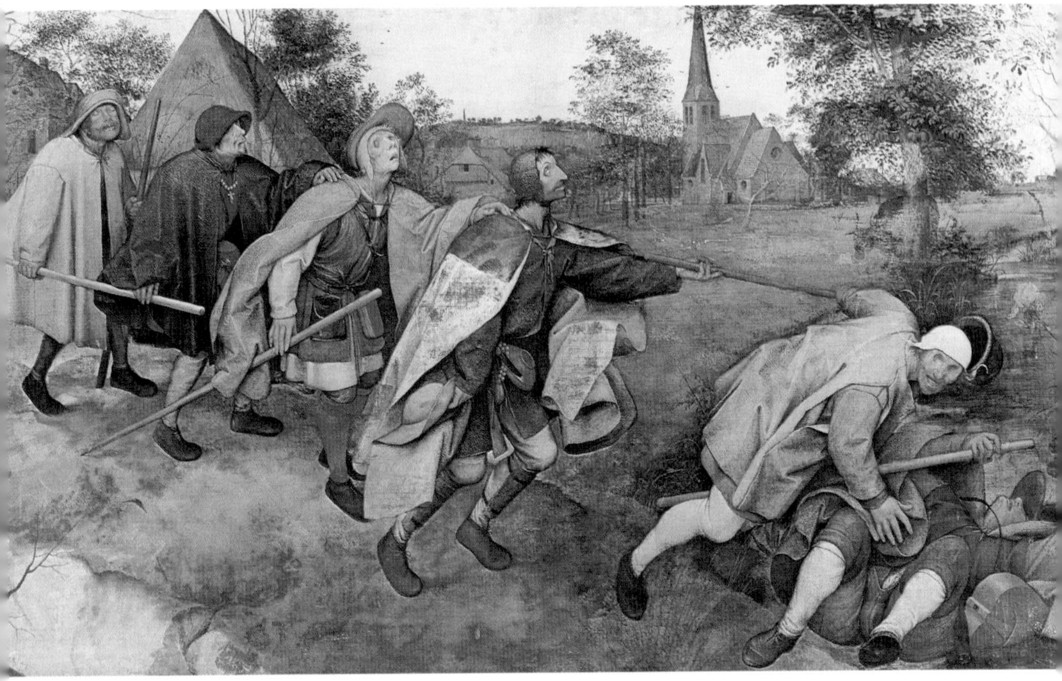

〈소경의 인도〉 피터르 브뤼헐,
1568년

그가 즐겨 농민들 틈에 섞인 것 역시 제재를 찾기 위한 노력에 가까웠다. 그는 이탈리아 화가들처럼 자연을 이상화하려고 하지 않았다. 따라서 현실을 이상화하지 않고 있는 그대로 그려야 했다. 게다가 스승인 보슈처럼 판타지와 상상력이 풍부하지도 않았다. 때문에 그에게는 눈에 보이는 생생한 모델이 필요했고, 그래서 민중 속으로 들어가야 했던 것이다. 그것은 어디까지나 작품의 제재를 찾는 예술적 활동에 가까웠지, 민중에 대한 무한한 애정을 가지고 그들 속으로 들어가자는 진보주의자들의 정치적 실천과는 별 관계가 없었다. 그렇다면 도대체 브뤼헐은 어떤 사람이었을까?

허무주의적 명랑함

위에서 인용한 기사는 브뤼헐의 세계 감정이 마니에리스모 작가들의 '허무주의적 명랑함' 에 가깝다며, 브뤼헐과 같은 시대에 살았던 프랑스의 극작가 자크 그레뱅(Jacques Grevin, 1539~1570년)의 말을 인용한다.

> 나는 나의 웃음을 유감스러워하며, 나의 울음을 비웃으며, ……
> 나의 고통을 슬퍼한다. 모든 것이 나를 울게 만들고, 모든 것이
> 나를 웃게 만든다.[7]

이 구절을 읽고 당장 떠오른 것은 역시 죽기 직전에 그린 작품 〈염세가〉였다. 이 작품의 하단에 브뤼헐은 이렇게 적어 넣었다. "세상이 배

신하였기에, 나는 비탄에 들어간다." 어떤 이는 이 작품에 대해 도덕주의적 해석을 내놓는다. "그는 배경에서 양을 치는 목동과 대조를 이룬다. 목동이야말로 저 염세가보다 더 덕성이 있다고 할 수 있다. 왜냐하면 자신의 임무를 단순하고 영예롭게 수행하면서 자기에게 맡겨진 몫에 대한 책임을 다하고 있기 때문이다."[8] 한마디로, 무위도식하는 염세가에 대한 비판이자 묵묵히 제 일만 하는 목동에 대한 찬양이라는 얘기다.

정말 그럴까? 나는 외려 세상을 등진 저 염세가에게서 브뤼헐 자신의 모습을 본다. 물론 이 작품이 염세가에 대한 풍자일 수도 있다. 하지만 그런다고 상황이 달라지는 것은 아니다. 최고의 풍자는 역시 자기 풍자이다. 진정한 풍자는 세상의 모든 것을 거쳐 마침내 자기 자신까지 비웃을 때에 비로소 완성되기 때문이다. 염세가는 "세상이 배신하였기에 …… 비탄에 들어간다." 그를 조롱하는 듯 뒤에서 허튼 수작을 하는 사내를 통해 브뤼헐은 염세가에 대해 비판적 거리를 취하는 듯하다. 하지만 브뤼헐은, 그레뱅의 말처럼 자신의 비탄마저 비웃으며 그 웃음을 유감스러워할 사람이다. 그는 모든 것에 울고, 모든 것에 웃는다.

브뤼헐을 지나치게 니체(1844~1900년)로 만들어버린 느낌이 있지만, 이 주간지의 기사야말로 브뤼헐의 본질을 제대로 짚은 듯하다. 브뤼헐이 보는 세계는 온통 부조리로 가득 차 있다. 그래서 그는 세상의 모든 것을 풍자한다. 하지만 자신의 풍자가 세상을 바꾸어놓을 것이라 믿지는 않는다. 섣불리 세상을 바꿔놓으려는 노력은 외려 세상을 재앙으로 몰아넣을 뿐이다. 그는 이 뒤집힌 세계를, 그것의 부조리함, 그것의 불합리함을 있는 그대로, 주어진 사실로 받아들이려 한다. 그런 부

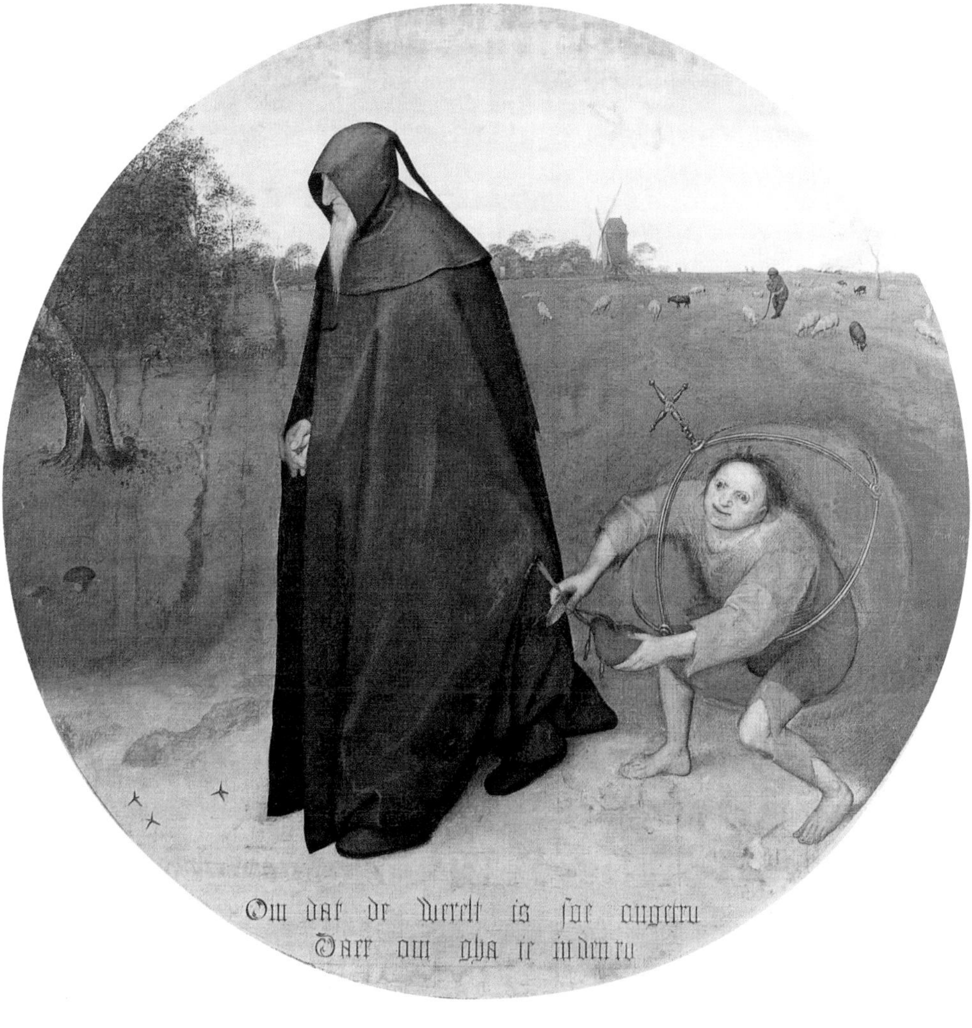

〈염세가〉 피터르 브뤼헐,
1568년

조리 속에 살아야 하는 것이 사실 예나 지금이나 인간의 조건이 아닌가?

뒤집어진 세상

다시 교수대로 돌아가 보자. 그 위에 앉은 까치는 무시무시한 존재다. 그의 재잘거림이 얼마나 많은 네덜란드의 시민을 교수대로 보냈던가? 입 한 번 잘못 놀렸다고 이단으로 몰려서 처형당하는 상황은 얼마나 부조리한가? 하지만 농민들은 그 무시무시한 교수대 아래서 즐겁게 춤을 추고 거기에 대변을 보며 그 부조리의 일부가 된다. 입을 잘못 놀려 교수대에 달리는 것도 그들이요, 그런 동료를 몰래 고발하는 것도 그들이 아닌가. 풍자하는 브뤼헐도 그 부조리에서 예외는 아니다. 저 교수대는 상식이 통하지 않는 뒤집힌 세상, 그것의 부조리와 불합리의 무시무시한 상징이다.

마지막으로 저 교수대의 모습에 주목해보자. 어딘가 이상하지 않은가? 브뤼헐은 투시법을 교묘히 이용하여 교수대를 현실적으로는 있을 수 없는 형태로 그려놓았다. 내가 아는 한, 이것이 이른바 '불가능한 형태(impossible figure)'가 미술사에 등장한 최초의 예이다.[9] 에셔보다 수백 년이 앞서는 셈이다. 한 가지 이상한 것은, 아무리 뒤져봐도 이 시각적 일탈에 대한 해석이 전혀 없다는 점이다. 〈소떼의 귀환〉의 배경에도 조그맣게 같은 모양의 교수대가 있는 것으로 보아, 이게 의도된 묘사라는 것을 알 수 있다. 설마 이 북구의 거장이 투시법의 실수를 저질렀겠

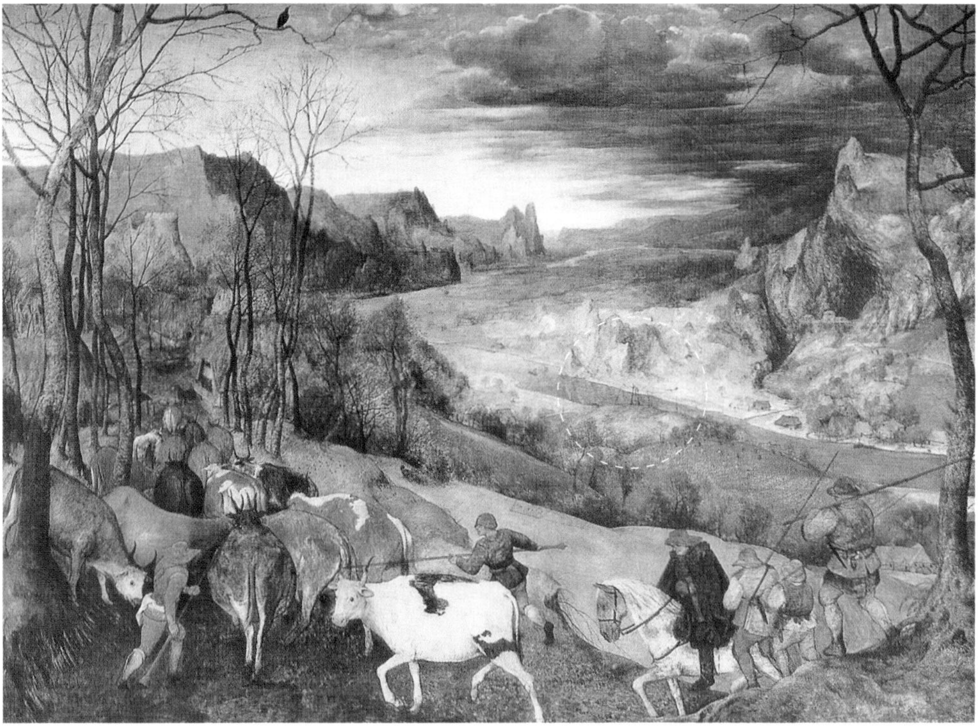

〈소떼의 귀환〉(부분) 피터르 브뤼헐,
1565년

는가?

이게 실수가 아니라면, 해석의 가능성은 단 하나만 남는다. 교수대는 3차원 공간에서는 불가능한 형태를 취하고 있다. 한마디로 그 자체가 부조리한 형상인 셈이다. 하지만 세상도 마찬가지가 아닌가? 이 세상 역시 온갖 부조리와 불합리로 가득 차 있지 않은가. 그렇다면 저 부조리한 교수대야말로 브뤼헐이 바라본 세계 자체의 모습일지도 모른다. 한마디로 브뤼헐은 마니에리스모의 세계 감정을 마니에리스모 특유의 표현 방식에 담으려 했던 게 아닐까?

1 Karel van Mander, *The Lives of the Illustrious Netherlandish and German painters from the first edition of the Schilder–boek*(1603~1604), trans. Michael Hoyle, Jacqueline Penniall–Boer and Charles Ford, ed. Hessel Miedema (Doornspijk : Davaco, 1994) p. 234

2 같은 곳.

3 Ludo Beheydt, Bruegel und die kulturelle Identität Flanderns in : NedWeb Informationen für die Nederlandistik (http://www.ned.univie.ac.at/node/12704)

4 Robert L. Bonn, *Painting life : The art of Pieter Bruegel*, The Elder, Syracuse University Press New York, 2007, pp. 106~108

5 미셸 푸코, 오생근 옮김, 《감시와 처벌》, 나남출판사, 1994, p. 100

6 Gottfried Sello, Maler der verkehrten Welt in : *Die Zeit*, 24. 10. 1975 Nr. 44

7 같은 곳.

8 Keith Roberts, *Bruegel*, Phaidon Press Inc. New York, 1971, p. 50

9 Guillermo Savransky, Dan Dimerman, Craig Gotsman, Modeling and rendering Escher–like impossible scenes in : *Computer graphics* forum vol.18 issue 2, Blackwell Publishing Ltd. 2008, p. 173

누구든지 저와 같지 않다면

6

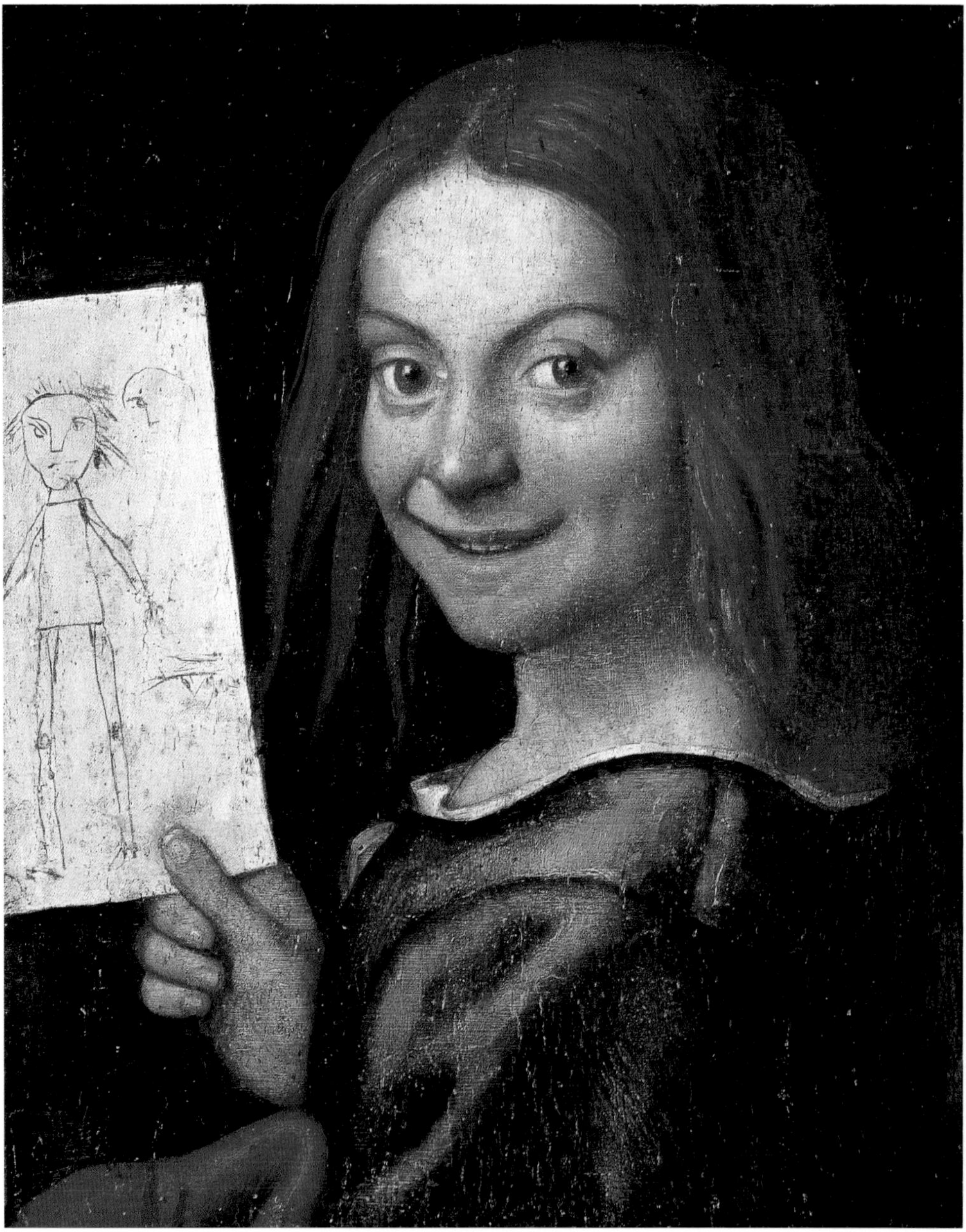

〈그림을 든 빨간 머리 소년〉 조반니 프란체스코 카로토,
1515년경

누구든지 저와 같지 않다면

열 살쯤 먹었을까? 첫눈에 보아도 정말 말 안 듣게 생겼다. 아이는 장난기 어린 웃음을 머금고 슬쩍 시선을 그림 밖으로 던진다. 누구일까? 저 아이의 정체에 대해서는 알려진 게 전혀 없다. 꼬마는 오른손에 종이를 들고 있다. 자랑스레 들어올린 종이 위로 사람의 드로잉이 보인다. 녀석이 직접 그린 것일 게다. 누굴 그린 걸까? 역시 알 수 없다. 하지만 이 그림을 볼 때마다 나는 아이가 그린 것이 이 그림의 작가가 아닐까 상상한다. 생각해보라. 화가가 자신을 그리자, 아이가 반격(?)으로 화가를 그린다. 이 경우 어른은 아이의 그림체로, 아이는 어른의 그림체로, 서로 스타일을 뒤바꾸어 입은 채 둘이 한 화면에 공존하는 셈이다. 재미있는 설정이 아닌가?

어린이의 발명

작가 카로토(Giovanni Francesco Caroto, 1480~1555/1558년)는 마니에리스모의 거장 베로네제의 스승으로 알려져 있다. 이 베로나의 화가는 주로 종교화와 인물화를 그렸다고 하나, 그의 작품 중에서 가장 널리 알려진 것은 정작 이 개구쟁이 소년의 초상이다. 당시에는 이 그림이 주변적으로 여겨졌을 법하다. 그런데 지금은 외려 이 작품이 다른 것들을 제치고 주목을 받는다. 왜 그럴까? 거기에는 두 가지 이유가 있다. 하나는 이 그림이 서구 미술에서 어린이를 어린이답게 묘사한 최초의 예 중 하나라는 것이고, 다른 하나는 이 작품에서 최초로 어린이가 그린 그림이 회화적 관심의 대상이 되었다는 것이다.

먼저 첫 번째 이유에 대해 살펴보자. 필립 아리에스(Philippe Aris, 1914~1984년)에 따르면, 그림 속에 아동이 본격적으로 등장하는 것은 르네상스 이후의 현상이라고 한다.[1] 물론 중세의 장인들도 어린이를 그렸지만, 이때 그들은 어린이의 신체를 '축소된 어른'으로 묘사하곤 했다. 이는 그들에게 어린이의 신체적 특성에 대한 의식이 없었음을 의미한다. 아동을 아동으로 묘사하던 헬레니즘 예술의 전통이 이렇게 중세 문명에서 사라져버린 것이다. 여기에 변화가 생기는 것은 로마네스크에서 고딕으로 넘어가던 13세기경. 이때부터 '성가대 아이', '아기 예수', 영혼을 상징하는 '벌거벗은 아이'를 비롯한 몇몇 도상 속에서 예외적으로 아동기 특유의 신체적 특성을 가진 도상이 나타나기 시작한다.

아동에 대한 묘사가 종교화에서 떨어져 나오는 것은 15~16세기의 일이다. 이때부터 풍속화 속에서 세속적인 아동기 특유의 모습이 등장한다. 가족과 함께 있는 아이, 친구들과 노는 아이, 오줌 싸는 아이, 설교를 듣는 아이, 학교에 있는 아이, 장인의 아틀리에에서 견습을 받는 아이, 기적이나 순교를 군중 속에서 함께 구경하는 아이 등. 이 풍속화들은 아동에 대한 당시의 사회적 관념을 보여준다. 그림 속의 아이들은

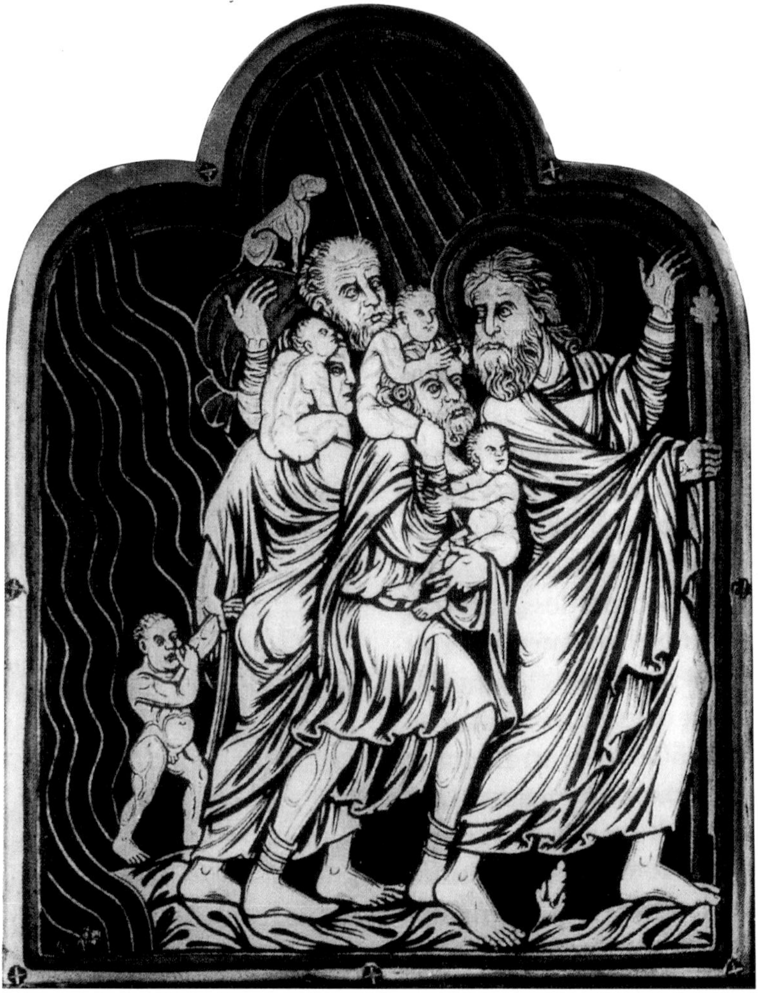

〈니콜라스, 홍해를 건넘〉 베르둔의 제단화,
1181년

일과 놀이에서 어른들과 함께 어울리고 있다. 다시 말해, 생물학적으로는 어린이의 신체를 갖고도 사회적으로는 여전히 일상에서 '작은 어른'의 노릇을 했던 것이다. 이때까지도 어린이의 세계는 여전히 어른들의 세계와 분명히 구별되지 않았다.

하지만 화가들은 동시에 이 풍속화들 속에서 아동을 부각시키는 것을 좋아했다. 이는 그들이 '귀여움'이나 '천진함'과 같은 아동만이 가진 독특한 매력에 주목했음을 의미한다. 여기서 벌써 아동의 세계를 성인의 세계와 분리시키는 경향이 보인다. 머지않아 아이들은 성인들과 함께 어울리던 일상에서 떨어져 나와 '학교'라는 이름의 아이들만을 위한 별도의 장소에 갇힐 것이다. 아이들은 어른의 세계와 격리된 공간에서 다른 아이들과 어울리며 이른바 '아동기'를 보내게 된다. 이처럼 아동은 예로부터 존재해왔으나 '아동'에 대한 관념은 비교적 최근에 형성된 것이다. 물론 이런 주장에 대한 반론도 있지만,[2] 아리에스의 말대로 '아동'은 어느 정도 근대의 발명품이다

다시 〈그림을 든 빨간 머리 소년〉으로 돌아가 보자. 저 아이는 완전하게 아동의 신체적 특성을 가지고 있다. 꼬마는 어린이 특유의 장난기 머금은 웃음을 통해 성인과 구별되는 아동만의 매력을 그대로 발산한다. 여기에는 성인과는 구별되는 아동들 특유의 정서적 생활이 그대로 나타나 있다.[3] 게다가 아이는 더 이상 풍속화의 조연이 아니다. 이 작품에서 아이는 아예 회화의 주인공으로 나섰다. 어린이를 회화의 유일한 주제로 내세운 이 작품은 '아동의 탄생'이라는, 근대의 서구 사회에서 진행된 문명사적 과정의 예술적 증언이다. 카로토의 이 작품이 각별

한 관심을 끄는 것은 이 때문일 것이다.

어린이의 그림

이 그림이 주목을 받는 또 하나의 이유는 그림 속에 등장하는 또 다른 그림과 관련이 있다. 소설 속에 소설이 등장하는 것을 흔히 '액자소설'이라고 부른다. 그렇다면 그림 속에 그림이 등장하는 것은 '액자그림'이라 불러야 할 것이다. 물론 액자 그림은 카로토의 것이 처음이 아니다. 그 전통은 멀리 중세로까지 거슬러 올라간다. 예를 들어 데리크 바에게르트(Derick Baegert, 1440~1515년)의 그림을 보자. 이는 사도 누가가 성모 마리아의 초상을 그렸다는 전설을 다룬 작품이다. 여기에도 그림 속에 그림이 들어 있다. 여기서 마리아의 모습은 두 번 등장한다. 한 번은 그림 속에, 또 한 번은 그림 속의 그림 속에. 반복되는 두 이미지는 거의 모습이 일치한다.

카로토의 새로움은 그저 그림 속에 그림이 등장한다는 데 있는 게 아니다. 15~16세기 이후 아이가 그저 성인과 구별되는 사랑 받는 귀여운 존재로 여겨지기 시작했지만, 여전히 오랫동안 아이들의 그림에 대한 사회적 관심은 존재하지 않았다. 물론 그 시대에도 아이들은 그림을 그렸을 것이다. 아직 종이가 귀할 때라, 아이들은 땅바닥이나 건물 벽에 낙서를 했을 것이다. 그것은 분명히 부모들의 눈에 띄었을 테고, 그들은 자신들의 그림을 귀엽게, 또는 기특하게 바라봤을 것이다. 그럼에도 불구하고 아이들이 그린 그림은 아주 오랫동안 서구의 회화 속에 전

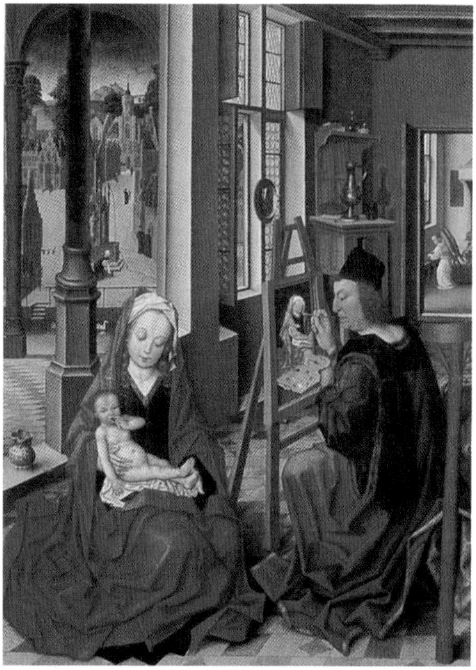

〈성모를 그리는 사도 누가〉 데리크 바에게르트,
1490년경

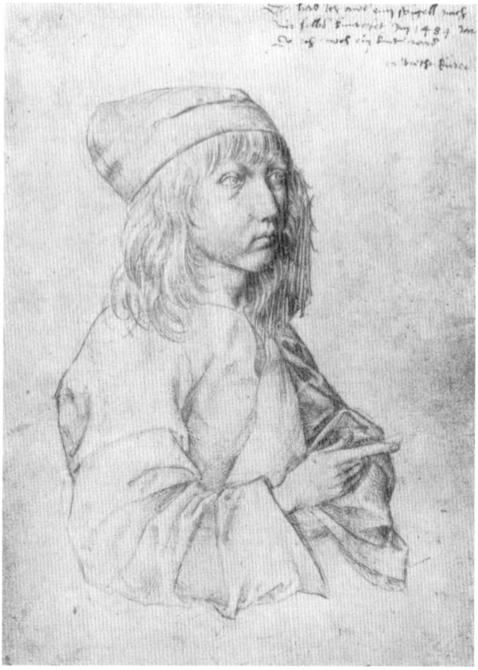

〈자화상〉 알브레히트 뒤러,
1484년

혀 등장하지 않는다. 유일한 예외가 있다면, 바로 이 작품이다.[4]

하지만 저 쪽지 위의 그림이 정말 저 아이가 그린 것일까? 가령 뒤러의 〈자화상〉을 보자. 이 작품은 열세 살 먹은 소년 뒤러가 자신을 그린 것이다. 묘사가 어른을 뺨칠 정도로 사실적이다. 여기에는 아동화 특유의 모습이 전혀 나타나지 않는다. 여기서 소년 뒤러는 거의 '작은 어른'이다. 열세 살의 나이로도 이렇게 성인을 방불케 하는 사실적 묘사를 할 수 있다면, 이 그림을 그린 뒤러와 카로토의 소년 사이에 나이 차이가 얼마나 나겠는가? 아동화 전문가들에 따르면, 카로토의 소년과 같은 연령의 아이들은 사실 그림을 그렇게 그리지 않는다고 한다. 한마디로, 쪽지 위의 그림은 진짜 아동의 그림이라기보다는 화가가 생각하는 아동의 그림이라는 얘기다.

저 쪽지처럼 그리려면 소년은 그림 속에 나타난 것보다 더 어려야 할 것이다. 하지만 카로토는 이를 무시하고, 어른의 그림과 아이의 그림을 대립시킨다. 이는 물론 의도적 대비로 보인다. 만약에 카로토가 저 쪽지 위의 이미지를 열세 살의 소년 뒤러가 그린 것처럼 사실적으로 묘사했다면, 예술적 효과는 현저히 떨어졌을 것이다. 카로토의 아이는 열세 살의 뒤러처럼 그림을 그리는 '작은 어른'이 아니다. 그는 애초에 어른과는 완전히 다른 방식으로 세계를 지각하고 묘사한다. 카로토는 이렇게 누구보다 앞서 아동화의 특성에 주목하여 르네상스 이래로 내려오는 재현 방식의 가치를 상대화한다.[5]

창조적 역행

아무리 위대한 장인이라도 아주 어린 시절에는 저 아이처럼 그렸을 것이다. 하지만 차차 나이가 들면서 사물을 관찰하는 눈도 예리해지고, 화폭에 옮기는 손도 섬세해진다. 그러다가 어느 시점에 도달하면 마침내 실물을 방불케 할 정도로 생생한 묘사를 할 능력을 갖추게 된다. 개체 발생은 계통 발생을 반복한다고 하던가? 비슷한 과정을 서구의 미술사에서도 찾아볼 수 있다. 예를 들어 중세의 그림들은 아이가 그린 것처럼 묘사가 서툴러 보인다. 하지만 르네상스로 넘어가면서 점차 화가들의 솜씨가 무르익어, 15세기 말에 이르면 마치 사진으로 찍은 것처럼 정교한 사실 묘사에 도달하게 된다. 이는 미술사를 바라보는 다분히 진화론적인 시각이다.

하지만 20세기의 회화는 외려 이 진화론적 사고를 뒤집어버리는 듯하다. 가령 프랑스의 화가 뒤뷔페(Jean Dubuffet, 1901~1985년)의 〈자화상〉을 보자. 마치 초등학생이 화장실 벽에 그린 낙서처럼 보이지 않는가? 이 작품은 카로토의 아이가 그린 그림과 너무나 유사하다. 두 그림을 나란히 놓고 비교해보면, 도대체 어느 게 어른의 그림이고, 어느 게 아이의 그림인지 구별하기 힘들 정도이다. 이렇게 일부러 아동화의 스타일을 택하는 것은 뒤뷔페만이 아니라, 피카소나 칸딘스키, 호안 미로 등 많은 현대 화가에게서 나타나는 보편적 현상이다.[6] 그들은 왜 진화의 방향을 거슬러 자꾸 유년기의 화풍으로 되돌아가는 걸까?

미술사학자 알로이스 리글(Alois Riegl, 1858~1905년)에 따르면, 미술사를 움직이는 것은 '능력(Können)'이 아니라 '의지(Wollen)'라고 한다. 현대 화가들이 유년기로 돌아가는 것은 사실적 묘사의 '능력'이 부족해서가 아니다. 그들에게는 다만 그럴 '의지'가 없을 뿐이다. 미술사를 사실적 재현 기술이 발전하는 과정으로 볼 때, 아이들의 그림은 채 발달하지 못한 미숙함의 산물일 뿐이다. 하지만 미술사를 상이한 '의지들'이 교차하는 장으로 바라보면 상황이 달라진다. 이 경우 아이의 그

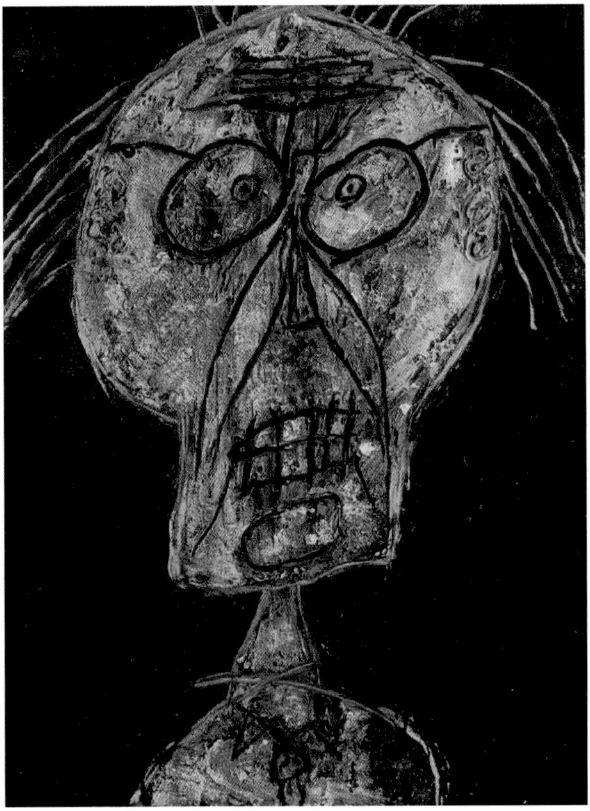

〈자화상〉 장 뒤뷔페,
1947년

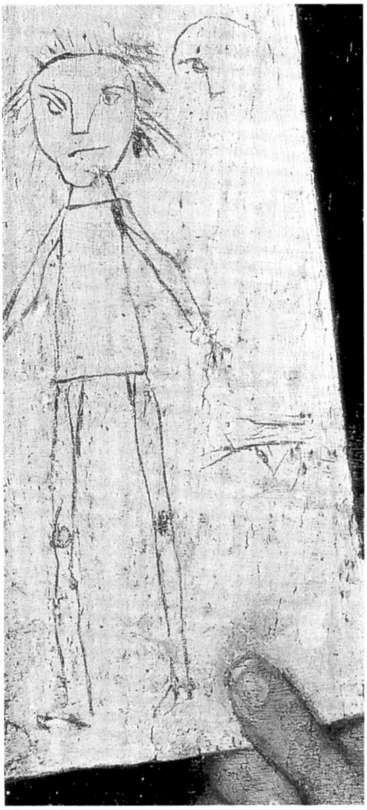

〈그림을 든 빨간 머리 소년〉(부분)
조반니 프란체스코 카로토,
1515년경

림은 어른의 것과는 완전히 다른 예술의지의 표현일 것이다. 현대의 화가들이 아이들의 그림에 주목하는 것은 그 때문이다.

르네상스를 거치면서 실물을 꼭 빼닮게 그리는 기술은 완성에 도달했다. 거기에 19세기에 카메라까지 발명되면서, 도처에서 사물을 꼭 빼닮는 이미지를 볼 수 있게 되었다. 사람들은 더 이상 실물을 빼닮은 이미지에 그다지 깊은 인상을 받지 않는다. 이는 화가들에게 커다란 위기를 의미했다. 그리하여 그들에게는 새로운 출발이 필요했다. 그러려면 어떻게 해야 하나? 다시 시작하려면 역시 근원으로 돌아가야 하는 법이다. 그리하여 현대의 화가들은 사회화를 겪지 않은 어린이, 문명화를 거치지 않은 미개인의 그림으로 돌아가기로 했다. 거기서 그들은 르네상스 이후의 관행과는 완전히 다른 종류의 '예술의지'를 찾았던 것이다.

재현론에서 표현론으로

"예술에는 근원적 시작이라는 것이 있는데, 그것을 민속학 박물관이나 아이들의 방에서 볼 수 있다." 파울 클레의 말이다. 민속학 박물관에는 문명화 이전의 유년기 인류가 있다. 그리고 어린이 방에는 사회화 이전의 유년기 아동이 있다. 그래서 피카소의 그림은 아프리카 미술을 닮고, 클레의 그림은 아이의 그림을 닮는다. 어린이는 아직 모든 것이 될 수 있는 가능성의 덩어리, 즉 모든 것으로 분화할 수 있는 줄기세포의 상태에 있다. 새로 출발하기 위해 그 잠재성의 근원으로 돌아가는 것은 진화론적 의미에서 '퇴화'가 아니다. 들뢰즈라면 이를 '창조적 역행'이라 부를 것이다.

거의 혁명적이라고 할 수 있는 이러한 관념의 변화는, 현대에 들어와 회화의 과제가 외부의 '재현(representation)'에서 내면의 '표현(expression)'으로 바뀐 것과 관련이 있을 것이다. 사물의 정확한 재현에 도달하는 데에는 원근법이나 해부학과 같은 과학적 연구가 필요하다. 르네상스의 화가들은 오랜 시간에 걸친 학습과 훈련, 그리고 실험을 거쳐 그 테크닉을 완성했다. 하지만 회화가 표현을 지향할 경우, 사정이 달라진다. 그때는 이 모든 재현의 장치가 외려 방해가 될 수 있다. '보이는 대로'가 아니라 '느끼는 대로' 그리는 데 필요한 것은 외려 학습되지 않은 순진함과 솔직함과 소박함이기 때문이다.

이런 인식의 변화가 본격적으로 일어난 것은 19세기 말부터이다. 이탈리아의 고고학자 코라도 리치(Corrado Ricci, 1858~1934년)는 아동화에 대한 최초의 서적 《어린이의 그림》(1887년)을 출간한다. 카로토가 〈그림을 든 빨간 머리 소년〉을 그린 지 거의 400년 만의 일이다. 같은 시기에 형식주의 비평가들은 아동화와 현대 예술의 유사성에 주목했다. 영국의 비평가 로저 프라이(Roger Fry, 1865~1934년)는, "아이들은 자연을 베끼는 게 아니라 …… 자기들이 상상하는 정신적 형상을 표현한다."고 말했다. 클라이브 벨(Clive Bell, 1881~1964년)은 아동화의 특성을 "환영주의적 재현이 없는 것, 기술을 과시하지 않는 것, 숭고하게 인상적인 형태"로 요약한다. 이는 곧 모더니즘 회화의 특징이기도 하다.

여기서 다시 열세 살의 소년 뒤러의 자화상을 생각해보라. 얼마나 조숙한가? 과거에 그림을 배우는 것은 이처럼 어른처럼 그리는 법을 배우는 것이었다. 하지만 어린이의 그림이 그저 '작은 어른'의 그림이 아니라면, 미술 교육 역시 달라져야 한다. 여기서 로저 프라이는 아이들을 '가르치는 것(teaching)'과 '교육하는 것(educating)'을 구별한다. 아이들에게 어른들이 사용하는 기법을 '가르치는 것'은 과거의 관습으로 아이의 창의성을 망칠 뿐이다. 가르치지 않아도 아이들은 이미 타고난 예술가이다. 따라서 선생은 아이들이 타고난 재능을 자연스레 펼치도록 옆에서 도와주기만 하면 된다. 이것이 진정한 의미에서 아이들을 '교육하는 것'이다.[7]

회화의 아동기

카로토의 그림에는 실은 아직 언급하지 않은 디테일이 하나 있다. 저 쪽지를 잘 살펴보라. 인물의 머리 옆에 하나, 무릎 근처에 하나, 어렴풋이 그려진 또 다른 드로잉의 윤곽이 눈에 들어올 것이다. 머리 옆의 것은 무엇인지 알아보기 힘들지만, 무릎 옆의 드로잉은 확실히 사람의 왼쪽 눈을 그린 것이다. 이 눈의 드로잉은 르네상스 시대에 장인의 아틀리에에서 도제들이 습작으로 그리던 그림들과 일치한다. 따라서 저 종이는 드로잉 연습에 사용되었던 것으로 보인다. 그것은 누가 그린 것일까? 여기에 어떻게 대답하느냐에 따라, 저 작은 디테일이 이 작품에 수많은 내러티브를 도입할 수가 있다.

저 눈을 그린 사람은 아이의 아버지일지도 모른다. 아이는 지금 아버지가 작업하던 종이 위에 낙서를 해놓고 넉살 좋게 웃고 있다. 아니, 저

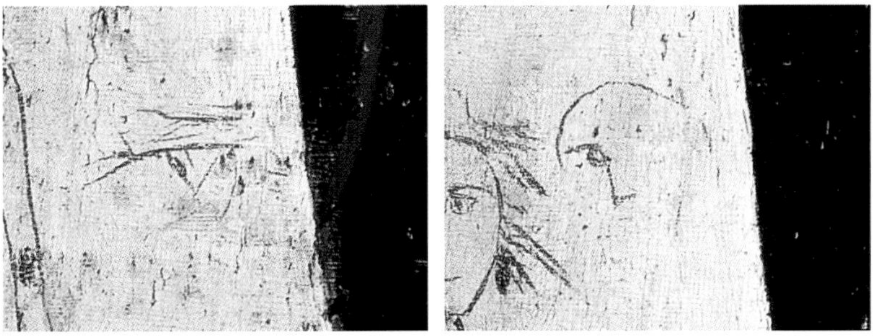

〈그림을 든 빨간 머리 소년〉(부분) 조반니 프란체스코 카로토,
1515년경

그림을 그린 사람은 아버지의 제자일지 모른다. 이 경우 그는 아버지의 아틀리에에 난입해 짓궂은 장난으로 아버지의 제자들을 난감하게 하는 중일 게다. 아니, 저 눈은 아이 자신이 그린 것일 수도 있다. 이 경우 아이는 그림을 충분히 잘 그릴 수 있는데도 일부러 엉터리로 그린 셈이 된다. 그러면 재미있는 서사가 생긴다. '녀석은 어린 나이에 어른처럼 그리는 법을 배우느라 자연적인 표현의 충동을 억눌려왔다. 그래서 지금 일부러 못 그리는 장난으로 거기에 반기를 들고 있다.'

이는 존재하지 않는 이야기를 억지로 그림 안에 집어넣어 읽는 것일까? 하지만 이 작품이 근대 미술사에서 '부재하는 아동기'에 대한 증언을 담고 있는 것만은 확실하다. 조숙한 뒤러의 자화상은 그 '부재하는 아동기'의 초상일 게다. 열세 살의 나이로 소년 뒤러는 이미 성인 뺨치는 정도의 사실주의를 보여준다. 그것은 혼자 돌아다닐 나이가 되면 곧바로 성인의 세계에 편입되어 어른들과 노동과 놀이를 공유했던 '작

은 어른'의 얼굴일 것이다. 반면 카로토의 〈그림을 든 빨간 머리 소년〉을 보라. 그가 자랑스레 내미는 쪽지는 꾸미지 않은 아이의 자연적 표현력이 넘쳐흐른다. 어린이를 스승으로 삼은 모더니즘의 강령은 예수의 말을 연상시킨다.

> 진실로 너희에게 이르노니 너희가 돌이켜 어린아이들과 같이 되지 아니하면, 결단코 천국에 들어가지 못하리라.(〈마태복음〉 18장 3절)

1 필립 아리에스, 문지영 옮김, 《아동의 탄생》, 새물결, 2003, pp. 89~113

2 Barbara A. Hanawalt, The child in the middle ages and renaissance in : Willem Koops, Michael. Zuckerman (ed.), *Beyond the century of the child*, University of Pennsylvania Press, 2003, pp. 21~42

3 Eva M. Simms, *The child in the world : Embodiment, time, and language in early childhood*, Wayne state university press, 2008, p. 207

4 Howard Gardner, *Gribouillages et dessins d'enfants*, Mardaga, 1982, p. 21

5 Norbert Schneider, *The art of portrait*, Taschen, 2002, p. 144

6 Jonathan Fineberg (ed.), *Discovering Child Art : Essays on childhood, primitivism, and modernism*, Princeton university press, 2001.

7 Richard Schiff, From primitivist phylogeny to formalist ontogeny : Roger Fryaud Children's Drawings in : Jaonathan Fineberg (ed.), *Discovering Child Art : Essays on Childhood, Primitivism and Modernism*, (2001), Princeton University Press, pp. 157~189

사라진 주체

7

〈자화상〉 요하네스 굼프,
1646년

사라진 주체

요하네스 굼프(Johannes Gump, 1626~?)의 〈자화상〉. 이 오스트리아 화가가 언제 죽었는지는 아무도 모른다. 사망 연도가 '1646년 이후' 라고 하는 것으로 보아, 저 자화상 외에 남긴 작품도 없는 모양이다. 결국 저 그림이 그려진 해가 가능한 사망 연도의 상한선이 되어버렸다. 무명에 가까운 화가가 스무 살 시절에 그린 그림. 이 애송이의 자화상이 우리의 눈을 잡아끄는 것은 물론 독특한 미장센 때문일 것이다. 그림 속에서 초상은 두 번 반복된다. 하지만 정작 화가의 진짜 얼굴은 보이지 않는다. 이런 식의 연출은 대체 무엇을 의미할까? 이 물음에 답하려면 먼저 서구의 자화상이 걸어온 길을 되짚어봐야 한다.

자화상이 걸어온 길

서구에서 자화상의 전통은 일반적으로 르네상스 시대에 시작된 것으로 여겨진다. 초기 르네상스의 자화상은, 화가가 자신이 묘사하는 신성한 사건에 목격자로서 참여한다는 종교적 의미를 갖고 있었다. 가령 아뇰로 가디(Agnolo Gadi, 1350~1396년)가 그린 산타 크로체 성당의 프레

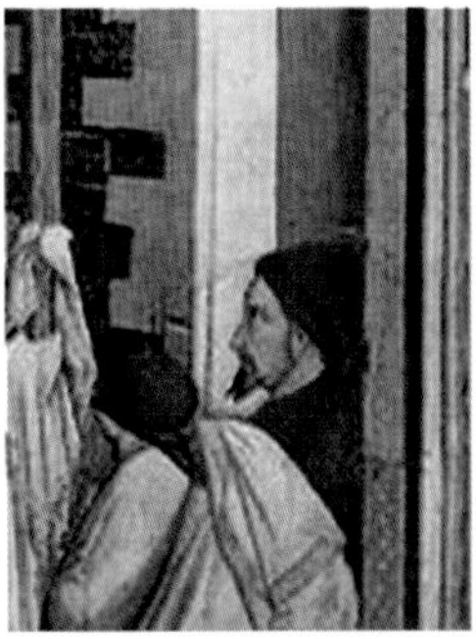

산타 크로체 성당의 프레스코화 중 **〈십자가의 승리〉(부분) 아뇰로 가디,** 1380년대

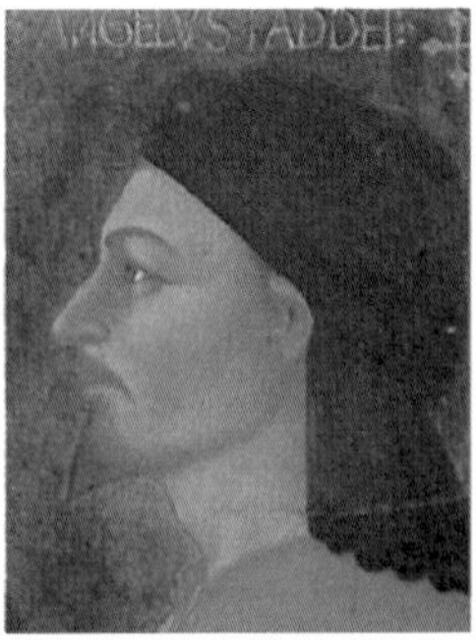

〈가디 가문의 초상화〉(부분) 아뇰로 가디, 1380년경

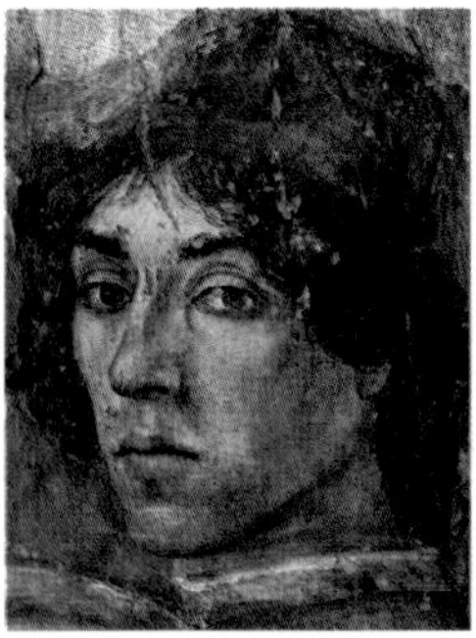

〈시몬 마구스와의 논쟁과 베드로의 책형〉(부분) 필리피노 리피, 1481~1482년

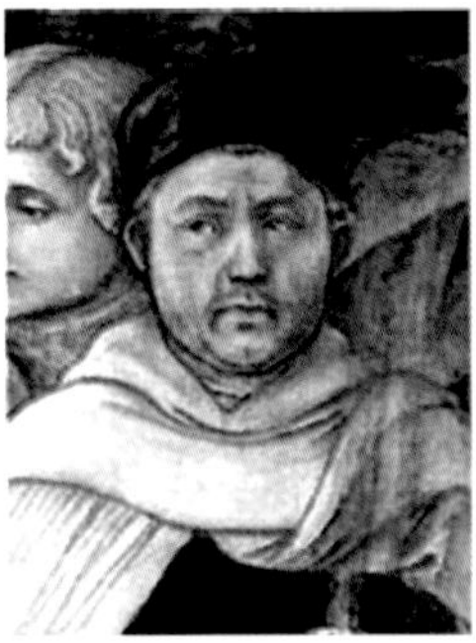

스폴레토 성당의 프레스코화 〈성모의 일생〉(부분) 프라 필리포 리피, 1467~1469년

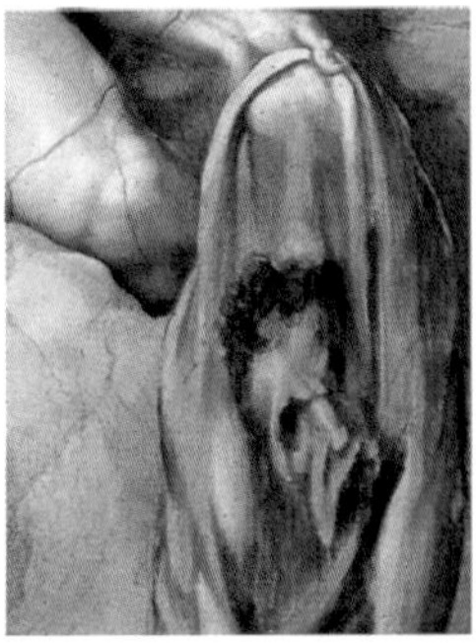

시스티나 성당의 프레스코화 중 〈최후의 심판〉(부분) 미켈란젤로, 1537~1541년

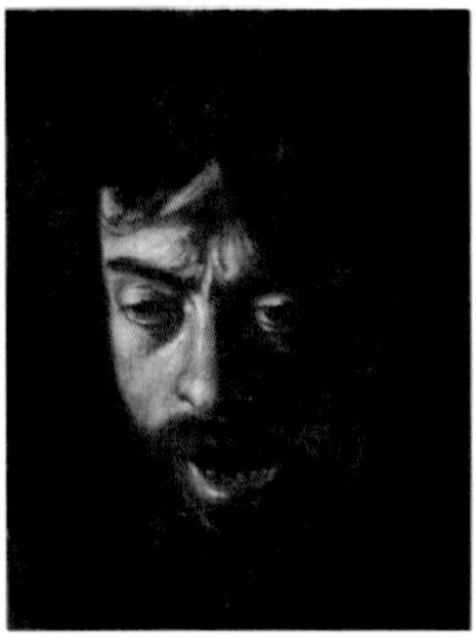

〈골리앗의 머리를 든 다윗〉(부분) 카라바조, 1607년, 또는 1609~1610년

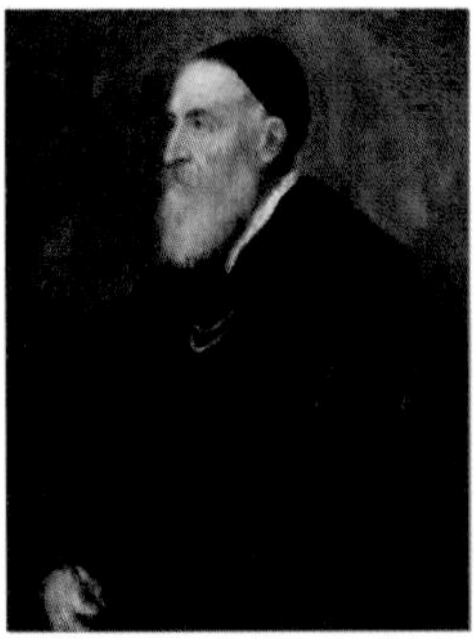

〈자화상〉 티치아노, 1567년경

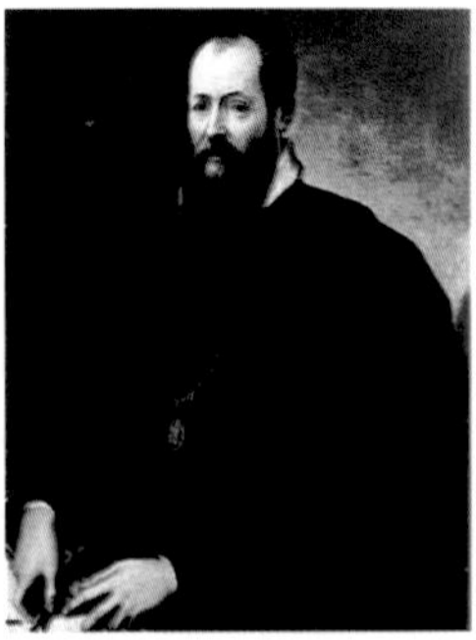

〈자화상〉 바사리, 1567년경

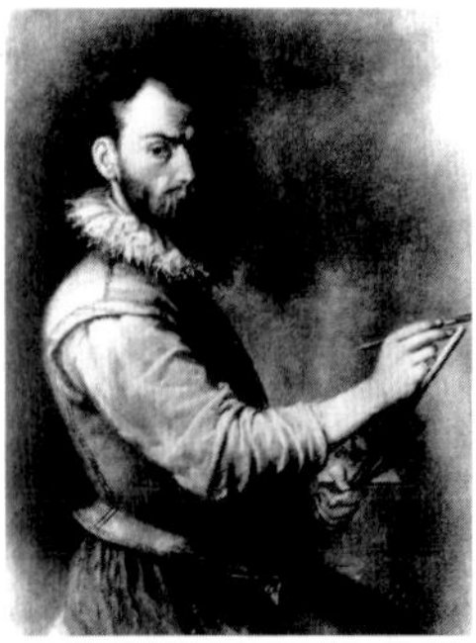

〈자화상〉 안니발레 카라치, 1605년

스코화를 보자. 화면 왼쪽에 테두리에 몸이 반쯤 잘려 나간 채로 한 사내가 서 있는데, 그 사내의 프로필은 화가가 그린 가족의 초상 속에 등장하는 본인의 옆얼굴과 일치한다. 이렇게 자신을 그림 속에 배치함으로써 화가는 비잔틴 황제 헤라클리우스(575~641년)가 페르시아를 물리치고 예루살렘에 입성하는 신성한 사건의 목격자가 된다.[1]

여기서 한 걸음 더 나아가면 그림 속의 화가가 그림 밖의 관객을 바라보는 스타일이 탄생한다. 최초의 예 중 하나가 바로 필리피노 리피(Filippino Lippi, 1457~1504년)의 자화상이다. 〈시몬 마구스와의 논쟁과 베드로의 책형〉에서 필리피노 리피는 살짝 얼굴을 돌려 시선을 그림 밖으로 던진다. 이렇게 화가가 자신의 눈을 그림 밖으로 던지면, 그 시선을 통해 그림의 안과 밖이 서로 연결되면서 관객이 마치 그림 속의 사건에 초대 받은 것 같은 느낌을 받게 된다. 이를 화가의 아버지인 프라 필리포 리피(Fra Filippo Lippi, 1406~1469년)의 것과 비교해보라. 그의 아버지는 얼굴을 정면을 향하면서도 관객을 보는 대신에 곁눈질로 그림 속의 사건을 본다.

화가가 그림 속의 사건에서 눈을 떼고 그림 밖으로 시선을 던지면서 자화상은 서서히 독자적 장르가 되기 시작하여, 1500년 이후에는 본격적으로 화가의 모습만 담은 자화상이 널리 퍼지게 된다. 성화에서 독립한 자화상은 이제 화가의 '자의식'을 표현하는 수단이 된다. 물론 자화상이 독립적 장르가 된 이후로도 화가들은 여전히 자신을 그림 속의 사건 속에 집어넣곤 했다. 가령 미켈란젤로(Michelangelo Buonarroti, 1475~1564년)는 순교자 바르톨로메오의 벗겨진 껍질에, 카라바조

(Michelangelo Merisi da Caravaggio, 1571~1610년)는 잘린 골리앗의 목에 제 얼굴을 그려 넣었다. 하지만 이 경우 화가는 과거처럼 그저 그림 속 사건의 목격자에 머무는 게 아니라, 아예 사건 속의 등장인물이 된다. 이렇게 자신을 사건 속의 인물로 연출할 때 화가는 매우 인상적인 방식으로 자의식을 표현할 수 있다.

하지만 이는 아직 '화가로서' 자의식을 표현한 것은 아니다. 이탈리아 회화에서 자신을 당당히 화가로 소개하는 자화상의 대표적인 예는 티치아노와 바사리의 작품일 것이다. 시선을 아래로 내려보라. 그들의 오른손에 붓이 쥐어져 있다. 이로써 이들은 화가의 자의식을 표현하려 한 것이다. 하지만 거기서도 그들이 화가라는 사실은 그다지 강조되지 않는다. 화가의 도구는 그림의 아래쪽에 겨우 모습을 드러낼 뿐이다. 이들이 온몸에 물감을 묻혀가며 그림을 제작하는 공인(工人)이라는 사실은 저 화려한 복장 속에 그대로 묻혀버린다. 대신에 그들이 전면에 내세우는 것은, 자기들이 어느 귀족 못지않은 높은 사회적 지위와 신분을 가졌다는 사실이다.

여기서 한 걸음 더 나아가면, 마침내 우리에게 익숙한 자화상의 전형, 말하자면 화가가 한 손에 붓을, 다른 손에 팔레트를 들고 캔버스 앞에 서 있는 자화상이 등장한다. 특히 화가의 사회적 지위가 확고해지는 마니에리스모 이후에 화가들은 더 이상 화려한 옷 속에 자신의 직업을 감추는 소극성에서 벗어나, 공인으로서 정체성을 드러내기에 이른다. 가령 2차 세계 대전 중에 사라져 지금은 흑백의 사진으로만 남은 안니발레 카라치(Annibale Carracci, 1560~1609년)의 자화상을 보자. 그는 한

손에 붓, 다른 한 손에 팔레트를 들고 캔버스 앞에 서서 눈을 돌려 관객을 쳐다보는 전형적인 자화상의 자세를 취하고 있다. 여기에서 우리는 자신을 떳떳이 공인으로 내세우는 예술가의 드높은 자의식을 볼 수 있다.

화가의 자의식과 회화의 자의식

이쯤에서 굼프의 〈자화상〉으로 돌아가 보자. 이 오스트리아의 화가 역시 카라치처럼 이젤 위에 놓인 캔버스 앞에 서 있다. 그의 오른손은 붓을 쥐고 있고, 왼손은 몸에 가려 보이지 않는다. 하지만 보이지 않는 그 손에는 팔레트가 들려 있을 것이다. 이렇게 자기를 그림을 그리는 공인으로 묘사함으로써 굼프는 예술적 정체성과 직업적 자부심을 분명하게 드러낸다. 하지만 이 작품이 그려진 17세기 중반에는 공인으로서 화가의 자화상이 더 이상 참신한 발상이 아니었다. 이 작품이 자화상의 역사에 도입한 혁신이 있다면, 그것은 다른 데서 찾아야 할 것이다.

이 작품에서 새로운 점은, 여기서 자화상이라는 장르가 '화가의 자의식'을 표현하는 수단이 아니라, '회화'의 자의식'을 탐구하는 수단으로 사용됐다는 것이다. 굼프는 관객에게 등을 돌려 얼굴을 감추어버리고는 화폭 위에 거울에 비친 '영상'과 캔버스에 그려진 '모상'만 남겨둔다. 그 결과 그림을 그리는 '화가'는 뒷전으로 밀려나고, 자연스레 그림을 그리는(또는 거울에 비추는) '행위'만이 전면에 나서게 된다. 이런 식으로 굼프는 자화상을 이용해 '주체의 본성'이 아니라 '재현의 본성'

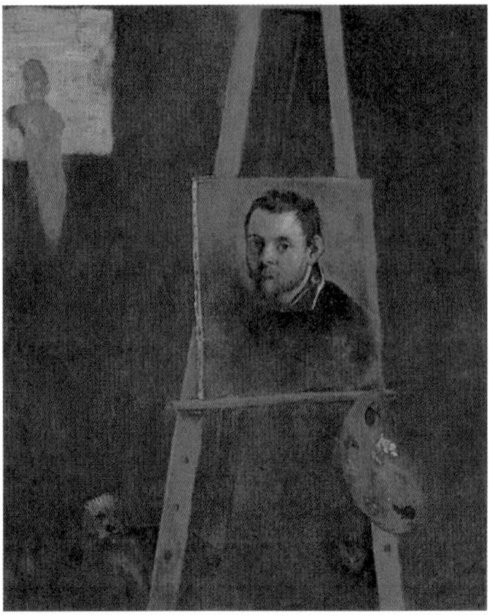

〈이젤 위의 자화상〉 안니발레 카라치,
1595년경

을 주제화하려 했던 것이다. 여기서 굼프는 '화가의 정체성' 을 묻고 있지 않다. 그가 묻는 것은 '회화의 정체성' 이다.[2]

물론 이 역시 굼프 자신의 창안이라고 할 수는 없다. 거기에도 이미 선례가 있기 때문이다. 위에서 언급한 안니발레 카라치가 이미 굼프에 수십 년 앞서 화폭에서 화가의 모습을 사라지게 한 적이 있다. 〈이젤 위의 자화상〉이 그것이다. 여기에서 관객은 화가를 직접 보지 못한다. 그저 이젤 위에 놓인 캔버스를 통해 그의 얼굴을 추측할 수 있을 뿐이다. 카라치의 자화상에서 예술가 '주체' 는 사라지고, 남은 것은 이젤 위에 덩그마니 놓인 캔버스 위의 '재현' 뿐이다. 그런 의미에서 이 작품은 '주체의 재현' 이 아닌 '재현의 재현' , '화가에 관한 회화' 가 아닌 '회화에 관한 회화'라 할 수 있다.

굼프는 카라치의 작품을 보았을 것이다. 그것은 두 화가의 그림 속에 동일한 모티프가 등장하는 것만 봐도 알 수 있다. 가령 굼프의 자화상에는 두 마리의 동물이 등장한다. 왼쪽 탁자 위의 고양이와 오른쪽 바닥 위의 개. 그런데 이 두 동물은 카라치의 작품에도 나온다. 이젤의 양쪽 다리 근처를 보라. 어둠 속으로 개와 고양이의 모습이 어렴풋이 나타난다. 이 두 동물이 무엇을 의미하는지는 명확하지 않다. 하지만 그 놈들이 두 작품에 똑같이 등장하는 게 그저 우연의 일치는 아닐 게다. 따라서 '회화의 회화'를 그린다는 굼프의 발상은 카라치의 〈이젤 위의 자화상〉에서 유래한 것으로 봐도 좋을 것이다.

회화로 '자연'이 아니라 '회화' 자체를 탐구할 때, 자화상은 메타 회화가 된다. 이렇게 회화로 회화를 탐구하는 재귀성은 바로크 시대의 특징에 속한다. 가령 예로부터 '회화의 신학'이라 불려왔던 벨라스케스의 〈시녀들〉을 생각해보라. 모델이 된 왕과 왕비는 정작 그림 속에서는 보이지 않고, 멀리 벽에 걸린 거울 속의 희미한 영상으로 자신들이 존재한다는 자취만 남길 뿐이다. 이렇게 그림의 제재를 사라지게 할 때, 회화라는 재현 행위의 본성이 부각된다. 〈시녀들〉은 회화의 회화이다. 그것은 재현의 재현이요, 표상의 표상이다. 그리하여 미셸 푸코는 이 작품을 17세기 고전주의 시대 사고방식의 전형으로 제시한다.

> 표상이 근거하고 있는 그 무엇의 필연적 소멸이 존재하는 것이다. 바로 이 주제 — 동시에 주체 — 가 생략되었다. 결국 표상을

구속하는 관계로부터 자유로운 표상만이 순수한 표상으로서 자신을 제시할 수 있는 것이다.[3]

시뮬라크르의 운동

카라치의 〈이젤 위의 자화상〉에서 사라진 것은 화가만이 아니다. 현실 속의 사물들도 잘 보이지 않는다. 두 동물은 어둠에 묻혔고, 누군가 창가에 서 있는 듯하지만 그 인물은 윤곽조차 불분명하다. 단지 캔버스라는 가상 속의 얼굴만 뚜렷하다. 현실은 가상처럼 희미하게 사라져가고, 가상은 뚜렷하게 현실성을 띤다. 가상과 현실의 지위가 뒤바뀐 셈이다. 이는 굼프의 자화상에서도 마찬가지다. 거기서 유일하게 관객과 시선을 교환하는 것은 캔버스 위에 그려진 얼굴이다. 그림 속에서 오직 그것만이 살아 있는 듯하다. 화가의 시선은 거울을 향하고, 거울 속의 얼굴은 다시 캔버스로 눈을 돌린다. 시선의 종점은 캔버스 위의 자화상. 거기에서 작품은 정점에 도달한다.[4]

굼프의 창안이라고 할 것이 있다면, 장면의 연출에 거울을 도입하여 현실의 사라짐을 점층적으로 묘사한 것이리라. 굼프는 자신의 얼굴을 거울에 먼저 비춰놓고, 거기에 비친 상을 캔버스에 옮긴다. 그로써 그는 화면에 세 번 존재하게 된다. 현실의 화가 → 거울에 비친 화가 → 캔버스 위의 초상. 거울에 비친 화가의 얼굴을 베낀 그림 속의 초상은 '복제의 복제', '모방의 모방', 한마디로 시뮬라크르인 셈이다. 게다가 화가는 등을 돌려 자신의 진짜 얼굴을 감추어버린다. 반영과 재현의 제재가 아예 사라져버리는 것이다. 그로써 남은 것은 '복제'와 '복제의 복제' 뿐. 이 역시 '원본 없는 복제'라는 '시뮬라크르'의 정의에 완벽하게 부합한다.

철학자 플라톤이라면 그림 속에 등장하는 세 개의 화가 이미지 사이에 존재의 위계를 세우지 않을까? 플라톤의 《국가론》에서 소크라테스는 글라우콘과 이런 대화를 나눈다. 공교롭게도 여기에는 거울과 그림의 예가 등장한다.

> "만약에 자네가 거울을 들고서 어디고 돌아다니기만 한다면, 해와 하늘, 땅과 자네 자신……을 만들어낼 걸세." "네, 보이는 것들은 만들어낼 수 있겠지요. 그렇지만 진실로 있는 것들을 만들 수는 없겠죠." 그가 말했네. "훌륭하이. 자네는 또한 논의의 핵심을 짚었네. 그런 제작자들 중에는 화가도 포함된다고 나는 생각하기 때문이네. 안 그런가?" 내가 말했네. "어찌 그렇지 않겠습니까?"[5]

플라톤은 거울과 화가를 동렬에 올려놓으나, 자화상의 경우에는 사정이 다르다. 제 모습을 직접 보는 게 아니라 거울에 비친 상을 보고 그려야 하기 때문이다. 따라서 이 경우에는 거울과 그림 사이에도 위계가 생긴다. 가장 현실적인 것은 당연히 그림을 그리는 화가이다. 그보다 비현실적인 것은 거울에 비친 영상이고, 가장 비현실적인 것은 그 영상을 다시 모방한 그림이리라. 하지만 굼프의 작품에서는 이 관계가 뒤집혀 있다. 거기서는 가장 비현실적인 이미지가 외려 가장 강력한 현실성을 띤다. 플라톤주의는 전복된다.

여기서 성급하게 포스트모던의 담론으로 비약할 필요는 없다. 이렇게 가상만 남기고 현실을 사라지게 하는 것은 바로크 특유의 세계 감정과 관련이 있기 때문이다. 인생이 연극이라는 셰익스피어의 대사가 말해주듯이, 바로크 시대는 세계가 헛된 가상에 불과하다고 느꼈다. 그런 세계 감정의 예술적 표현이 바로 '바니타스(vanitas)' 장르이다. 가령 데이비드 베일리(David Bailly, 1584~1657년)의 자화상을 보자. 그림을 그릴 당시 화가는 67세였으나, 그림 속의 그는 20대 청년의 외양을 하고 있다. 그의 현재 모습을 보여주는 것은 그가 왼손에 든 그림 속의 자화상이다. 도리안 그레이의 초상처럼 가상은 현실보다 더 현실적이다.

거울과 주체의 분열

굼프의 자화상의 바탕에는 이렇게 17세기의 인식론과 존재론이 깔려 있다. 주체로부터 떨어져 나온 초상은 '재현(representation)'이라는 17세기 고전주의 인식론의 표상이며, 원본이 사라지고 복제가 자립성을 띠는 것은 17세기 바로크 세계 감정의 표상이다. 초상(재현)이 화가(주체)에게서 떨어져 나와 자립화하는 데에는 우리를 불안하게 하는 요소가 있다. 하지만 그 불안함은 자화상이라는 장르 자체에서 비롯되는지도 모르겠다. 즉 화가들은 다른 사물을 그릴 때와 달리 자화상을 그릴 때에는 거울을 사용해야 한다. 따라서 진정한 의미의 자화상이란 애

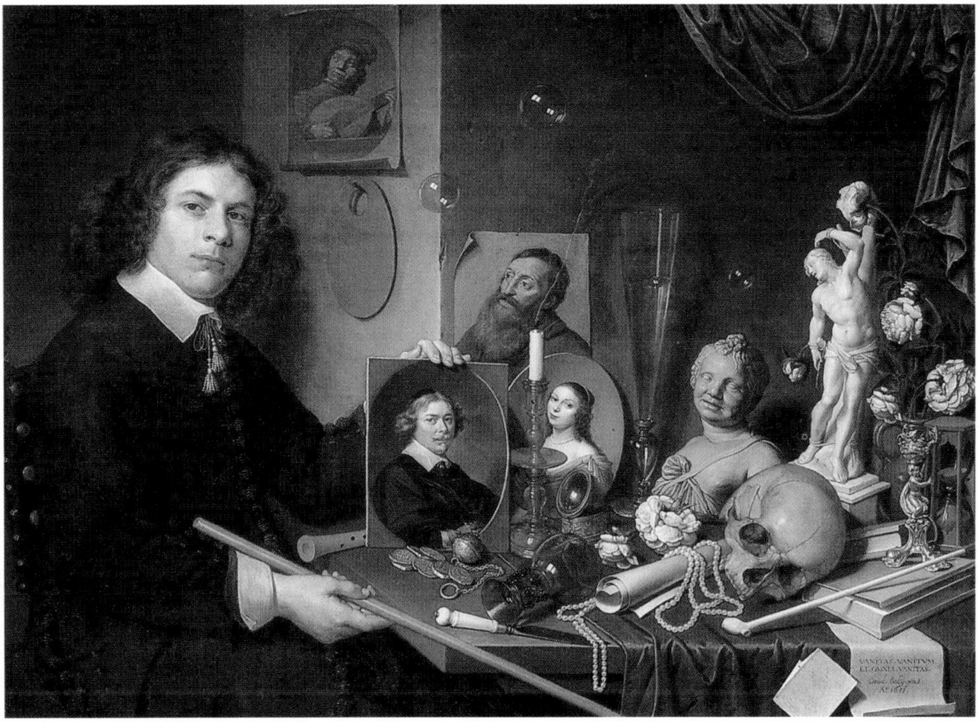

〈바니타스 상징들이 있는 자화상〉 데이비드 베일리,
1651년

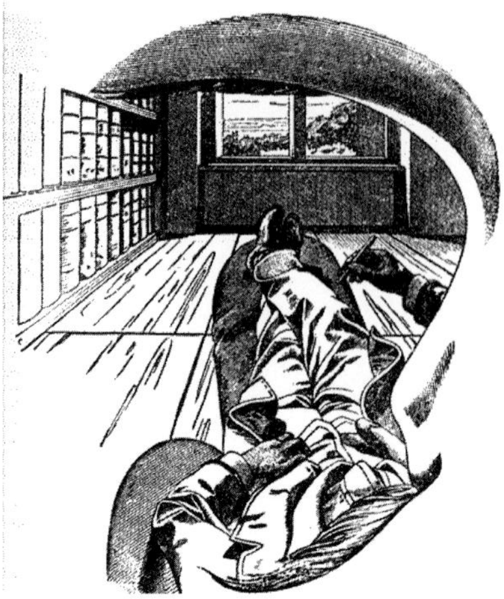

《감각의 분석》 중 〈거울 없는 자화상〉
에른스트 마흐,
1885년

초에 불가능한 것인지도 모른다.

물론 거울을 사용하지 않은 극단적인 예도 있다. 오스트리아의 물리학자 에른스트 마흐(Ernst Mach, 1838~1916년)는 자신의 저서 《감각의 분석(Die Analyse der Empfindungen)》에서 〈거울 없는 자화상〉을 소개한다. 소파에 길게 누운 몸과 자신을 그리는 손이 보인다. 하지만 정작 얼굴은 보이지 않는다. 얼굴에서 묘사된 것은 바깥을 향한 왼쪽 눈의 째진 틈과 그 사이로 보이는 코의 왼쪽 측면뿐이다. 글자 그대로 자화상을 그린다면, 이런 모습이 아닐까? 얼굴은 인간의 신체 중에서 그의 개별성을 가장 잘 드러내주는 부분이다. 각종 증명에 얼굴 사진을 붙이는 것은 그 때문이다. 이렇게 얼굴이야말로 한 개인의 정체성을 대표하는 부위이나, 마흐가 그린 진정한(?) 자화상에는 얼굴이 나타나지 않는다.

화가들은 자기 얼굴을 그리기 위해 거울을 사용한다. 하지만 그렇게 그린 자화상은 실은 자기가 자기를 본 모습이 아니라, 남의 눈에 비친 자신의 모습일 것이다. 자화상은 결국 타인을 그리는 것이나 다름없다.[6] 여기에 모종의 분열증이 끼어들게 된다. 정신분석학자 라캉(Jacques-Marie-Émile Lacan, 1901~1981년)은 '거울 단계'에 대해 이야기한다. 자기 눈으로 본 자기 신체는 늘 부분일 수밖에 없다. 하지만 아기는 거울을 통해 자기의 전신을 본다. 현실의 아기는 동작(motoric)과 지각(sensoric)의 측면에서 완전하지 못하나, 거울 속의 자아는 완전한 형상을 갖추고 있다. 그리하여 불완전한 신체를 가진 현실의 아기는 거울 속의 아기를 이상적 자아로 여기게 된다는 것이다.

라캉이 말한 '거울 단계'는 그저 유아기에 국한된 체험이 아니다. 성인이 되어서도 인간은 이상적 자아를 투사해놓고 현실의 자아의 불완전함을 심리적으로 보상 받으려 한다. 화가들도 마찬가지다. 그들은 가상으로 구성한 이상적 자아를 현실의 무대 위에 연출하려 한다. 그 충동이야말로 어쩌면 자화상이라는 장르 자체를 성립시키는 모티프일지 모른다. 화가들이 자화상을 통해 자의식과 정체성을 주장할 때, 그들 역시 거울에 자신을 비춰놓고 그 이상적 자아를 화폭 위에 실현하고 있지 않은가. 하지만 현실적 주체와 거울 속의 이상적 주체 사이에는 당연히 괴리가 있고, 거기서 때로 분열증이 발생할 수도 있다. 바로크의 바니타스는 현대의 정신분석학일까?

자기상 지각 현상

한편 신경생리학의 관점에서 자화상에 접근하는 시도도 있다. 다시 굼프의 자화상으로 돌아가 보자. 거기서 화가는 자기의 뒤통수를 본다. 화가가 자신의 뒷머리를 보는 것은 불가능하다. 거울을 이용한다 해도, 거울을 두 개 이상 쓰지 않는 한 화가가 볼 수 있는 것은 오직 자신의 앞모습뿐이다. 그런데도 굼프는 자신의 뒤통수를 보았다. 이상하지 않은가? 마그리트의 그림은 이 기괴한 느낌을 잘 표현한다. 사내는 거울을 들여다보나, 거기서 자신의 얼굴이 아니라 뒤통수를 본다. 이런 종류의 시각적 착란을 신경생리학에서는 '자기상 지각 현상(autoscopic phenomena)'이라 부른다.

'자기상 지각'이란 사람이 직접 자기 눈으로 자기의 바깥에서 자기를 보는 착란증인데, 거기에는 크게 세 종류가 있다고 한다. 첫째는 자기 몸에서 빠져나와 3차원 공간 속에서 자기 몸을 보는 체험(OBE : out-of-body experience), 둘째는 자기 몸 안에 있으면서 자기 몸의 바깥에서 자신의 분신을 보는 체험(AH : autoscopic hallucination), 그리고 셋째는 눈앞에 자기의 분신을 보나, 그것을 보는 자신이 제 몸 안에 있는지 또는 밖에 있는지 분간하지 못하는 체험(HAS : Heautoscopic)이다. 신경생리학의 연구에 따르면, 자화상을 그리는 화가들의 상태는 어느 정도 이 자기상 지각의 착란에 시달리는 환자들과 비슷하다고 한다. 그렇다면 이 세 가지 착란을 자화상을 분류하는 기준으로 삼을 수도 있을 것이다.[7]

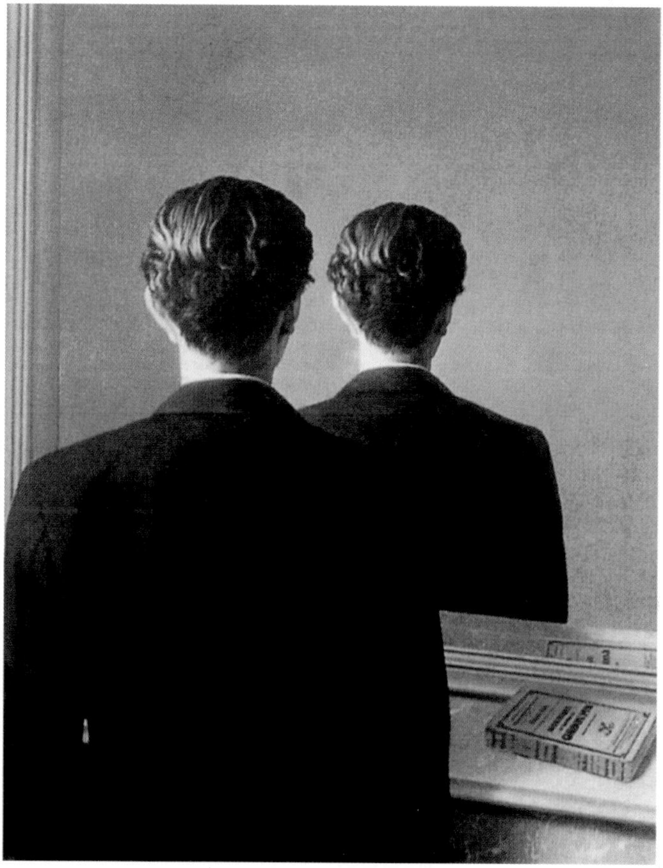

〈재현 금지〉 르네 마그리트,
1937년

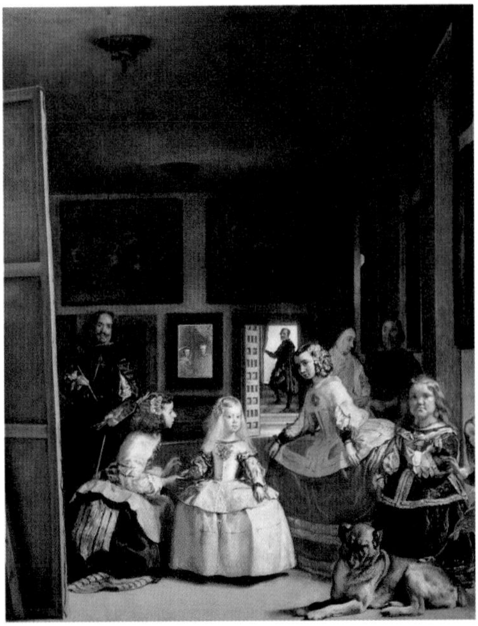

〈시녀들〉 디에고 벨라스케스,
1656년

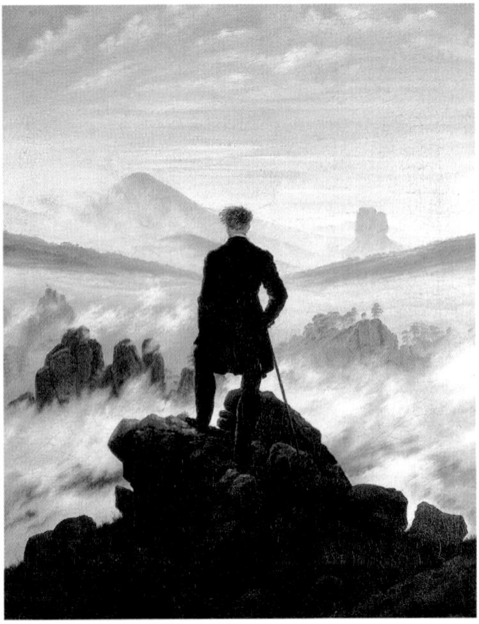

〈안개 바다 위의 방랑자〉 카스파 다비드 프리드리히,
1818년경

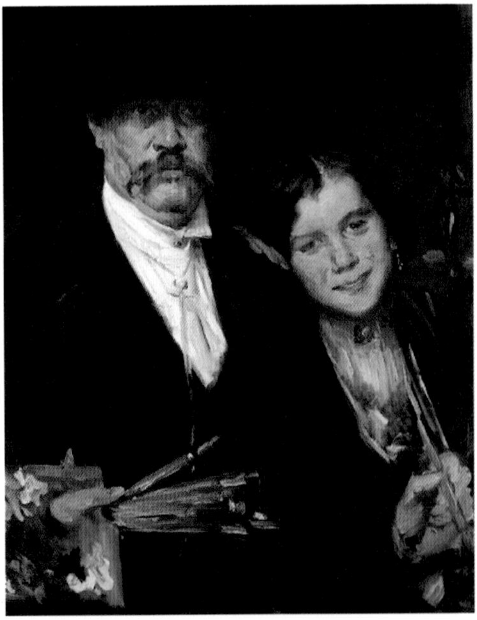

〈모델과 함께 있는 자화상〉 로비스 코린트,
1918년

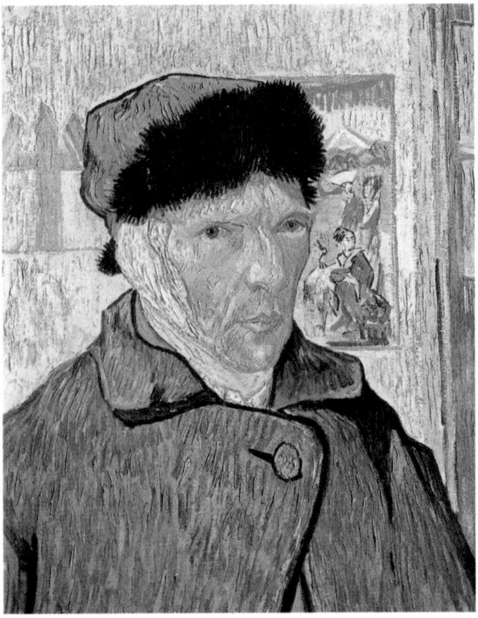

〈붕대로 귀를 감은 자화상〉 빈센트 반 고흐,
1889년

그런 관점에서 볼 때, 벨라스케스(Diego Rodríguez de Silva Velázquez, 1599~1660년)의 〈시녀들〉은 OBE 체험에 속할 것이다. 거기서 화가는 마치 유체 이탈이라도 한 듯이 자기 몸에서 빠져나와 3차원 공간 속에서 자신의 신체를 본다. 독일의 낭만파 화가 카스파 다비드 프리드리히(Caspar David Friedrich, 1774~1840년) 역시 산의 정상에서 안개 바다를 내려다보는 자신의 뒷모습을 그린 바 있다. 여기서도 화가는 자기 몸에서 빠져나와 3차원 공간 속에서 자신의 신체를 객관적으로 관찰한다. 이렇듯 자화상을 그리는 화가는 자기상지각의 착란과 비슷한 상태가 된다.

한편, 화가가 붓을 왼손에 든 채로 묘사되는 자화상들은 전형적인 AH 체험에 속한다. 가령 로비스 코린트(Lovis Corinth, 1858~1925년)의 자화상을 보자. 여기서 화가는 거울 속에서 자기와는 독립된, 그러나 자기와 똑같이 생긴 또 하나의 인물을 본다. 만약 로비스 코린트가 거울 속의 그 인물을 자기로 지각했다면, 다른 화가들이 그렇게 하듯이 붓을 오른손으로 옮겨놓았을 것이다. 반 고흐 역시 자화상에서 잘라낸 왼쪽 귀를 오른쪽에 있는 것으로 묘사하곤 했다. 거울 속의 얼굴에 너무 집중한 나머지, 그것을 자신이 아닌 또 다른 인격으로 묘사하게 된 것이다. 이때 화가는 자기의 바깥에서 또 다른 자아를 보는 듯한 느낌을 갖게 된다.

한편, 자화상에 거울을 도입하는 화가들은 HAS 체험에 속한다. 그들은 거울을 통해 반복되는 이미지 중 어느 것이 자신인지 분간하는 데 어려움을 겪는다고 한다. 조반니 바티스타 파지(Giovanni Battista Paggi,

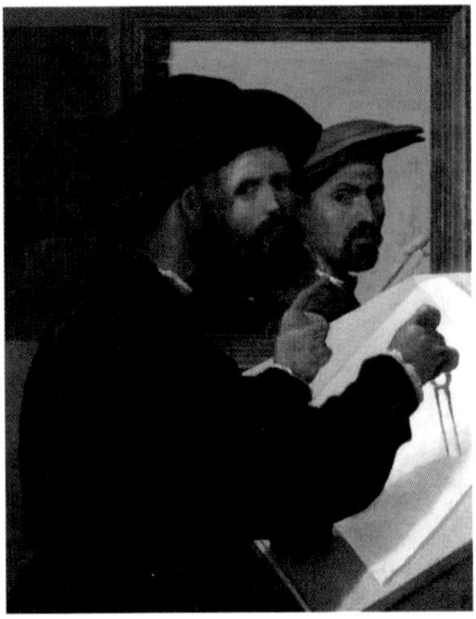

〈건축가 친구와 함께 있는 자화상〉 조반니 바티스타 파지, 1560~1590년

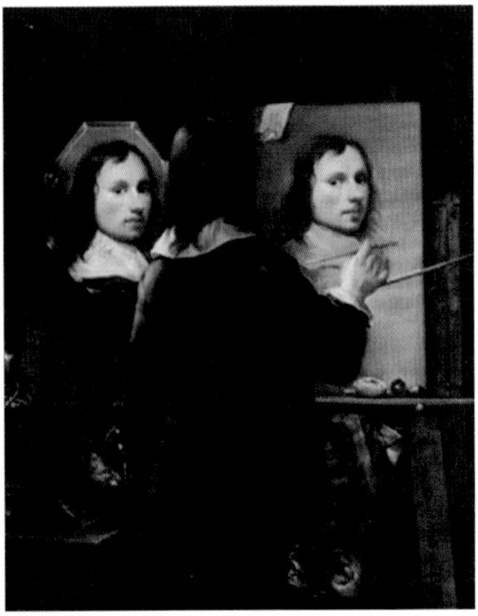

〈자화상〉 요하네스 굼프, 1646년

1554~1627년)의 〈건축가 친구와 함께 있는 자화상〉을 보자. 거울 속의 두 인물 중에 누가 화가인지 선뜻 결정하기가 어렵다. 다만 뒤쪽에 있는 인물의 손에 들린 붓이 그가 화가임을 넌지시 암시할 뿐이다. 파지는 '디자인(disegno)'라는 개념 아래 건축과 회화의 통일성을 주장했다고 한다. 그래서인지 붓을 든 화가와 컴퍼스를 든 건축가가 구별하기 힘들 정도로 한 몸이 된다.[8] 결국 화가가 의도적으로 그림 속에서 정체성의 혼란을 도입했다는 얘기다.

화가의 시선

여기서 갑자기 신경생리학의 얘기를 꺼낸 데에는 당연히 이유가 있다. 이런 관점에서 볼 경우, 굼프의 자화상은 세 번째 부류, 즉 HAS 유형에 속할 것이다. 그의 그림에서는 하나의 인격이 현실, 거울, 화폭 위에서 3중으로 분열되면서 정체성에 혼란을 불러일으킨다. 정작 현실의 모델은 얼굴이 없다. 거울 속의 얼굴은 시선을 회피한다. 오로지 캔버스 위의 얼굴만이 밖으로 시선을 던지면서 관객의 주목을 자기한테로 잡아끈다. 복제의 복제, 모방의 모방에 불과한 캔버스 위의 얼굴이 역설적으로 가장 강력한 현실성을 띠는 셈이다. 여기서 화가는 일부러 HAS 체험의 효과를 연출하고 있는 듯하다. 그것을 말해주는 증거가 있다. 그것은 물론 화가가 의도한 것이다.

굼프는 자화상을 또 하나 남겼다. 두 작품을 비교해보면, 당장 차이점이 눈에 들어온다. 하나는 포맷이 원형이고, 다른 하나는 사각형이다. 원형의 포맷은 어둠에 묻혀 있어 모노크롬의 느낌을 주는 반면, 사각형의 포맷은 색감이 비교적 화려한 편이다. 게다가 사각형은 원형보다 많은 공간을 포함하고 있다. 가령 사각형의 포맷에는 이젤의 다리 등 원형의 포맷에서는 잘려 나간 부분까지 묘사되어 있다. 어느 쪽이 나은가? 예술적으로 볼 때, 원형의 포맷 쪽이 훨씬 우월하다고 할 수 있다. 색채를 거의 단색으로 환원시키고, 묘사를 필요한 최소한으로 제한함으로써 관객의 눈을 '화가-거울-그림의 관계'라는 주제에 집중하게 만들기 때문이다.

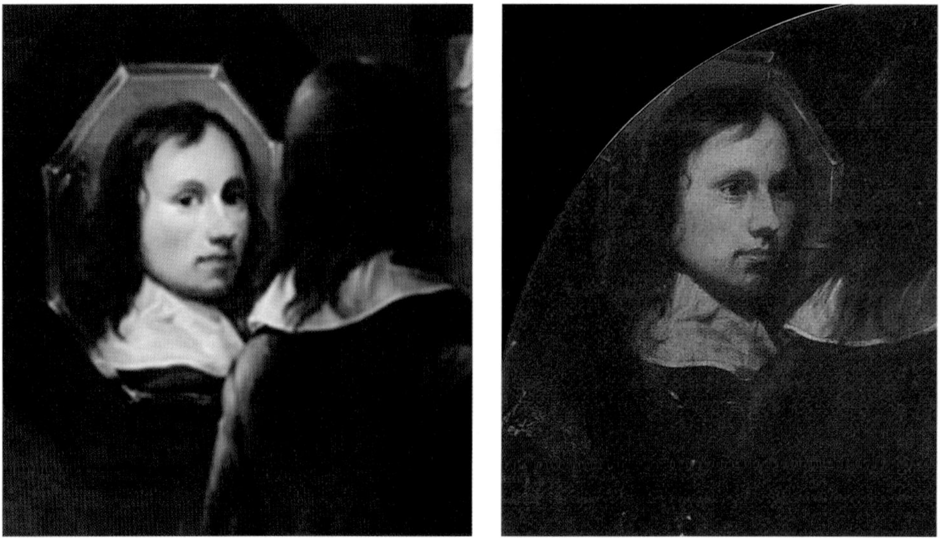

〈자화상〉(부분) 요하네스 굼프,
1646년

하지만 차이가 그뿐인가? 아니다. 자세히 살펴보면 두 그림 사이에는 아주 작지만 중요한 차이가 또 하나 있다. 어두운 원형 포맷의 자화상은 실은 마그리트의 그림 못지않은 시각적 패러독스를 담고 있다. 가령 뒤통수가 향하는 방향으로 판단할 때, 화가는 거울을 들여다보는 중일 게다. 사각 포맷의 자화상은 그 점을 분명히 해준다. 거기서 거울 속의 얼굴은 그림을 그리는 화가에게로 시선을 되돌려준다. 여기에 이상한 구석이란 전혀 없다. 반면 원형 포맷의 자화상을 보라. 이상하지 않은가? 여기에서는 거울 속의 얼굴이 마치 토라지기라도 한 듯이 화가의 시선을 외면한다. 그의 시선은 오른쪽의 캔버스 쪽으로 돌아가 있다.

내가 거울을 들여다보는데, 거울 속의 얼굴이 내 시선을 외면한다고 생각해보라. 얼마나 기괴할까? 이는 명백한 착란이다. 하지만 이 시각적 부조리야말로 이 작품의 표현력을 극한으로 끌어올리는 요소이다. 이 작은 트릭으로 인해 현실의 화가→거울 속의 화가→그림 속의 화가로 이어지는, 인상적인 시선의 흐름이 만들어지기 때문이다. 거울 속의 내가 자신을 쳐다보는 내 시선을 외면할 때, 거울 속의 나는 독립적인 인격이 된다. 여기서 '모델-재현'의 상식적 관계는 무너진다. 재현은 모델과 상관없이 제 의지를 가지고 따로 움직인다. 그렇다면 나는 어디에 있는가? 어느 것이 나인가? 뒤통수를 보이는 저 머리인가? 아니면 거울 속의 얼굴인가? 그것도 아니면 캔버스 위의 얼굴인가?

1 Anton W. A. Boschloo, Perceptions of the status of painting : The self-portarit in the art of Italian renaissance in : Karl Enenkel, Betsy de Jong-Crane, Peter Liebregts (ed.), *Modelling the individual*, Rodopi B. V. Editions Amsterdam, 1998, pp. 51~74

2 Sabine Melchior-Bonnet, Katharine H Jewett, Jean Delumeau, *The mirror : a history*, Routledge NewYork, 2001, pp. 164~184

3 미셸 푸코, 이광래 옮김, 《말과 사물》, 민음사, 1987, p. 40

4 Liana De Giromali Cheney, Alicia Craig Faxon, Kathleen Russo, *Self-portraits by women painters*, Ashgate Publishing Limited Hants, 2000, p. 72

5 플라톤, 박종현 옮김, 《국가론》(596 e), 서광사, 1997, p. 614

6 Karlheinz Kopanski, *Der männliche Blick in den Spiegel*, LIT Verlag Berlin-Hamburg-Münster, 1998, pp. 108~109

7 O. Blanke, Perception and experience of the self in autoscopic phenomena and self-portraiture, in : *Schweizer Archiv für Neurologie und Psychiatrie*, 1985, 156 : 44, pp. 173~188

8 Karlheinz Kopanski, *Der männliche Blick in den Spiegel : eine motivgeschichtliche Untersuchung*, LIT Verlag Berlin-Hamburg-Münster, 1998, p. 43

8

뒤집어진 그림

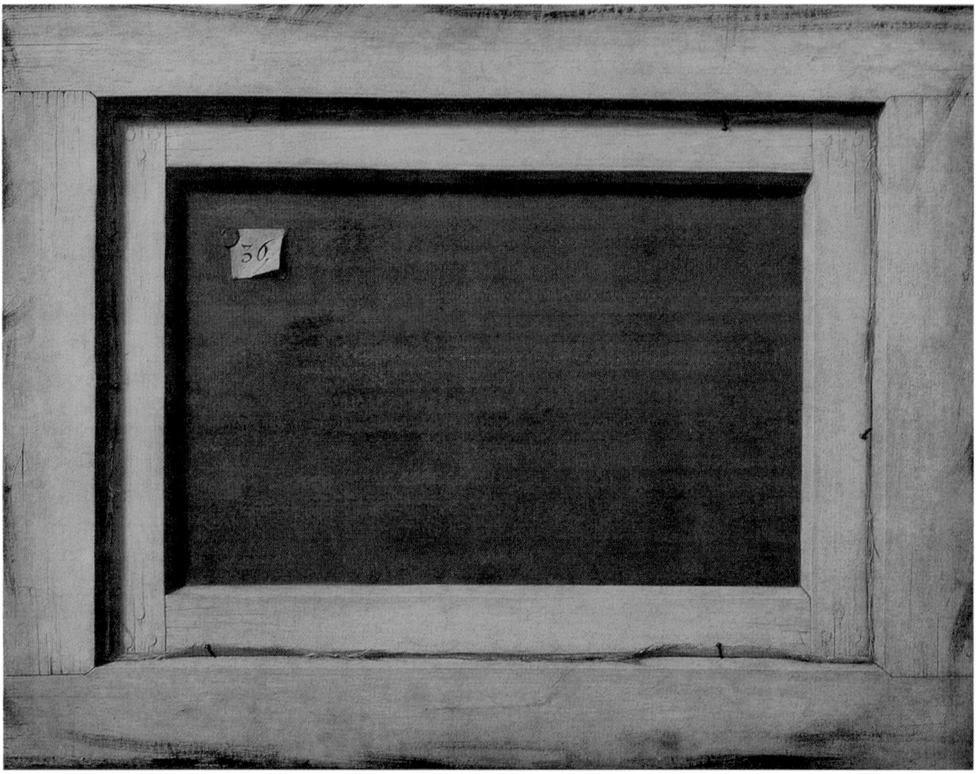

〈뒤집어진 캔버스〉 코르넬리스 노르베르투스 기스브레히츠,
1670년

뒤집어진 그림

캔버스는 이중의 나무틀로 이루어져 있다. 작은 못들이 안과 밖의 두 틀을 하나로 접합하고 있다. 틀 안쪽으로는 어두운 빛깔의 캔버스 천과 압정으로 눌러놓은 조그만 쪽지가 눈에 들어온다. 숫자가 적힌 그 쪽지가 이 작품이 예술 시장에 매물로 나왔음을 암시한다. 화가는 이 작품을 거래소의 한쪽 벽에 기대어 세워놓았을 것으로 추정된다. 대체 무슨 그림일까? 호기심을 느낀 고객들은 캔버스를 집어들고 돌려보았을 것이다. 하지만 그림을 뒤집어 본 그들은 거기서도 그와 똑같은 이미지를 보았을 것이다. 왜냐하면 저것은 실은 뒷면을 그린 앞면, 말하자면 뒤집어진 캔버스의 그림이기 때문이다. 이 얼마나 기발한 발상인가?

미술사의 변두리

17세기 네덜란드에서 유행했던 트롱프뢰유(trompe－l'œil)가 마침내 이 작품에서 완성에 도달한 듯하다. 이 작품은 이미 사진에 익숙한 까다로운 현대인의 눈마저 깜빡 속이고 넘어갈 정도로 정교하다. 〈뒤집어진 캔버스〉의 작가 기스브레히츠(Cornelis Norbertus Gijsbrechts, 1630년경~1683년 이후)에 대해서는 그다지 많은 것이 알려져 있지 않다. 안트베르펜에서 태어난 이 플랑드르 화가는 1664년 이후 레겐스부르크와 함부르크에서 활동하며 주로 트롱프뢰유 정물을 그리는 데 몰두했다고 한다. 이 능력을 인정받아 그는 1668년부터 4년 동안 코펜하겐의 궁정화가로 지내며 그 놀라운 환영주의로 덴마크 왕의 눈을 즐겁게 해주었다고 한다.

사실주의와 트롱프뢰유는 서로 다른 개념이다. '사실주의'는 제 아무리 묘사가 사실적이라 해도 어느 정도 관습성을 전제한다. 때문에 묘사가 아무리 사실주의적이라도 사람들은 그런 그림을 실물로 착각하지는 않는다. 하지만 트롱프뢰유는 다르다. 트롱프뢰유 회화는 그림의 경계를 넘어 아예 사물로 착각되기를 원한다. 왜 그래야 하는 걸까? 보는 이의 눈을 즐겁게 해주기 위해서? '눈을 즐겁게 해준다.'는 표현은 이 장르의 오락적 성격을 강조한다. 실제로 트롱프뢰유는 화가의 뛰어난 묘사 능력으로 대중을 놀라게 하는 오락적 장르로만 여겨져 왔고, 그 때문에 오랜 기간 동안 그저 미술사의 변두리에서 이루어지는 주변적 현상으로 남아 있어야 했다.

트롱프뢰유만이 아니라 정물이라는 장르가 실은 미술사의 변두리였다. 고전주의적 관념은 회화의 장르에 위계를 설정한다. 그 위계의 정점은 물론 '역사화'가 차지한다. 역사화는 성경이나 신화 속의 이야기를 통해 관객에게 종교적, 철학적, 도덕적 교훈을 던지려 한다. 그 아래에 오는 것은 인물화이다. 인물화는 눈에 보이는 인물의 외관을 통해 눈에 보이지 않는 그의 정신을 드러낸다. 그 뒤를 잇는 것이 풍경화이다. 풍경화에는 정신적 내용을 담기는 힘들기 때문에, 화가들은 종종 그 안에 조그맣게 신화나 성경의 인물을 집어넣는 것으로 풍경의 품격을 올리곤 했다. 이를 '역사적 풍경'이라고 한다. 정물화는 이 화려한 행렬이 지나간 다음에 아주 초라하게 등장한다.

낱말과 사물의 교차로에서

하지만 적어도 역사의 한 시기에, 유럽의 한 지역에서 정물이 주도적 역할을 한 적도 있다. 바로 17세기 네덜란드에서이다. 네덜란드 회화는 정물화에 주도적 역할을 맡김으로써 역사화를 선호하던 고전적 예술관념을 전복시켰다. 왜 그랬을까? 이 진보성은 유럽에서 가장 자본주의와 시민사회의 발전이 앞섰던 네덜란드의 정치적이고 경제적인 조건과 관계가 있을 것이다. 실제로 프랑스의 역사학자 필립 아리에스는 정물화를 자본주의적 소유욕과 연관시킨다. 즉 네덜란드의 정물화는 세속적 소유욕을 긍정하는 자본주의적 인간들이 자기가 현실적으로 소유한 사물을 그림으로 그려 관념적으로 다시 소유하려는 욕망에서 비롯됐다는 것이다. 정말일까?

아무튼 정물화의 본질을 바라보는 이 독특한 관념 속에는 '그림과 사물의 경계'라는 흥미로운 모티프가 들어 있다. 소유한 사물을 그림으로 그려 재차 소유하고, 그로써 그 사물에 대한 소유를 다시 한 번 확인한다. 이 강박증에 가까운 소유욕이 제대로 충족되려면 아무래도 그림과 사물의 경계가 희미할수록 좋을 것이다. 네덜란드에서 트롱프뢰유 정물이 성행한 것은 바로 이 때문이 아닐까? 다시 기스브레히츠의 그림을 보자. 뒤집어진 캔버스에 압정으로 고정된 쪽지. 그것은 이 캔버스가 자본주의적 시장의 상품임을 암시한다. 한마디로 기스브레히츠는 이 작품을 일종의 소유물로, 말하자면 미술 시장에 팔려고 내놓은 매물로 연출하고 있는 셈이다.

에스토니아의 기호학자 유리 로트만(Yuri Lotman, 1922~1993년)은 정물화에 대한 기호학적 분석을 제공해준다. 그의 분석에 따르면, 모든 문화적 현상 속에는 '낱말과 사물의 대립'이 존재하는 바, 정물화는 이 두 요소가 교차하는 지점에 놓여 있다고 한다. 낱말과 사물의 팽팽한 긴장 속에서 정물화는 서로 대립되는 두 방향으로 나아가게 된다. 하나는 그림이 낱말이 되는 길로, 그 대표적인 예는 바니타스 정물이다. 거기서 그려진 사물은 실은 눈에 보이지 않는 낱말일 뿐이다. 다른 하나는 그림이 사물을 지향하는 길로, 그 대표적인 예가 트롱프뢰유 정물이다. 여기서 그려진 사물은 그려지지 않은 진짜 사물로 착각되거나 아예 그것을 대체하려 한다.[1]

페테르 클라스(Pieter Claesz, 1597~1661년)의 〈바니타스 정물〉을 보자. 여기에는 두개골과 시계, 낡은 책, 꺼진 촛대, 넘어진 술잔 등 다양한 모티프가 등장한다. 하지만 그것들은 사물을 가리키는 게 아니라 실은 삶의 '무상함'을 뜻하는 어휘들, 즉 생긴 것은 달라도 모두 같은 낱말로 번역되는 동의어들이다. 반면, 기스브레히츠의 트롱프뢰유는 어떤가? 그것은 사물을 가리키는 기호에 머물지 않고 아예 자기가 사물이 되려고 한다. 바니타스와 트롱프뢰유의 대립은 그저 사물과 낱말의

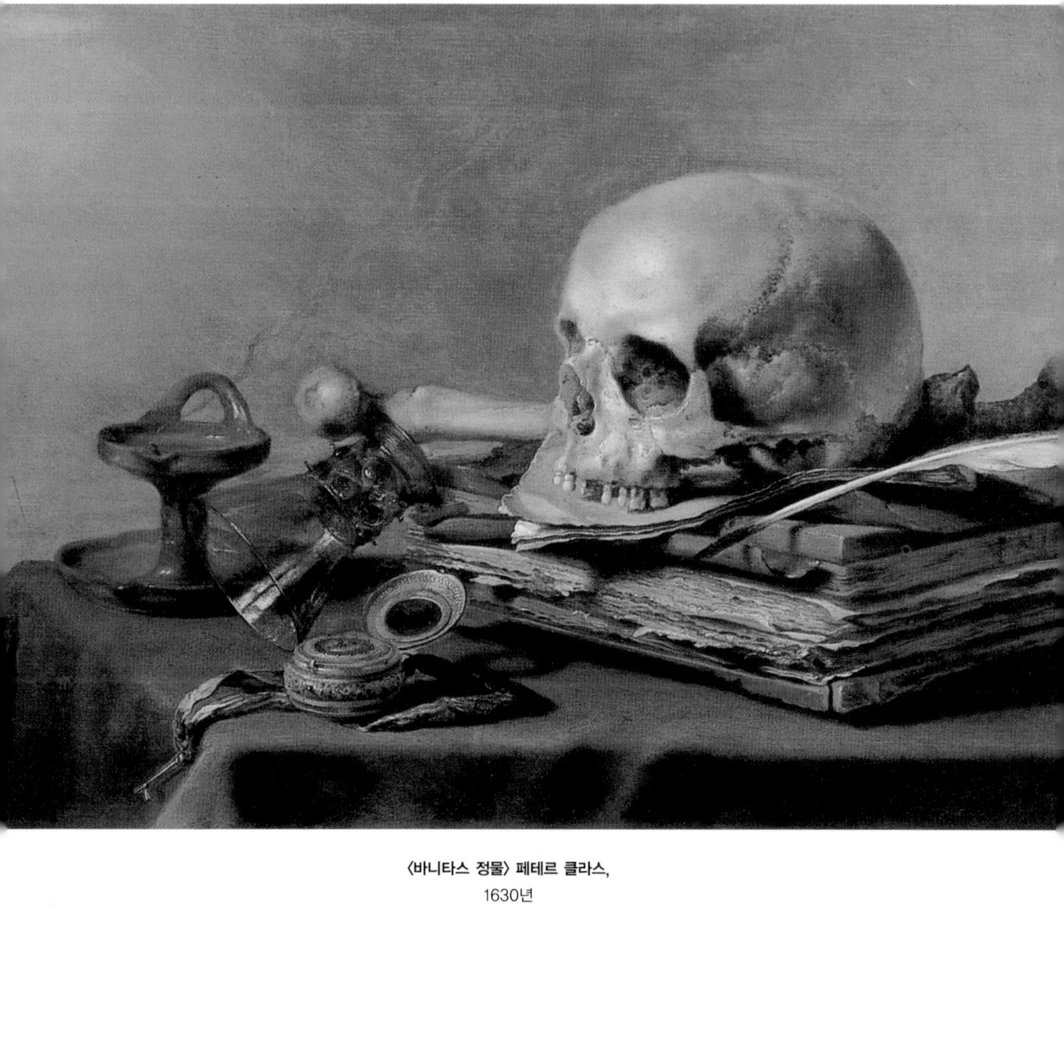

〈바니타스 정물〉 페테르 클라스,
1630년

경계에서만 이루어지는 게 아니다. 더 높은 의미의 차원에서도 둘은 대립한다. 트롱프뢰유가 사물의 소유에 집착한다면, 바니타스는 그 반대로 이 세상의 모든 것이 허망하다고 말하지 않는가.[2]

바니타스 트롱프뢰유

로트만에 따르면, 바니타스와 트롱프뢰유는 정물화의 두 극단을 이룬다. 비록 트롱프뢰유에 몰두했지만, 기스브레히츠라고 바니타스 정물을 그리지 않은 것은 아니다. 그 역시 당대의 다른 화가들 것과 다르지 않은 바니타스 정물을 남겼다. 르네상스의 원근법이 만들어낸 3차원 공간 속의 탁자 위에 두개골과 낡은 책, 낡은 악기, 꺼진 촛대 등이 놓여 있다. 이것들은 물론 앞에서 이미 얘기한 것처럼 실은 사물이 아니라 삶의 덧없음을 말하는 낱말이다. 아무리 정교하게 묘사했다 하더라도, 이 작품을 보고 그림 속의 사물들을 실물로 착각할 사람은 아무도 없을 것이다. 당연한 일이다. 이것은 트롱프뢰유가 아니기 때문이다.

또 다른 작품에서 기스브레히츠는 로트만이 '두 극단'이라 부른 두 장르를 하나로 결합시킨다. 이 작품에는 서로 구별되는 두 가지 묘사 기법이 공존한다. 그림 속 캔버스 위에 그려진 바니타스 정물은 트롱프뢰유가 아니다. 하지만 오른쪽 상단에 떨어져 나온 캔버스 천의 뒤로 드러나는 목재 프레임, 그것이 걸려 있는 벽, 그리고 그 벽에 걸린 잘디잔 물건들은 분명히 트롱프뢰유에 속한다. 워낙 사진에 익숙한 우리 눈에는 그 부분마저도 어차피 그림으로 보일지 모르겠다. 하지만 사진을

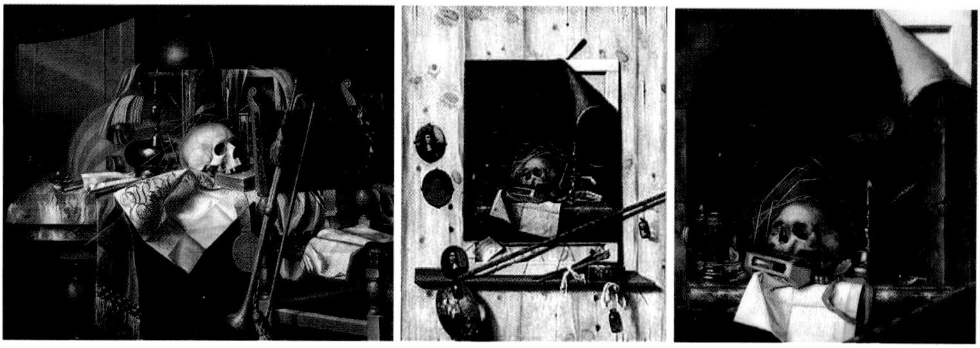

〈바니타스 정물〉 코르넬리스 노르베르투스 기스브레히츠, 17세기경

모르던 17세기 사람들의 눈은 매우 순진하여, 저 그림을 같은 모양의 벽에 걸어놓았다면 그것을 실물로 착각했을 것이다.

하지만 눈이 아무리 순진해도 저 그림을 오랫동안 실물로 착각해주었을 것 같지는 않다. 그림과 실물 사이에는 엄청난 차이가 있기 때문이다. 사실 그림 안에 모티프를 많이 그려 넣을수록 그만큼 그것들이 실물이 아니라는 사실도 폭로되기 쉽다. 따라서 그림을 실물로 착각하게 만들려면, 묘사를 트릭에 필요한 최소한으로 국한시키는 게 좋다. 여기서 눈속임의 포인트는 역시 틀에서 떨어져 나온 천 뒤로 캔버스의 목재 프레임이 드러나는 데 있다. 그리하여 기스브레히츠는 바로 그 부분만 남겨두고 다른 불필요한 요소들을 과감하게 모두 제거해버린다. 이로써 눈속임의 효과는 극대화한다. 그림을 보라. 얼마나 경제적이면서도 효과적인 처리인가?

귀퉁이가 떨어져 나온 것으로 묘사할 때 바니타스 정물의 존재론적 위상도 바뀐다. 그때 묘사된 정물은 더 이상 '그림'이 아니라, '그림 속의 그림'이 되기 때문이다. 그때 관람자의 지각 또한 '대상적' 수준에서 '메타적' 수준으로 올라간다. 떨어져 나온 캔버스의 귀퉁이를 보고 관람자는 "아, 그림이었구나." 하고 안도하나, 바로 그 순간에 화가가 쳐놓은 덫에 걸리고 만다. 캔버스 천 위의 정물이 그려진 '가상'임을 깨닫는 즐거움에, 실은 그 천 뒤로 드러난 프레임까지도 그림이라는 사실을 깜빡 잊어버리게 되기 때문이다. 이는 속임수의 비밀을 가르쳐주는 척하면서 한 단계 높은 또 다른 속임수로 순진한 사람의 등을 치는 야바위꾼의 기술을 닮았다.

이제 어디로 가야 할까? 논리적으로 생각할 때, 다음 단계는 그림에서 바니타스 정물 부분을 완전히 제거하고 캔버스의 틀만 남기는 것이어야 할 것이다. 그렇게 해서 탄생하는 것이 바로 처음에 소개한 〈뒤집어진 캔버스〉이다. 여기서 정물화의 두 극단을 잇는 스펙트럼이 완성된다. 바니타스 정물 → 바니타스 트롱프뢰유 → 트롱프뢰유. 〈뒤집어진 캔버스〉와 같은 온전한 트롱프뢰유에는 고도의 기술이 필요하다. 이 경우 한 귀퉁이만이 아니라 캔버스의 뒷면 전체를 통째로 날조해야 하기 때문이다. 기스브레히츠의 이 작품은 사진에 익숙한 현대인의 눈으로도 속아 넘어갈 정도이다. 여기서 화가는 무르익을 대로 무르익은 눈속임 기술을 과시한다.

원근법을 파괴하는 원근법

다시 바니타스 정물을 보자. 우리는 원근법의 규약에 따라 그것을 3차원의 공간으로 해석한다. 저런 그림은 알베르티의 말대로 마치 유리창을 통해 실내를 들여다보는 것 같은 효과를 낸다. 이어 바니타스 트롱프뢰유에서 화가는 화폭의 한 귀퉁이를 슬쩍 나무틀에서 떼어냄으로써 3차원 공간의 환영을 깨뜨리고 그것이 실은 2차원 평면 위의 그림이라는 사실을 스스로 폭로한다. 이때 관객은 탁자 위에 정물이 놓인 공간의 환영을 보는 대신에 그것이 그려진 캔버스의 천에 주목하게 된다. 즉 그림이 대상적 차원에서 메타적 차원으로 올라가기 시작하는 것이다. 마지막으로 〈뒤집어진 캔버스〉는 어떤가? 그것은 아예 대상적 묘사를 제거함으로써 완전한 메타회화가 된다.

바니타스와 트롱프뢰유는 원근법을 각각 다른 방식으로 사용한 듯하다. 원근법이란 원래 x와 y 축으로 이루어진 2차원의 평면에 깊이를 표시하는 z를 추가함으로써 3차원 공간의 환영을 만들어내는 기법이다. 그런 의미에서 원근법의 본질은 평면에서 뒤쪽으로 쑥 밀고 들어가는 공간적 깊이의 느낌에 있다고 할 수 있다. 가령 바니타스 정물의 경우, 실제로는 2차원 평면에 그려진 그림이지만, 우리는 거기서 실제로는 존재하지 않는 공간의 깊이를 본다. 그 가상의 공간은, 탁자까지의 거리와 탁자 자체의 길이와 탁자에서 뒷벽까지의 거리를 감안하면, 화면으로부터 적어도 3~4미터 정도의 깊이를 가진 것으로 보인다. 이 깊이감이 원근법적 효과의 본질을 이룬다.

반면 트롱프뢰유는 어떤가? 가령 〈뒤집어진 캔버스〉를 보자. 거기에는 일단 깊이가 거의 없다. 거기에도 공간이 있다면, 기껏해야 화면에서 1~2센티미터 남짓한 목재 프레임 두께만큼의 깊이가 있을 뿐이다. 앞쪽에서 본 모습으로 그려져 길이가 단축된 못에서도 모종의 공간감을 느낄지 모르겠다. 하지만 그마저도 실은 1센티미터도 안 되는 못의 길이만큼의 알량한 깊이를 가질 뿐이다. 한마디로 이 작품은 원근법을 이용해 가상의 공간 속으로 깊숙이 쳐들어가는 게 아니라, 외려 원근법의 효과를 파괴하고 현실의 공간으로 튀어나온다. 그건 당연한 일이다. 트롱프뢰유의 정의 자체가 가상에 머물지 않고 실물이 되려는 그림이 아닌가.

기스브레히츠의 원근법은 역설적이다. 그의 원근법은 외려 원근법 특유의 효과를 파괴한다. 그의 원근법은 사물을 가상의 공간 속에 집어넣지 않고 외려 현실의 공간으로 끄집어내려 한다. 원근법은 본디 '깊이'의 환영을 만들어내는 기법이나, 그의 원근법은 외려 그것을 파괴하고 화폭의 '평면'을 지향한다. 공간의 환영을 파괴하는 데에는 당연히 이유가 있다. 가상의 공간이 사라진 이상 그가 그린 캔버스는 더 이상 거기에 속하지 못하게 된다. 그렇다면 그것이 속할 공간은 단 하나, 현실의 공간뿐이 아닌가. 바로 이것이 기스브레히츠가 실물이 아닌 그림 캔버스를 마치 현실 공간에 있는 진짜 캔버스인 양 연출하는 방식이다. 교활하지 않은가?

17세기의 모더니즘?

앞에서 얘기했듯이 오랫동안 정물화는 정신적 표현이 제한된 장르로 여겨져 왔다. 이해할 만한 일이다. 탁자 위에 잡동사니를 몇 개 올려놓은 것으로 무슨 얘기를 할 수 있단 말인가? 그리하여 비평의 담론에서도 정물화가 지니는 의의는 오랫동안 간과되어왔다.[3] 트롱프뢰유는 더 말할 나위도 없다. 그것은 그저 눈속임으로 대중을 즐겁게 하는 오락적 장르에 불과하지 않은가? 하지만 제대로 인식되지 않았을 뿐, 정물화 역시 역사화나 인물화, 또는 풍경화 못지않게 철학적 메시지를 담을 수 있다. 실제로 17세기 네덜란드 정물화는 "원근법을 수사학으로 사용한 철학적 담론"이었는지도 모른다.[4]

가령 기스브레히츠가 원근법을 사용하는 독특한 방식을 생각해보자. 그는 원근법의 전통 안에 머물면서 동시에 원근법의 규약을 파괴한다. 왜 그래야 했을까? 17세기의 회화는 여전히 원근법에 묶여 있었고, 대중의 지각 방식 역시 이 르네상스의 규약에 사로잡혀 있었다. 원근법은 당시 사람들이 세계를 보는 눈을 규정하는 선험적(?) 조건이나 다름없었다. 기스브레히츠는 눈속임이라는 시각적 농담으로 그들의 눈이 실은 특정한 프레임에 갇혀 있다는 사실을 폭로한다. 원근법이라는 지각의 프레임의 안팎을 넘나들면서, 사람들이 무의식적으로 받아들인 그 인위적 프레임의 존재를 의식하게 해주는 셈이다. 얼마나 현대적인 회화의 전략인가.

실제로 트롱프뢰유는 아메리칸 모더니즘의 담론과 상통하는 면이 있다. 널리 알려진 것처럼 미국의 비평가 클레멘트 그린버그(Clement Greenberg, 1909~1994년)는 회화의 현대성(modernity)을 '자기 지시성'(self-referentiality)에서 찾았다. 다시 말해 자연을 탐구하는 것은 전근대적(premodern) 회화이며, 현대적인 회화라면 모름지기 자기 자신을 탐구하는 반성적(reflective) 성격을 가져야 한다는 것이다. 회화가 현대성을 가지려면, 3차원 공간의 환영을 포기하고 평면으로 돌아가야 한다. 그러려면 자신이 2차원 평면임을 의도적으로 드러내야 한다. 가령 잭슨 폴록(Paul Jackson Pollock, 1912~1956년)의 작품을 생각해보라. 보이는 것은 평면에 뿌려진 물감뿐, 거기에 3차원 공간의 환영은 없잖은가.

기스브레히츠도 마찬가지다. 그가 바니타스 정물화의 한쪽 귀퉁이를 슬쩍 나무틀에서 떨어뜨릴 때, 3차원 공간의 환영은 졸지에 물감이 발라진 화폭으로 돌아간다. 이렇게 공간을 평면으로 환원시키는 것은 클레멘트 그린버그가 말한 평면성(flatness)의 원리를 연상시킨다. 〈뒤집어진 캔버스〉를 보자. 거기서 회화는 자신의 매체성(mediality)을 그대로 드러낸다. 우리가 거기서 보는 것은 3차원 공간의 환영이 아니라 (뒤집어진) 캔버스 그 자체이다. 잭슨 폴록의 작품 역시 3차원 공간의 환영을 만들어내는 것을 포기하고 그저 물감이 흩뿌려진 캔버스의 평면으로 돌아간다. 비슷하지 않은가? 여기서 기스브레히츠의 발상이 얼마나 현대적인지 알 수 있다.

상투르네, 사물이 된 정물

이런 반론을 펼지 모르겠다. '잭슨 폴록의 것은 완전한 추상이고, 기스브레히츠의 것은 여전히 캔버스의 뒷면을 그린 구상이 아닌가.' 그렇다면 재스퍼 존스(Jasper Johns, 1930~)의 〈깃발〉을 보자. 이 작품은 성조기의 재현이라는 점에서 폴록의 추상표현주의와는 성격을 달리한다. 그것은 이른바 '팝아트'에 속한다. 하지만 팝아트의 출발점도 실은 그린버그가 말한 '평면성의 원리'였다고 한다. 재스퍼 존스는 캔버스에 성조기 외에는 일체의 여백을 남기지 않음으로써 공간을 제거해버렸다. 이는 기스브레히츠가 나무틀의 두께에 해당하는 1~2센티만 남기고 공간의 깊이를 제거한 것과 동일한 의지의 표현이다. 여기서 불현듯 기스브레히츠의 작품과 현대의 팝아트의 유사성이 드러난다.

다음 단계는 무엇일까? 로트만의 말대로 트롱프뢰유는 스스로 사물이 되기를 희망한다. 실제로 캔버스의 뒷면 외에 여백을 전혀 남기지 않을 때 저 캔버스는 가상공간이 아닌 현실 공간에 존재하는 것으로 보이게 된다. 여기서 한 걸음 더 나아가면, 가상의 이미지를 정말로 현실의 공간에 배치하는 기법에 도달하게 된다. 사진을 보라. 저기에서 그려진 것은 캔버스 위의 이미지만이 아니다. 캔버스 자체와 그것이 놓인 이젤까지도 실은 모두 그려진 것이다. 이렇게 그려진 이미지의 윤곽만 남기고 나머지를 모두 잘라내는 것을 '상투르네(chantourné)', 또는 '컷 오프(cut off)'라고 부른다. 저 이젤은 그려진 가상이나, 정말로 현실의 공간을 차지하고 있다.

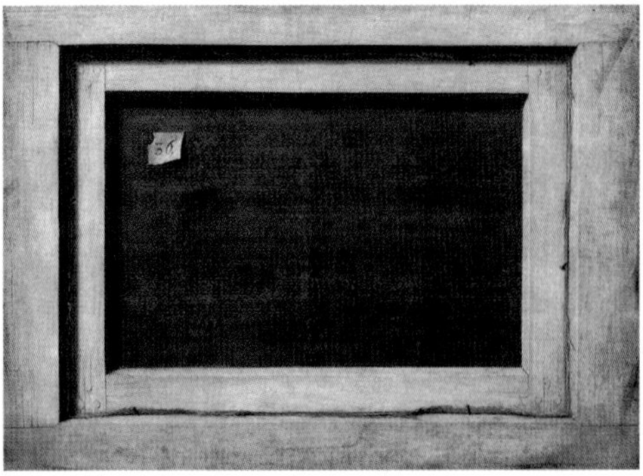

〈뒤집어진 캔버스〉(부분) 코르넬리스 노르베르투스 기스브레히츠,
1670년

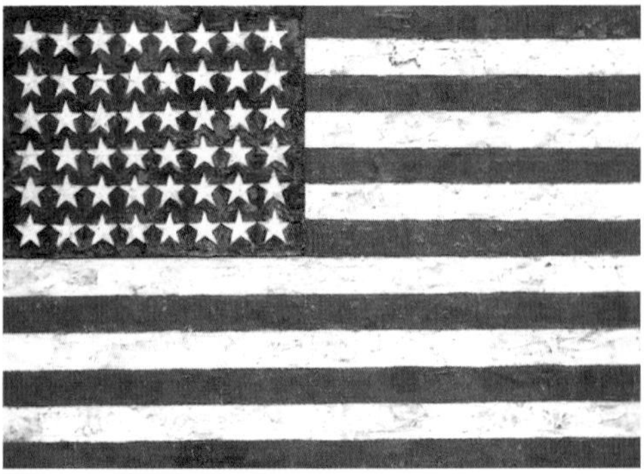

〈깃발〉 재스퍼 존스,
1954~1955년

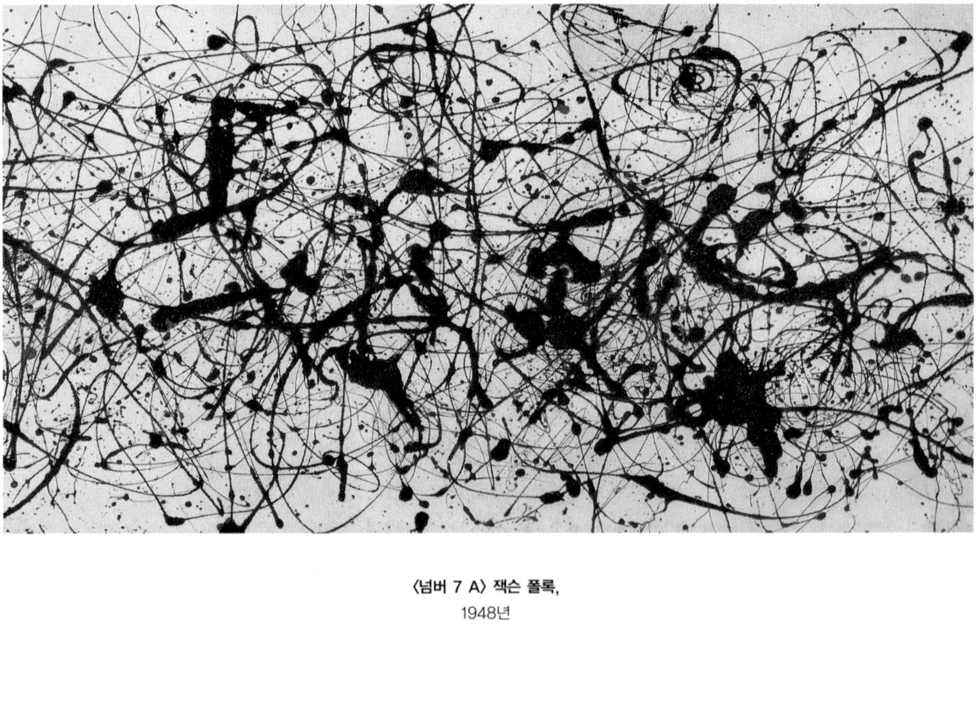

〈넘버 7 A〉 잭슨 폴록,
1948년

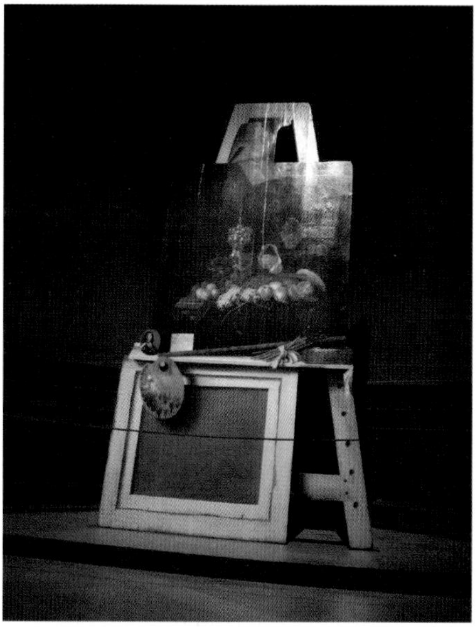

〈이젤〉 코르넬리스 노르베르투스 기스브레히츠,
1670년경

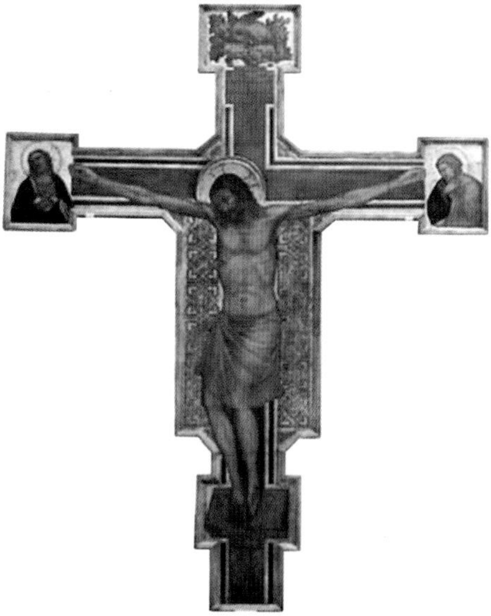

〈책형〉 지오토,
1290~1300년

사실 이 기법은 르네상스 이전에는 흔히 사용되던 것이었다. 가령 지오토(Giotto di Bondone, 1267~1337년)의 〈책형〉을 보라. 십자가의 테두리만 남고 나머지는 모두 제거되었다. 이것을 성당의 제단에 걸어놓을 경우, 마치 십자가에 달린 예수가 현실의 공간에 나타난 것 같은 느낌을 줄 것이다. 샹투르네는 현대의 화가들 역시 즐겨 사용하는 기법이다. 가령 미니멀리스트 프랭크 스텔라(Frank Stella, 1936~)의 작품을 보자. 그는 사각형의 프레임에서 벗어나 이미지의 윤곽이 곧 캔버스의 윤곽이 되도록 만들었다. 지오토의 작품은 르네상스 이전, 스텔라의 작품은 르네상스 이후의 현상이다. 여기서 우리는 기스브레히츠의 샹투르네가 르네상스의 규약을 벗어버리려는 시도임을 알 수 있다.

실제로 미니멀리스트들은 작품을 사물로 만들려고 했다. 그들은 잭슨 폴록의 작품에서도 모종의 공간감을 느꼈다. "폴록의 그림 안으로 도시락을 싸들고 소풍을 갈 수는 없지만, 우주복을 입고 유영을 할 수는 있을 것 같다." 아무리 작품이 추상이라 하더라도, (회화의 경우) 미술관의 벽에 걸려 있거나, (조각의 경우) 받침대 위에 놓여 있는 것만으로도 어쩔 수 없이 가상의 공간감이 발생한다는 것이다. 이를 피하려면 작품은 정말로 사물이 되어야 한다. 그리하여 미니멀리즘에서 정물은 글자 그대로 사물이 된다. 실제로 칼 안드레(Carl Andre, 1935~)와 같은 미니멀리스트는 건재상에서 사온 재료들을 배치하는 것만으로 작품을 만들었다. 사물이기에 그의 작품은 관객이 밟고 다녀도 된다.

미니멀리즘은 추상인 데 반해, 기스브레히츠의 것은 구상이 아니냐고 반박할지 모르겠다. 그렇다면 앤디 워홀(Andy Warhol, 1928~1987년)의 브릴로 박스들은 어떨까? 그것들은 널빤지에 아크릴로 그려진 것이다. 그 역시 샹투르네, 입체로 된 샹투르네인 셈이다. 그려진 그림은 원래 원근법이 만들어내는 가상의 공간 속에 들어 있어야 하나, 샹투르네는 바로 그 가상의 환영을 사라지게 만든다. 원근법이 만들어내는 가상의 공간을 없애버리면, 그려진 대상이 존재할 곳은 현실밖에 없게 된다. 그리하여 그려진 그림들이 가상의 공간에서 나와 현실의 공간에서 마치 진짜 사물인 척한다. 기스브레히츠의 것과 너무나 비슷하지 않은가?

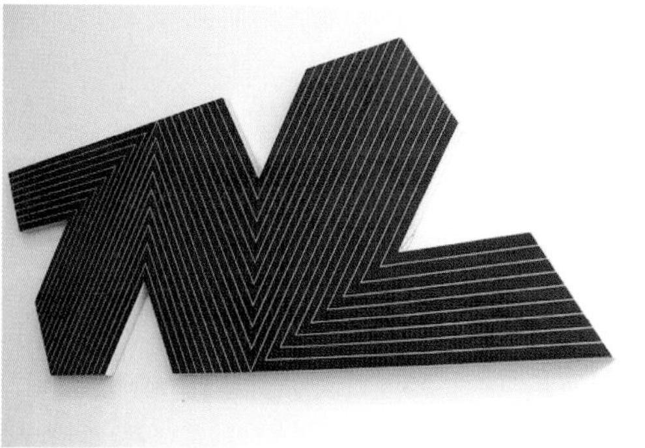

〈인도의 황녀〉 프랭크 스텔라,
1965년

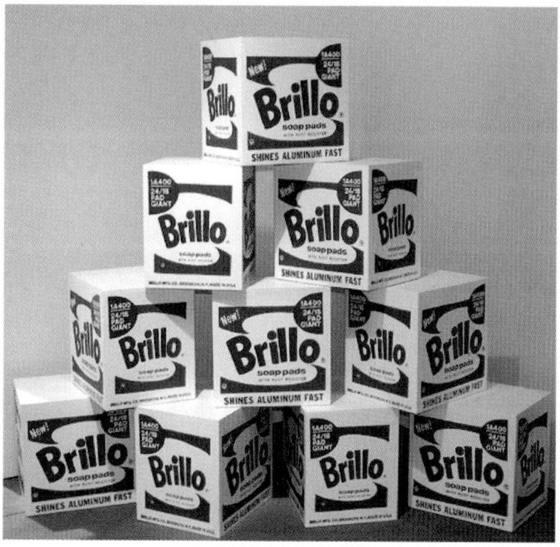

〈열 개의 브릴로 박스〉 앤디 워홀,
1968년

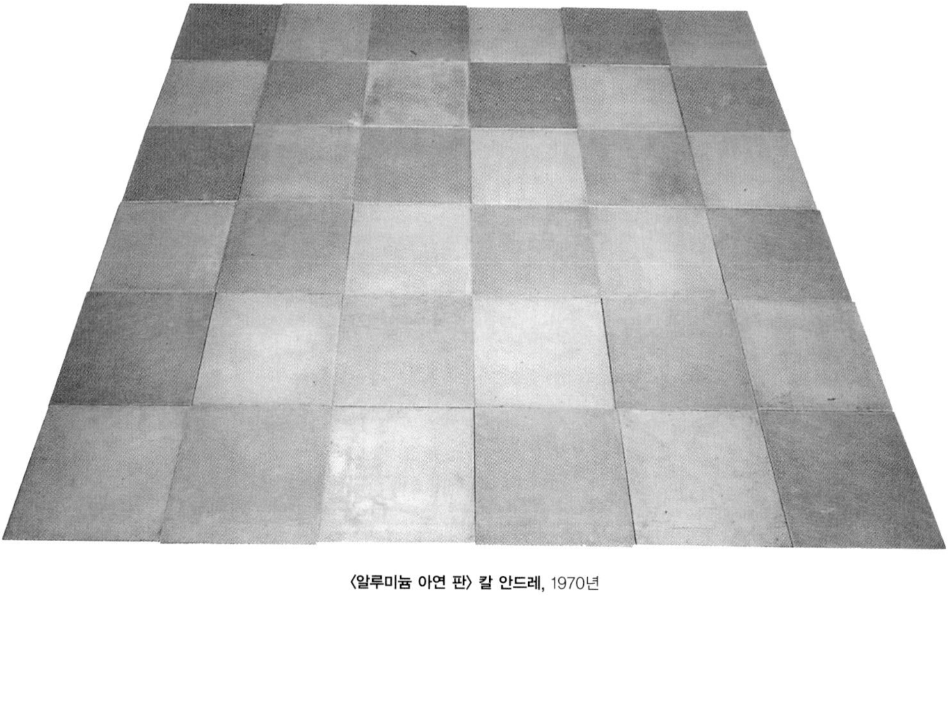

〈알루미늄 아연 판〉 칼 안드레, 1970년

원근법의 유예

기스브레히츠의 트롱프뢰유는 이렇게 추상표현주의, 미니멀리즘, 팝아트로 이어지는 미국의 현대 예술의 전략을 닮았다. 게다가 착시를 이용하는 것은 옵아트와, 실물을 방불케 하는 정교한 묘사는 극사실주의와 상통하는 면이 있다. 미국의 모더니즘 예술은 르네상스 이래로 지속되어온 공간의 환영을 파괴하려 했다. 기스브레히츠 역시 트롱프뢰유라는 시각적 농담을 통해 원근법적 공간의 환영을 조롱한다. 이렇게 원근법의 효력을 정지시키려 한다는 점에서 둘의 전략이 놀랄 만큼 닮았다. 기스브레히츠의 작업이 현대적으로 느껴지는 것은 이 때문이다.

물론 재스퍼 존스의 성조기나 앤디 워홀의 브릴로 박스는 트롱프뢰유가 아니다. 그것들은 관객들에게 실물로 착각되기를 바라지 않는다. 그들의 목적은 환영주의 자체를 파괴하는 데 있다. 반면 기스브레히츠가 원근법을 유예하는 데에는 다른 이유가 있는 것 같다. 그는 외려 르네상스의 환영주의를 극한까지 몰고 가려 한다. 르네상스 초기만 해도 원근법은 사람들에게 실물을 방불케 하는 생생한 묘사로 여겨졌다. 하지만 이미 거기에 익숙한 17세기 사람들의 눈에는 원근법의 환영 효과는 그리 크지 않았을 것이다. 때문에 기스브레히츠는 이미 효력을 잃은 원근법을 유예시켜놓고 또 다른 트릭으로 관객의 눈을 속이려 한 것이다.

연기의 예를 들어보자. 연기의 리얼리즘에도 다양한 수준이 있다. 가령 무대 위의 연기보다는 TV 드라마의 연기가 더 리얼하다. 드라마의 연기보다는 영화 속의 연기가 훨씬 더 리얼하다. 하지만 아무리 리얼하다 해도, 영화 속의 연기를 보고 실제 상황으로 착각할 사람은 없을 것이다. 모든 연기는 어디까지나 예술적 '규약'이기 때문이다. 그림도 마찬가지다. 원근법적 묘사가 아무리 사실적이라 해도, 그림으로 그려진 사물과 실제로 존재하는 사물 사이에는 넘어서기 힘든 간극이 존재한다. 르네상스의 사실주의(realism)로는 더 이상 이 간극을 메울 수 없다. 그래서 기스브레히츠는 그것을 정지시키고 트롱프뢰유의 환영주의(illusionism)를 동원한 게 아닐까?

실물을 방불케 하는 묘사 자체가 실은 르네상스의 전통이다. 그런 의미에서 기스브레히츠는 여전히 전통의 테두리 내에 머물러 있다고 할 수 있다. 가령 〈뒤집어진 캔버스〉를 보자. 아무리 공간적 깊이감이 없다 해도, 거기에는 적어도 나무틀의 두께만큼의 환영적 공간은 존재한다. 그 역시 원근법에 따른 묘사이다. 그런 의미에서 기스브레히츠는 여전히 르네상스 전통의 지배를 받던 17세기의 화가일 뿐이다. 하지만 그는 전통을 연장하면서도 동시에 그것과 단절을 시도한다. '단절'과 '연속', 이 두 길이 교차하는 지점에 그의 뒤집어진 캔버스가 놓여 있다. 그의 트롱프뢰유에 깜빡 속은 관객의 입장으로 돌아가 상상을 해보라. 저 뒤집어진 캔버스의 앞면에는 뭐가 그려져 있을까?

1 Лотман Ю.М. Статьило семиотике культуры и искусства (Серия «М ир искусств»). – СПб : *Академическийпроект*, 2002, pp. 340~348.

2 Philippe Ariès, *L'homme devant la mort*, Édition du Seuil, Paris, 1977. tome I pp. 133~138, tome II, pp. 38~43

3 Norman Bryson, *Looking at the overlooked : Four essays on still–life painting*, The university of Chicago press, 2004, p. 8

4 Hanneke Grootenboer, *The rhetoric of perspective : Realism and illusionism in seventeenth–century Dutch still–life painting*, The university of Chicago press, 2005.

신중함의 알레고리

9

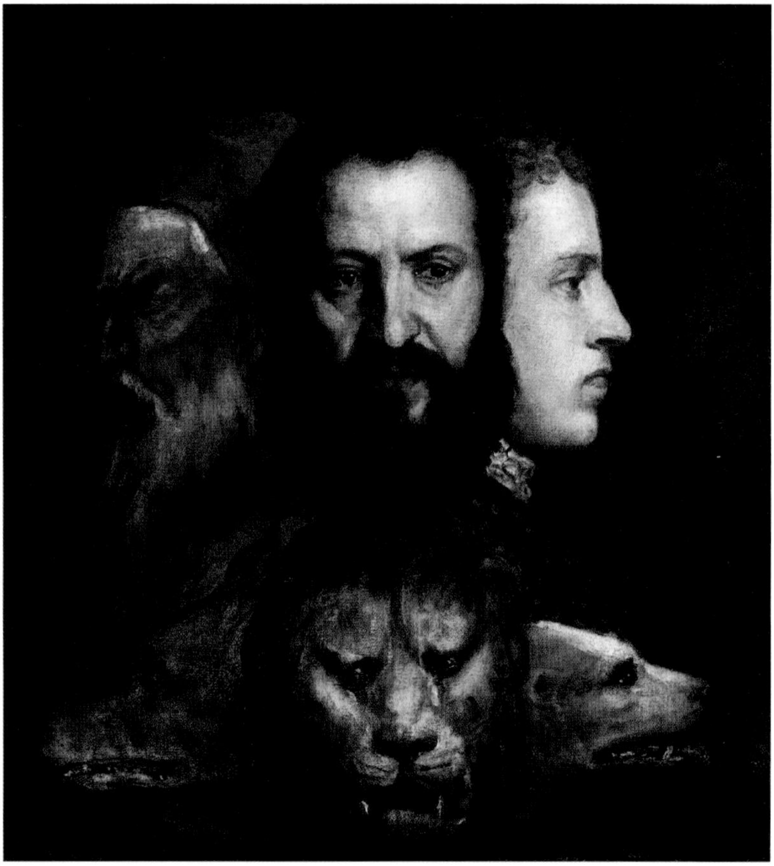

〈신중함의 알레고리〉 티치아노 베첼리,
1565~1570년

신중함의 알레고리

스핑크스처럼 갑자기 나타나 앞길을 가로막고 수수께끼를 던지는 작품이다. 르네상스와 마니에리스모를 거쳐 바로크로 나아가는 길을 예비했던 티치아노(Tiziano Vecelli, 1473/1490~1576년). 이 베네치아 거장의 수많은 걸작 가운데 하필 이 작품에 눈길이 꽂혔다. 첫눈에도 기괴해 보이지 않는가? 제목을 보니 '시간의 알레고리' 또는 '신중함의 알레고리'라고 한다. 하지만 '알레고리'라는 말로 이 작품을 남김없이 특징지을 수 있을 것 같지는 않다. 유명한 미술사학자 파노프스키(Erwin Panofsky, 1892~1968년) 역시 이 작품이 그저 알레고리의 수준을 넘어, "상징(symbol)과 퍼즐(puzzle), 경구(apophthegm), 격언(proverb)의 특징을 모두 다 가진 엠블렘"이라고 말한다.[1]

엠블렘

하나로 붙은 세 사내와 세 짐승의 머리. 이것만으로도 이미 그로테스크하다. 저 형상들은 대체 뭘 가리킬까? 세 얼굴을 가진 형상은 중세에도 있었다. 가령 '삼위일체'로 이루어진 신의 도상. 하지만 아무리 뜯어봐도 저 세 사내들은 하나님으로 보이지 않는다. 그것의 패러디인 게 얼굴의 악마도 있다. 하지만 묘사의 리얼리즘을 보건대 저것은 신이나 악마가 아니라 실존 인물의 초상일 게다. 세 개의 머리를 가진 짐승 역시 우리는 그리스 신화을 통해 이미 그 존재를 알고 있다. 하데스가 키우는 개 케르베로스. 그놈은 머리가 셋이나 달렸다고 하지 않은가? 하지만 저 형상은, 이 명계(冥界)의 문지기와는 달리, 각기 다른 세 짐승의 머리를 갖고 있다.

형상들이 들어 있는 공간도 호기심을 자아낸다. 저곳이 어디일까? 거기에는 특정한 구체성이 없다. 저곳이 어디인지 말해주는 아무런 단서도 그림 안에는 들어 있지 않다. 르네상스 이후 서구 회화는 형상들을 거의 수학적 정확성을 가지고 3차원의 공간 속에 배치했다. 제재가 아무리 상상의 공간에서 펼쳐진다 해도, 형상들이 움직이는 그 장소는 어디까지나 물리적 공간의 특성을 갖는 것으로 상정됐다. 하지만 저 작품 속의 공간은 물리적 공간이 아니다. 그것은 차라리 좌표로 표시할 수 없는 순수한 관념적 공간에 가깝다. 이 독특한 공간의 관념 역시 관객의 호기심을 불러일으킨다.

배경에 글자가 적혀 있는 것도 특이하다. 중세 예술에서는 이미지와 텍스트가 한 화폭에 공존했다. 하지만 르네상스 이후 이미지와 텍스트는 서로 배척하는 관계를 맺게 된다. 화폭 안에서 이미지와 텍스트가 만나는 경우는 극히 드물다. 둘이 굳이 결합을 해야 한다면, 텍스트가 이미지 밖으로 나가 제목으로 붙거나, 이미지가 삽화로 텍스트에 덧붙여지는 게 대부분이다. 물론 가끔 (비석에 새겨진 명문이나 펼쳐진 책 위의 글자 형태로) 글자가 그림 안에 들어오기도 하지만, 이 경우 텍스트는 문자로 적히는 게 아니라 그림으로 그려진다. 하지만 이 작품을 보라. 머리 위의 텅 빈 공간에 글자가 적혀 있다. 무슨 뜻일까?

세 얼굴을 가진 인간

티치아노는 자신이나 모델의 이름을 표기하는 것 외에는 그림에 글자를 집어넣는 일이 없었다. 그의 작품 중에서 저것이 모토(motto) 또는 제목(titulus)을 가진 유일한 것이라 할 수 있다. 바로 그 문구가 어쩌면 그림의 수수께끼를 푸는 첫 단서를 던져줄지도 모르겠다.

> 과거(의 경험)에서 배워, 현재에 신중하게 행동하여, 미래를 망치는 일이 없도록 하라.
>
> (Ex praeterito, praesens prudenter agit, ne futura actione deturpet.)

이 격언의 직접적 출처는 페트루스 베르코리우스(Petrus Berchorius, 1290~1362년)의 《성서도덕사전(Repertorium morale)》일 것이다. 이 책에는 '신중함'이 "과거의 기억, 현재의 관리, 미래의 관조로 이루어진다."[2]고 기술되어 있다. 티치아노는 직접적 또는 간접적으로 이 책을 접했을 것이다. 하지만 이 중세 말의 사전 역시 실은 '현명한 상담역'에 관한 고대의 격률을 인용한 것이라고 한다. 고대 말의 위(僞) 플라톤

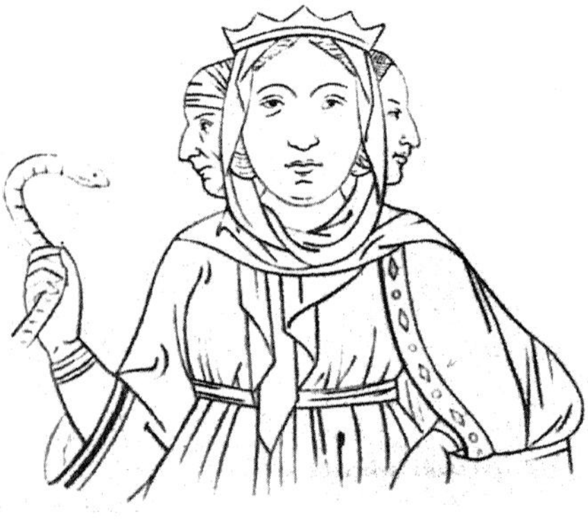

〈신중함〉 작자 미상,
14세기경

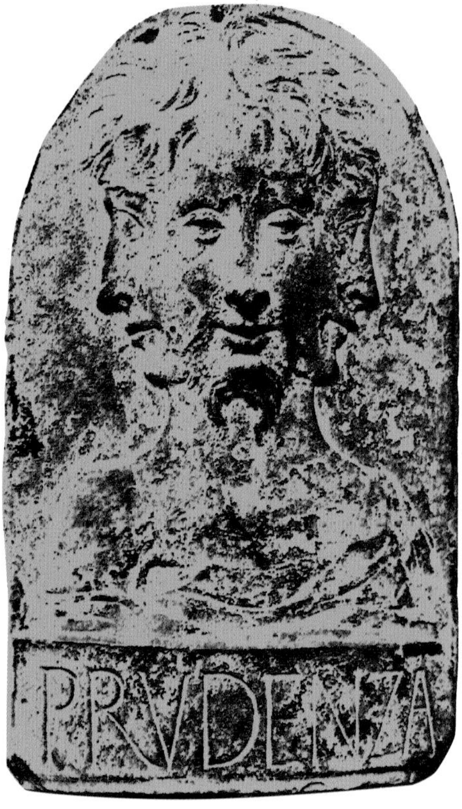

〈신중함〉 로셀리노 파(波),
15세기경

주의 문헌은, 훌륭한 상담역이란 모름지기 흘러간 일들로 채워진 과거, 당장 해결할 문제를 가진 현재, 앞으로 벌어질 일을 품은 미래를 모두 고려해야 한다고 말한다.

사내들의 연령에도 뚜렷한 차이가 난다. 왼쪽을 보는 사내는 노년, 정면을 바라보는 사내는 장년, 오른쪽을 바라보는 사내는 청년이다. 누구나 알다시피 노년은 과거를 회상하는 세대이고, 장년은 현재를 책임지는 세대이며, 청년은 미래를 대비하는 세대이다. 따라서 격언 속의 세 시제는 동시에 세 세대를 의미하게 된다. 세 시제는 동시에 신중함에 필요한 세 가지 정신 능력을 상징한다. 왜? 기억(memory)은 과거에 속한 것이고, 현재의 일은 지성(intelligence)의 판단으로 헤쳐 나가야 하고, 미래의 사건은 예지(foresight)를 가지고 대비해야 하기 때문이다. 매사를 신중하게 처리하는 데에는 당연히 이 세 가지가 필요하지 않겠는가?

이 신중함의 삼분법(tripartition)을 중세와 르네상스 예술은 다양한 방식으로 묘사해왔다. 가령 시에나 성당에 있는 14세기 말의 도상을 보자. 여기에는 신중함(Prudenza)이 세 얼굴을 가진 여인으로 의인화되어 있다. 그녀는 손에 시간을 상징하는 뱀을 들고 있다. 여기서 이미 세 얼굴은 청년, 장년, 노년의 연령 차를 보여준다. 한편, 프루덴자가 여성으로만 의인화된 것은 아니다. 15세기 로셀리노 파(波)가 제작한 부조에는 신중함이 남자의 얼굴로 표현되어 있다. 이 두 가지 묘사가 하나로 합류하는 곳에서 우리는 어렵지 않게 티치아노의 묘사에, 말하자면 각각 다른 세 연령의 얼굴을 가진 남자의 도상에 도달한다.

세 얼굴을 가진 짐승

이처럼 티치아노의 그림에서 인간의 형상은 순수한 서구의 전승에 따른 묘사이다. 하지만 짐승 형상은 그와는 좀 다른 기원을 갖는다. 기원전 4세기경 이집트를 정복한 알렉산더 대왕은 통치를 위해 자신들의 종교에 이집트의 전통 종교를 통합하려 했다. 그렇게 해서 태어난 것이 바로 '세라피스(Serapis)' 숭배라는 혼합(syncretic) 종교이다. 세라피스는 그리스의 하데스(또는 플루토)와 비슷한 형상을 하고 있었는데, 이집트의 신이 인간의 형상을 하게 된 데에는 이유가 있다. 이집트인들은 신들을 즐겨 동물의 머리로 묘사했으나, 그리스인들은 이들과 달라서 신들에게 동물의 머리를 부여하는 데 강한 기부감을 느꼈다고 한다.

하데스가 케르베로스를 거느린 것처럼, 세라피스 역시 머리가 셋 달린 짐승을 거느리고 다녔다. 이집트의 동물 신이 졸지에 헬레니즘 인간 신의 애완동물로 전락한 셈이다. 여기서 이집트의 신수동형(神獸同形, zoomorphism)은 그리스의 신인동형(神人同形, anthropomorphism)에 도상적으로 종속된다. 이는 그리스의 지배를 받았던 이집트의 정치적 상황의 반영일 것이다. 아무튼 지금 남아 있는 세라피스의 조각상은 그 짐승을 케르베로스와 달리 각기 다른 세 동물의 머리로 묘사하고 있다. 이 이집트적 요소가 티치아노의 그림에 그대로 받아들여진 셈이다. 이 짐승은 도대체 무엇의 상징일까?

헬레니즘 문화에서 이 짐승이 무엇을 의미했는지는 아무도 모른다. 4세기경에 살았던 위(僞) 칼리스테네스(Pseudo-Callisthenes, 기원전 360

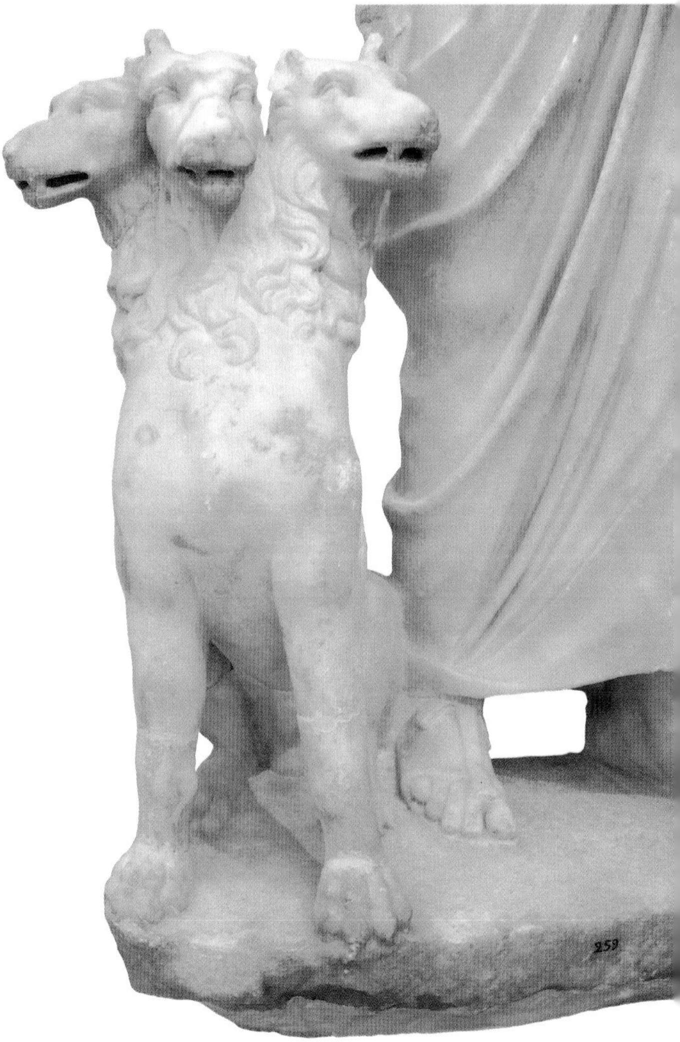

고대 로마의 하데스상 중 케르베로스(부분)

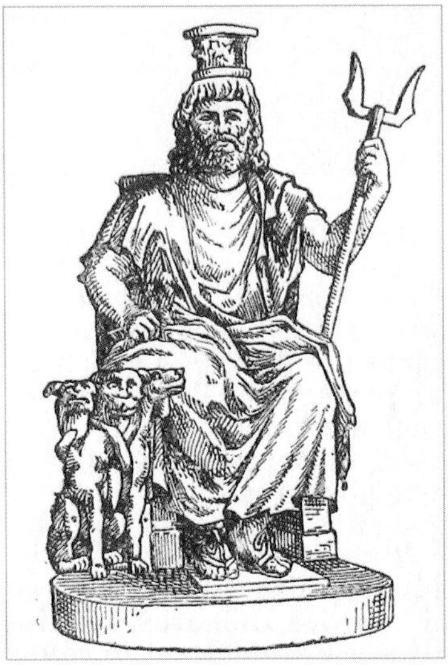

헬레니즘 시대의 이집트 신 세라피스와 그의 어트리뷰트

~327년)마저도 "그 다형상의 동물의 본질은 아무도 설명할 수 없다."고 말한 바 있다. 하지만 그 동물이 이어지는 라틴 문명에서 무엇을 의미했는지는 알 수 있다. 399년에서 422년까지 로마의 고급 관료로 일했던 마크로비우스(Ambrosius Theodosius Macrobius, ?~?)가 《사투르날리아(Saturnalia)》에서 이 형상에 대한 해석을 제공해주고 있기 때문이다.

> 사자의 머리는 현재를 가리킨다. 왜냐하면 그것은 지금 일어나는 행동이어서 강력하고 강렬하기 때문이다. 과거는 늑대의 머리로 표현된다. 왜냐하면 과거에 속하는 메모리는 먹어치워져 사라지기 때문이다. 주인을 기쁘게 하려는 개의 머리는 미래에 벌어질 일을 가리킨다. 그것에 대한 희망은 비록 불확실하긴 하지만 언제나 우리에게 기쁨을 주기 때문이다.[3]

이로부터 티치아노 그림 속의 동물 형상 역시 인간 형상 부분과 똑같은 의미를 지녔음을 알 수 있다. 마크로비우스가 목격한 저 짐승 역시 몸에 뱀을 두르고 있다. 앞에서 얘기한 것처럼, 뱀은 시간의 상징이다. 우리는 그 뱀이 종종 인간 형상을 한 프루덴자에서도 나타난다는 것을 알고 있다. 이로써 그림에 담긴 모든 의미가 밝혀졌고, 이제 남은 물음은 한 가지다. 왜 티치아노는 같은 내용을 한 번은 인간의 형상으로, 한 번은 동물의 형상으로 반복했는가? 커뮤니케이션 이론의 용어로 말하면, 그것은 잉여(rédondance), 즉 남아도는 정보가 아닌가?

화가의 자화상

도상학을 조금 아는 사람이라면, 세 사내의 초상이 '인생의 3단계' 라는 전통적 모티프와 유사하다는 것을 알 것이다. 또 기독교의 도상에서 예수를 찾아온 동방 박사들은 종종 노년, 장년, 청년의 세 가지 연령대로 묘사되곤 한다. 하지만 묘사의 자연주의로 보건대, 그림 속 사내들은 성경 속의 인물이 아니라 실존하는 인물들로 보인다. 저들은 과연 누굴까? 그렇잖아도 저들의 정체를 놓고 오래전부터 설이 분분했던 모양이다. 18세기까지만 해도 왼쪽 노인은 교황 율리우스 2세, 중간의 사내는 에스테의 알폰소 공작, 그리고 오른쪽의 청년은 신성로마제국의 황제 카를로스 5세로 여겨졌다고 한다.[4]

하지만 파노프스키에 따르면, 왼쪽을 보는 노인은 티치아노 자신이라고 한다. 실제로 그림 속 노인의 프로필은 화가의 자화상과 놀라울 정도로 유사하다. 한편, 정면을 바라보는 사내는 그의 아들 오라지오 베첼리(Orazio Vecelli). 그의 얼굴 역시 다른 작품을 통해 확인된다고 한다. 그렇다면 오른쪽을 보는 청년은 당연히 그의 손자일 것이다. 하지만 티치아노에게는 불행히도 손자가 없었다. 그리하여 그는 존재하지 않는 손자의 자리에 대신 마르코 베첼리(Marco Vecelli)의 얼굴을 그려 넣었다. 이 청년은 티치아노의 먼 조카뻘로 그가 특별히 총애하던 제자이기도 했다. 그의 얼굴 역시 다른 초상화를 통해 확인이 가능하다고 한다.

그렇다면 인간 형상 부분은 그저 이미 있는 정보를 단순히 반복하는

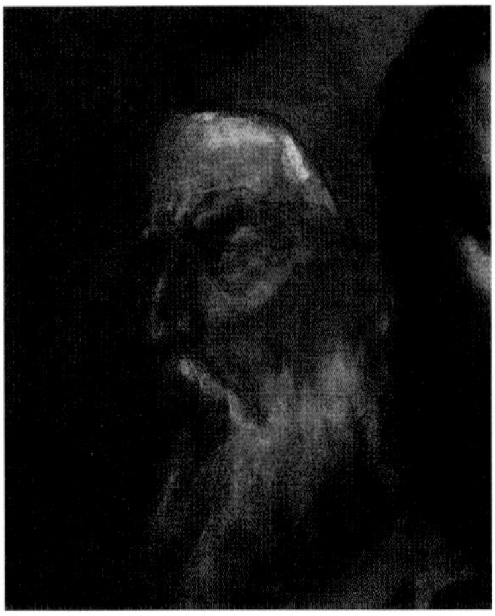

〈신중함의 알레고리〉(부분) 티치아노 베첼리, 1565~1570년

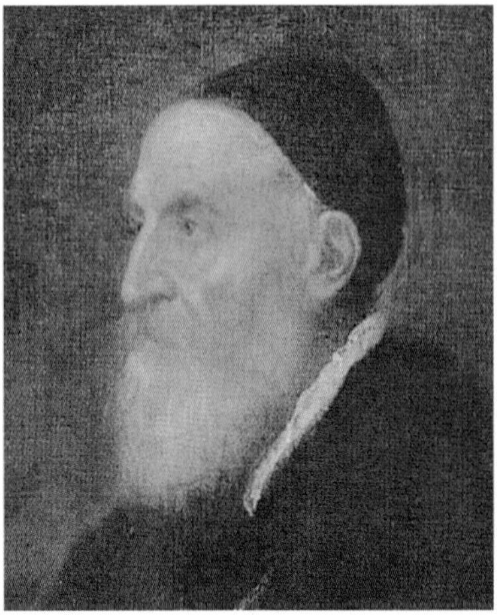

〈자화상〉(부분) 티치아노 베첼리, 1567년경

'잉여' 가 아닐 것이다. 거기에는 동물 형상에는 들어 있지 않은 새로운 정보가 담겨 있기 때문이다. 그 추가적 정보란 물론 티치아노의 개인과 가족에 관한 정보이다. 그리하여 파노프스키는 이 작품이 "늙은 장인과 가부장이 자신의 후손들을 위한 준비를 하던 시기의" 개인적 기록이라고 해석한다. 한마디로 이 그림이 자신의 후손들에게 남기는 티치아노의 회화적 유언장이라는 것이다. 여기서 그는 아주 '낭만적 상상' 으로 훌쩍 날아가 버린다.

> 낭만적 상상으로 빠져들어도 된다면, 우리는 그것이 중요한 서류나 다른 귀중품을 보관하는 데 사용되던 작은 벽장 금고를 덮어

서 감추기 위해 제작되었다고 상상할 수도 있을 것이다.[5]

마지막으로 파노프스키는 예술 작품에서 내용과 형식은 서로 분리될 수 없다는 점을 지적한다. 회화에서는 색과 선, 빛과 그림자와 같은 형식적 요소들마저 그저 시각적 차원을 능가하는 내용적 의미를 갖는다. 다시 그림을 보라. 노인의 프로필은 그늘에 묻혀 있다. 정면을 바라보는 장년의 얼굴은 표준적인 조명을 받고 있다. 반면 젊은이의 프로필은 너무 강한 조명을 받아 외려 창백해 보인다. 흘러간 과거는 이미 어렴풋하고, 현재는 매우 강렬하며, 오지 않은 미래는 아직 희미하다. 이 명암의 놀이가 시제의 표현을 강화시켜주는 셈이다.

스핑크스와 오이디푸스

다시 저 작품을 낳은 시대의 정신적 근원으로 거슬러 올라가 보자. 1419년 유럽에서는 우연히 호라폴로(Horapollo, 5세기)의 저서 《상형문자(Hieroglyphica)》가 발견된다. 이 책은 이집트인들이 상형문자를 어떤

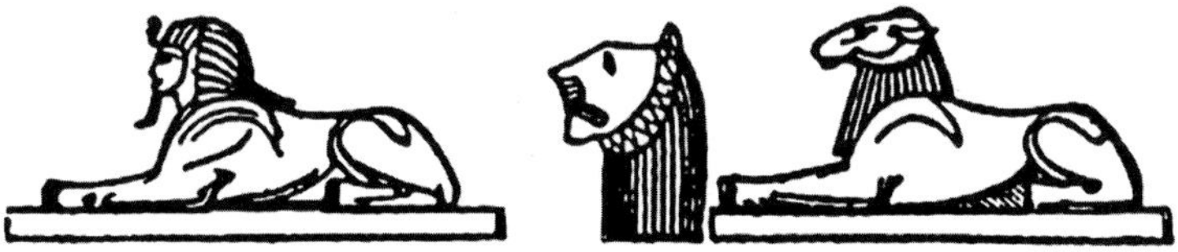

ιθ. Πῶς ἐγρηγορότα γράφουσιν.

《상형문자》 속의 삽화, 호라폴로, 1419년

식으로 사용했는지 구체적 용례들을 담고 있다. 가령 '신중한 사람'을 이집트인들이 어떻게 묘사했는지 보자. "신중한 사람을 가리키기 위해, 그들은 사자의 머리를 그렸다. 왜냐하면 사자는 깨어 있을 때는 눈을 감고, 잠들었을 때는 눈을 뜨고 있는데, 이것은 감시의 상징이기 때문이다."[6] 오늘날 우리 눈으로 볼 때는 물론 터무니없는 해석이다. 5세기경에는 이미 이집트의 그 누구도 제 선조들이 쓴 상형문자를 이해할 수가 없었던 것이다.

그럼에도 불구하고 (저 스스로 상형문자를 이해하지 못했던) 이 이집트의 마지막 사제가 상상력을 동원해 저술한 이 책은 당시의 인문주의자들 사이에 고대 이집트에 대한 커다란 열광을 불러일으킨다. 이 열광에서 그와 유사한 엠블렘 서적들이 쏟아져 나오는 것은 시간 문제였다. 당시에 쏟아져 나온 엠블렘 서적들 중에서도 특히 그 결정판이라고 할 수 있는 알키아티(Andrea Alciati, 1492~1550년)의 《엠블레마타(Emblemata)》는 16~17세기에 유럽 지식인들의 정신세계를 결정적으로 각인한다. 티치아노의 〈신중함의 알레고리〉 역시 당시에 널리 퍼져 있던 이 엠블렘 정신(emblematic spirit)에서 탄생한 것이라 할 수 있다.

이 작품에는 '알레고리'라는 제목이 붙어 있으나, 실은 알레고리와 엠블렘은 성격이 다르다. 알레고리는 눈에 보이지 않는 추상적 관념을 눈에 보이는 가시적 형상으로 표현한다. 가령 중세의 성화는 대중의 이해를 돕기 위해 알레고리를 사용했다. 반면 근대의 엠블렘은 거꾸로 단순한 것을 복잡하게, 명백한 것을 불명료하게 만들어놓는다. 어떤 의미에서 엠블렘은 수수께끼를 닮았다. 가령 수수께끼의 물음은 매우 복잡

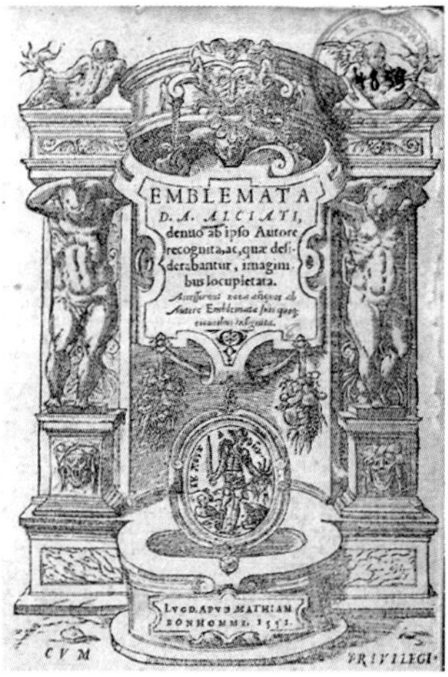

《엠블레마타》의 표지, 안드레아 알키아티,
연대 미상

하고 어렵게 느껴지나, 알고 보면 정답은 매우 쉽고 단순하지 않은가. "아침에 네 발, 점심에 두 발, 저녁에 세 발로 다니는 것은 무엇인가?" 스핑크스는 단순한 것을 어렵게 표현한다. "그것은 인간이다." 오이디푸스는 어려운 것을 단순한 것으로 되돌린다.

전설에 따르면 오이디푸스가 문제를 풀자 스핑크스는 부끄러워 나일강에 몸을 던졌다고 한다. 이것은 매우 상징적인 사건이다. 그것은 스핑크스가 지배하던 어둡고 혼란한 정신의 시대가 지나고, 오이디푸스가 통치하는 밝고 투명한 이성의 시대가 시작되었음을 의미하기 때문이다. 그리하여 철학자 헤겔은 스핑크스라는 형상이 자연 상태에서 벗어나려는 인간의 노력을 상징한다고 해석한다. 헤겔과 같은 이성주의자에게 완전한 인간이란 오이디푸스일 것이다. 반면 수수께끼는 성숙

하지 못한 반인반수의 정신으로 여겨질 것이다. 한마디로, 인간이 인간으로서 완전히 성숙해지려면 모름지기 명료한 이성을 가져야 한다는 얘기다. 하지만 과연 그럴까?

흥미로운 것은, 엠블렘이 성행하던 16~17세기가 하필 유럽의 정신이 '명석판명함'을 추구하던 시대와 일치한다는 사실이다. 이는 역설이 아닐 수 없다. 이를 어떻게 이해해야 할까? 16~17세기는 이처럼 명확함에 대한 욕망과 혼란함에 대한 욕망이 어지럽게 혼재하던 수수께끼 같은 시대였다. 사실 복잡함과 단순함, 명확함과 불명료함의 역설적 결합이야말로 수수께끼의 본질이 아닌가. 헤겔의 믿음과 달리, 인간의 성향은 애초에 오이디푸스가 아니라 스핑크스에 가까운지도 모른다. 우리가 이 명료한 이성의 시대에 여전히 티치아노의 수수께끼 같은 그림에 매료당하는 것은 바로 그 때문이 아니겠는가.

엠블렘이냐 도상학이냐

공교롭게도 티치아노의 그림에도 인생의 아침, 인생의 점심, 인생의 저녁이 묘사되어 있다. 말하자면 티치아노의 그림 안에 스핑크스가 행인들에게 낸 수수께끼가 담겨 있는 셈이다. 한편, 이 작품을 대하는 파노프스키의 태도는 마치 수수께끼를 푸는 오이디푸스처럼 느껴진다. 그의 설명은 너무나 명료하여 반박의 여지조차 남기지 않는다. 그것을 읽으면, 그로써 작품에 대한 해석이 최종적으로 완료된 것 같은 느낌을 받게 된다. 수수께끼는 정답을 알고 나면 시시하게 느껴지는 법. 우리의 오이디푸스에게서 정답을 듣는 순간, 실제로 티치아노의 작품을 감싸고 있던 신비스러운 분위기는 허무하게 사라져버리는 느낌이 든다.

그래서일까? 파노프스키가 예술 작품의 의미를 마치 상자에 든 물건을 다루듯이 했다는 볼멘소리도 나온다.[7] 하지만 그것은 파노프스키의 문제가 아니라, 도상학 또는 도상해석학 자체의 문제일 것이다. 미술사학자 오토 패히트(Otto Ernst Pächt, 1902~1988년)에 따르면, 도상학자들의 고질병은 모든 그림의 바탕에는 원본이 되는 문학적 텍스트가 있다고 가정하는 데 있다. 그들은 "조형예술은 그 어느 것도 스스로 창안할 수 없고, 그저 다른 정신적 영역에서 이미 창안된 것을 도해할 뿐이라고 선험적으로 확신한다."[8]는 것이다. 이 작품에 대한 파노프스키의 해석 역시 그 범주에서 벗어나지 못한 게 아닐까?

오토 패히트의 지적대로, 도상학자들은 중세 회화에나 적용되는 독법을 근대의 회화에까지 무차별적으로 적용시키고 있는지도 모른다. 실제로 중세의 성화는 '마음이 가난한 자의 성경(biblia pauperum)', 즉 문맹들을 위한 일종의 그림책이었다. 그때 알레고리는 우매한 민중에게 추상적 개념을 구체적 형상으로 전달해주는 수단이었다. 하지만 그런 그림을 읽는 방법을 다른 시대에 제작된 작품들에까지 무차별적으로 적용시킬 수는 없잖은가. 사실 이 작품은 제목과 달리 알레고리보다는 외려 엠블렘에 가깝다. 그렇다면 거기서 억지로 텍스트를 읽어낼 게 아니라, 그냥 화가가 던지는 수수께끼의 놀이에 몸을 맡기는 게 나을지도 모르겠다.

파노프스키의 더 큰 문제는 도상학(iconography)에서 도상해석학

(iconology)으로 넘어가는 대목에서 나타난다. 각종 문헌을 동원해 도상학적 분석을 제공한 후, 그는 갑자기 '이 작품이 티치아노의 회화적 유언장이며, 유산이 담긴 금고를 가리는 덮개였을 것' 이라는 상상으로 비약한다. 이거야말로 무지막지한 해석의 폭력이 아닐까? 사실 티치아노가 저 작품을 '후손을 위한 준비' 로 그렸다고 볼 이유는 없다. '중요한 문서와 귀중품을 보관하는 벽장 금고를 덮던 덮개' 로 그렸다는 증거 역시 존재하지 않는다. 그런데 뭐하러 자신의 '낭만적 상상' 으로 관객의 해석을 특정한 방향으로 제한하려 하는가? 차라리 그 부분은 굳이 해석하지 않은 채로 내버려두고, 그로써 나일 강에 몸을 던진 스핑크스를 기리는 게 낫지 않을까?

1 Erwin Panofsky, Titian's allegory of prudence : a postscript in : *Meaning in the visual arts*, New York, 1955, pp. 146~168

2 위의 책, p. 149에서 재인용.

3 Diogenes Laertius, *De vitis, dogmatibus et apophthegmatibus clarorum philosophorum, III*, 71. 위의 책, p. 150에서 재인용.

4 David Richards, *Masks of difference*, Cambridge University Press, 1995, p. 14

5 Erwin Panofsky, p. 166

6 Horapollo Nilous, *The Hieroglyphics Of Horapollo Nilous* (tr. Alexander Turner Cory), 1848, p. 40

7 Stephen Bann, Meaning/Interpretation in : Robert S. Nelson, Richard Shiff(ed), *Critical terms for art history*, University Of Chicago Press, 2003, pp. 128~142를 참조.

8 Otto Pächt, Kritik der Ikonologie in : Ekkehard Kaemmerling (hrsg.), *Ikonographie und Ikonolgie : Theorien, Entwicklung, Probleme*, DuMont Buchverlag Käln, 1979, pp. 353~376

10

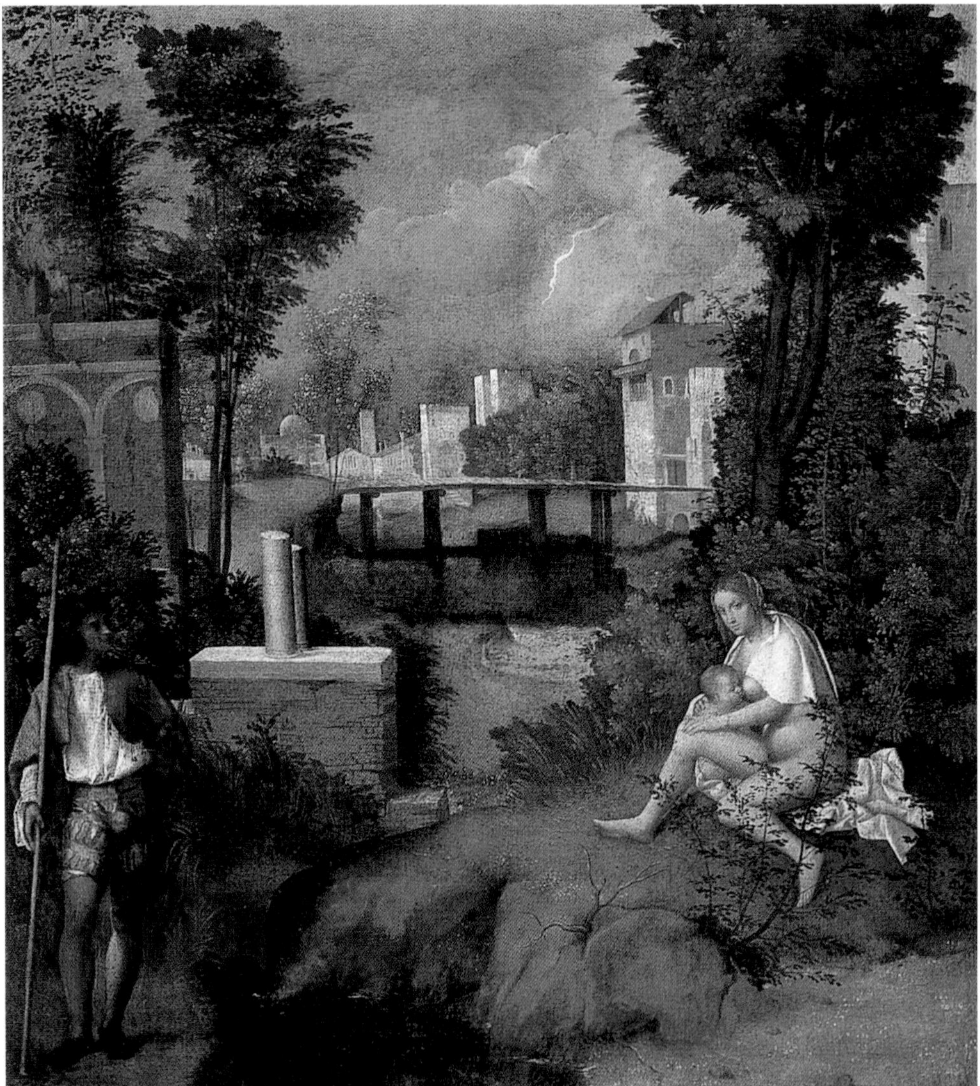

〈폭풍우〉 조르조네,
1508년경

해석의 바벨탑

시선은 먼저 오른쪽의 벌거벗은 여인을 향한다. 여인은 아기를 안고 물가의 작은 둔덕에 앉아 있다. 그 맞은편으로 긴 막대를 든 사내가 눈에 들어온다. 사내의 눈길은 여인 쪽을 향하나, 그 시선이 여인에게 닿을 것 같지는 않다. 남자와 여자 사이로 조그만 단이 보이고, 그 위로 두 개의 기둥이 서 있다. 두 기둥은 하늘로 올라가다가 도중에 뚝 끊기고 만다. 시내를 가로질러 놓인 다리 너머로 저 멀리에 이름을 알 수 없는 도시의 풍경. 그 위로 하늘이 심상치 않다. 시커먼 먹구름이 천둥과 번개를 데리고 도시를 덮친다. 그것으로 보아 인물들이 있는 곳의 목가적 평온도 머지않아 깨질 것 같다. 저것은 무엇의 전조(前兆)일까?

조르조네(Giorgione, 1477/9~1510년)의 〈폭풍우〉. 19세기 중엽 베네치아의 팔라초 만프린에서 이 작품이 처음 공개됐을 때, 대중은 크게 당혹스러워했다. 그림 속의 인물이 누구인지 특정할 수 없었기 때문이다. 전문가는 물론이고 아마추어들까지 다양한 해석을 봇물처럼 터뜨린 것은 당연한 일. 어느 미술사학자가 세어보니 이제까지 이 작품에 대해 내려진 해석이 무려 스물여덟 가지란다. 작품을 놓고 해석이 갈리는 일은 종종 있다. 하지만 그것도 두세 가지의 충돌이지, 무려 스물여덟 가지 해석이 난무하는 경우가 또 있던가? 누구 말대로 이 작품은 미술사의 "괴물스러운 작품들 중에서 가장 괴물스러운" 작품이다.

다시 그림을 보자. 가장 먼저 눈에 들어오는 것은 인물과 풍경의 비례이다. 첫눈에 보아도 그림 전체에서 풍경이 차지하는 비중이 매우 크다. 르네상스 시대에는 풍경이 아직 독립된 장르로 확립되지 않았기에, 이처럼 풍경이 인물을 제치고 전면에 부각되는 것은 흔한 일이 아니었다. 이 작품이 '풍경화'의 역사 속에서 중요하게 논의되는 것은 그 때문일 게다. 한편, 인물이 있는 전경과 도시가 있는 후경의 충돌도 예사롭지 않다. 전경의 분위기는 목가적이나, 후경의 분위기는 불길하다. 극명한 대조를 이루는 이 두 장면이 한 화면에 공존한다. 둘 사이에는 대체 어떤 의미의 연관이 있을까?

제재를 찾아서

간단히 주요한 해석부터 살펴보자. 품에 아기를 안은 저 여인은 거의 자동적으로 성모 마리아를 연상시킨다. 그럼 건너편의 사내는 당연히 요셉일 것이다. 이 연상에 기초하여 어떤 이들은 이 작품의 제재가 '이집트로의 도피'라고 잘라 말한다. 《신약성경》에 따르면, 헤롯은 베들레헴으로 군대를 보내 그곳의 모든 영아를 학살한다. 물론 요셉과 마리아는 그 직전 천사의 경고를 받고 헤롯의 군대가 당도하기 전에 베들레헴을 떠난다. 지금 성가족은 이집트로 피신하는 중에 잠시 휴식을 취하는 중이다. 그렇다면 저 멀리 도시 위의 폭풍우는 헤롯의 군대가 베들레헴에서 저지르는 영아 학살을 암시할 것이다.

성경이 아니라 신화에서 취한 제재라는 주장도 있다. 트로이의 왕자 파리스는 '장차 나라를 멸망시킬 운명' 이라는 예언에 따라 태어나자마자 목숨을 잃어야 했다. 하지만 차마 그를 죽일 수 없었던 왕의 목부(牧夫) 아겔라우스는 그를 그냥 들판에 버려둔다. 곰의 젖을 먹고 살아남은 파리스는 아흐레 만에 아겔라우스에게 다시 발견되어 그의 집에서 목동으로 자라나게 된다. 그 후에 무슨 일이 벌어졌는지는 굳이 말할 필요가 없을 것이다. 만약 그렇다면, 저 사내는 목부 아겔라우스, 아기는 트로이의 왕자 파리스, 여인은 그에게 젖을 준 유모이다. 그리고 저 멀리 배경에 보이는 도시는 트로이, 그 위로 몰아치는 폭풍우는 앞으로 닥칠 도시의 운명을 암시할 것이다.

실제로 조르조네는 이 제재로 그림을 그린 적이 있다. 지금은 사라져 버렸지만, 그 그림이 어땠을지 네덜란드의 화가 테니르스(David Teniers, 1610~1690년)의 모작을 통해 짐작할 수 있다. 맨 오른쪽의 사내는 기다란 막대를 들고 있다. 파리스를 주워서 키운 목부 아겔라우스일 게다. 하지만 이 그림에는 유감스럽게도 시내가 등장하지 않는다. 〈폭풍우〉의 여인은 물가에 앉아 있지 않았던가. 여기서 또 다른 해석이 나온다. 물과 연관되어 있는 것으로 보아, 저 여인은 파리스의 첫사랑이자 첫 부인으로 헬레나 때문에 남편에게 버림을 받은 물의 요정 오에노네라는 것. 그렇다면 막대를 든 사내는 그녀의 남편 파리스일 것이다.

가장 널리 읽히는 해석은 이탈리아의 고미술학자 살바토레 세티스(Salvatore Settis, 1941~)의 것이리라. 그는 조르조네의 〈폭풍우〉에 '감

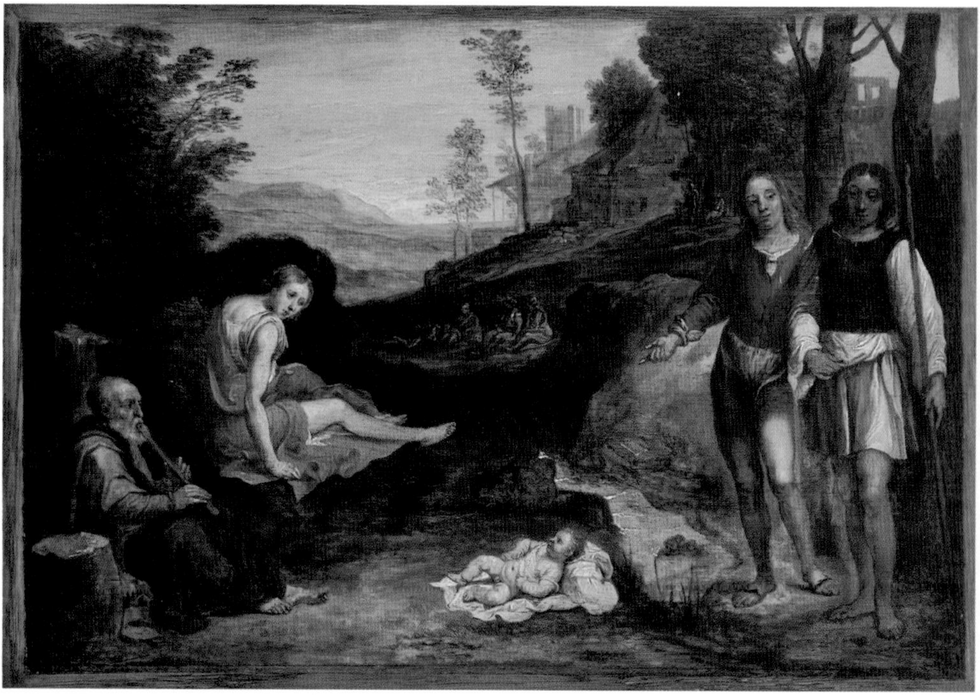

〈파리스의 발견〉(조르조네 원작의 모작) 데이비드 테니르스,
연대 미상

추어진 제재'가 '낙원 추방'이라고 주장한다. 신은 최초의 인간들을 낙원에서 추방하며 그들에게 형벌을 내렸다. 그의 분석에 따르면, 결국 왼쪽의 사내는 아담, 오른쪽의 여인은 이브, 그의 품에 안긴 것은 카인이 된다. 또한 저 멀리 보이는 도시는 '잃어버린 낙원'일 것이며, 그 위로 내리치는 천둥과 번개는 헤브라이즘과 헬레니즘 문화 모두에서 신의 진노를 상징한다. 제단 위에 세워진 끊어진 두 기둥은 물론 최초의 인간들이 원죄의 대가로 받게 된 가장 큰 형벌, 즉 '죽음'을 의미할 것이다.[1]

해석의 바벨탑

제재를 찾는 시도는 여기서 멈추지 않는다. 그림 속의 여인은 물가에 앉아 있다. 이를 근거로 이 그림이 파라오의 딸 비티아가 물에서 모세를 건져내는 장면이라고 주장하는 이도 있다. 이 경우 건너편의 사내는 대천사 가브리엘이 될 것이다. 다시 이를 이교적 신화와 연관시키는 견해도 있다. 거기에 따르면, 저 남녀는 오비디우스의 《변신이야기(Metamorphoses)》에 나오는 데우칼리온과 퓌라이다. 신들이 대홍수를 내려 절멸하려 했을 때 데우칼리온은 프로메테우스의 경고에 따라 아내 퓌라와 함께 방주를 짓는다. 살아남아 현생 인류의 선조가 된 이 부부는 대지에서 물이 빠져나가는 것을 보면서 오랜만에 휴식을 취하는 중이다.

작품의 제재가 로마의 시인 스타티우스(기원전 45~서기 96)의 《테바

이스(Thebais)》에서 나왔다는 주장도 있다. 이 경우 사내는 아르고스의 왕 아드라스투스, 여인은 고국에서 쫓겨난 렘노스의 여왕 힙시필레가 될 것이다. 그런가 하면 막대를 든 저 사내가 성(聖) 테오도르라고 주장하는 이도 있다. 기독교 전설에 따르면, 어느 날 그리스도가 이 베네치아의 수호성인의 환상 속에 나타나 그에게 도시를 지배하는 용을 물리치고 이교도의 신전을 불태우라고 명했단다. 이 경우 배경의 도시 건물은 성 테오도르가 폐허로 만들었다는 이교도의 신전, 맞은편의 여성은 악의 도시에서 성인이 구출해낸 여인일 것이다.

해석은 이렇게 역사화(istoria)의 두 축인 성경과 신화 사이를 오간다. 하지만 제재가 된 문헌을 찾는 대신에 새로운 해석을 지어내는 이들도 있다. 어떤 이는 이 작품을 후원자인 벤드라민 가문의 신화와 연관시킨다. 이 베네치아의 가문은 자신들이 머나먼 근동의 셈족, 즉 페니키아의 후손이라는 믿음을 가지고 있었던 모양이다. 이 해석에 따르면, 사내는 생명의 지배자인 바알 신, 여인은 대지의 어머니인 아스트라테 신이다. 그런가 하면 저것이 '조르조네의 가족'이라는 견해도 있다. 실제로 이 작품이 처음 공개됐을 때 베네치아의 시민은 저 사내의 모습을 본떠 조르조네의 동상을 만들어 세우기도 했다.

성경이나 신화 속의 구체적 인명과 연관시키는 대신에 그림 속의 인물들을 어떤 추상적 관념의 상징으로 푸는 해석들도 있다. 어떤 이는 〈폭풍우〉가 가족의 드라마, 말하자면 출산과 죽음의 고통을 상징한다고 주장한다. 다른 이는 이 작품이 남자로 표현되는 삶의 능동성과 여인으로 표현되는 수동성의 알레고리라고 주장한다. 또 다른 이는 이 작품이 전경의 평온함과 후경의 난폭함, 남성의 능동성과 여성의 수동성이라는 모순적 요소를 하나로 결합시켜 '대립물의 조화'를 표현한 것이라고 주장한다. 이 모두가 단 하나의 작품에 대해서 내려진 해석들이다. 그야말로 '해석의 바벨탑'이라고 할 수 있지 않은가?[2]

역사화에서 풍속화로

여기에서 당연히 이런 의문이 떠오른다. '도대체 제재가 있기는 한 걸까?' 미술사학자 안토니오 모라시(Antonio Morassi, 1893~1976년)는 이 그림이 의도적 수수께끼(enigma)일 가능성을 제시한다. 당시 베네치아와 피렌체의 예술 애호가들은 실제로 남들이 쉽게 이해하지 못하게 제재를 위장하는 취향을 갖고 있었다. 공공 예술이야 만인에게 이해되어야 하지만, 사적으로 소장하는 작품이야 그럴 필요가 없잖은가.[3] 이 작품이 그런 종류의 지적 유희(=그림 퍼즐)라면, 갑자기 작품의 성격 자체가 달라진다. 이 경우 작품은 더 이상 역사화(istoria)가 아니라 풍속화(genre)일 것이기 때문이다.

《페이터의 산문》으로 잘 알려진 월터 페이터(Walter Pater, 1839~1894년)의 주장은 약간 뉘앙스가 다르다. '조르조네 화파'라는 글에서 그는 "그들의 작품은 그려진 시(詩)인데, 그것들은 분절된 이야기(articulated story) 없이 자신을 말하는 그런 시에 속한다."고 말한다. 그것들의 매력은 "단순한 제재를 억누르거나 모호하게 함으로써 오성이 쉽게 추적할 수 없는 방식으로 의미가 다가오게 하는" 데 있다는 것이다.[4] 페이터는 이렇게 화가가 제재를 억누르거나 모호하게 했을 가능성과 더불어, 작품에 아예 제재(=분절된 이야기)가 없을 가능성까지 시사한다.

페이터의 말대로 저 그림에 제재가 없다면, 그림 속의 남녀는 성경이나 신화가 아니라 현실의 인물일 것이다. 이 경우 〈폭풍우〉는 역사화가 아니라 일종의 풍속화일 것이다. 따라서 거기에는 어떤 식으로든 당대 베네치아의 생활이 반영되어 있을 것이다. 실제로 당시 베네치아의 부유한 시민들은 도시의 바깥에 별장을 마련해놓고 전원생활을 즐겼다. 〈폭풍우〉에 등장하는 사내의 복장은 분명히 시골 사람의 것이 아니다. 그 복장은 사내가 서 뒤로 보이는 도시에서 왔음을 시사한다. 이 작품은 조르조네(또는 티치아노)가 그린 것으로 추정되는 〈전원 콘서트〉를 연상시킨다. 여기서도 사내들은 옷을 입고 있고, 여인들은 옷을 벗고 있다.

이런 그림은 물론 민감한 문제를 낳을 수 있었다. 당시에는 오직 성경이나 신화 속의 인물들만이 누드로 묘사될 자격이 있었기 때문이다. 우리는 고야가 마야 부인을 누드로 그렸을 때, 어떤 스캔들이 일어났는지 알고 있다. 마네도 마찬가지였다. 마네의 〈풀밭 위의 점심〉은 조르조네의 영향을 받았을 것이다. 조르조네가 이들보다 수백 년 앞서 저런 대담함을 보여줄 수 있었던 것은, 저 그림을 마치 역사화처럼 연출했기 때문일 게다. 저 여인들은 왠지 신화 속의 여신처럼 보이지 않는가? 물론 그것은 트릭이다. 신화적 제재를 가장함으로써 조르조네와 그의 후원자는 당대에는 허용되지 않았던 외설적 장면을 은밀히 즐길 수 있었던 것이다.

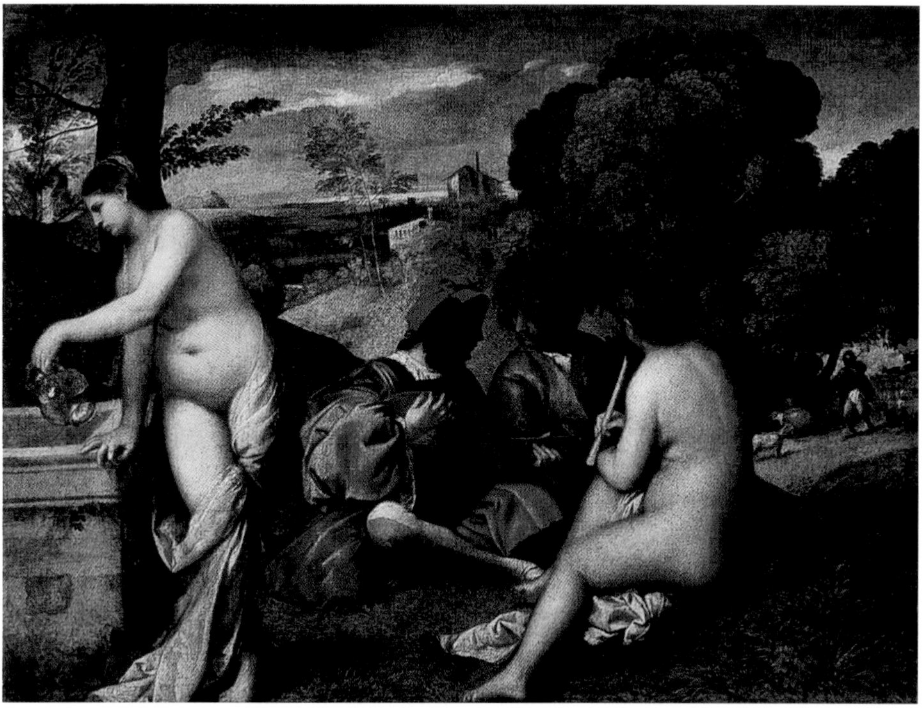

〈전원 콘서트〉 조르조네, 1510년

〈풀밭 위의 점심〉 에두아르 마네, 1863년

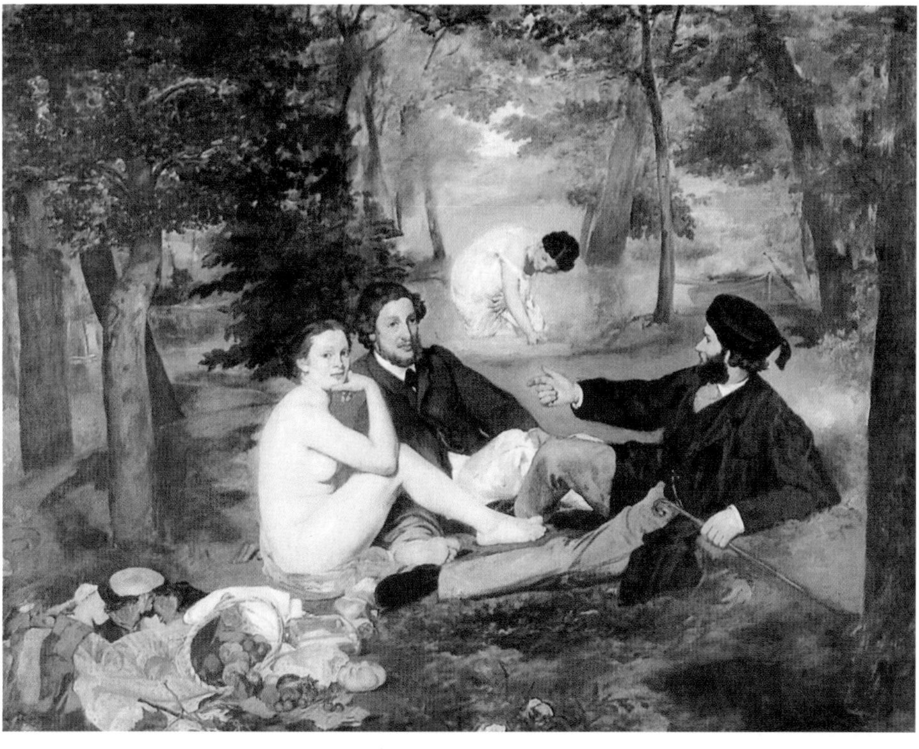

역사화에서 풍경화로

미술사학자 리오넬로 벤투리(Lionello Venturi, 1885~1961년) 역시 저 작품에 인물들과 관련된 제재는 없다며 대신 저 작품의 제재로 완전히 다른 것을 제시한다. "제재가 있다면 그것은 자연이다. 남자, 여자, 아기는 그저 자연의 요소, 그것도 그다지 본질적이지 않은 요소에 불과하다." 이는 〈폭풍우〉에 대한 당대의 기록과도 일치한다. 가령 당시의 감식가 마르칸토니오 미키엘(Marcantonio Michiel, 1484~1552년)은 1530년에 이 작품을 "폭풍, 집시와 병사가 있는 캔버스 위의 작은 풍경화"라 불렀고, 1569년에 작성된 벤드라민 컬렉션의 목록에도 이 작품은 "다리가 있는 작은 풍경 속의 집시와 목부"로 기술되어 있다. 두 기록 모두 이 작품이 풍경이며 인물은 거기에 딸린 요소에 불과하다고 말한다.[5]

벤투리는 특히 도시 위로 몰아치는 폭풍우에 주목한다. 이를 루카스 크라나흐(Lucas Cranach, 1472~1553년)의 그림에 등장하는 뇌우와 비교해보라. 이 차이는 물론 자연을 이해하는 관념의 차이다. 과거에 자연의 재앙은 곧 신의 분노였다. 크라나흐의 그림은 여전히 이 중세적 관념을 담고 있다. 반면 조르조네의 하늘에는 신이 없어 보인다. 신이 떠난 하늘은 매우 사실적으로 묘사된다. 거기에 담긴 것은 변화하는 자연의 한순간. 예전에 자연의 변화를 묘사하는 수준은 (성무일과서에서처럼) 열두 달의 풍경을 열두 장에 나누어 그리는 정도였으나, 조르조네의 그림은 폭풍우라는 일시적 현상, 그것도 번개가 하늘을 가르는 순간을 포착하고 있다.

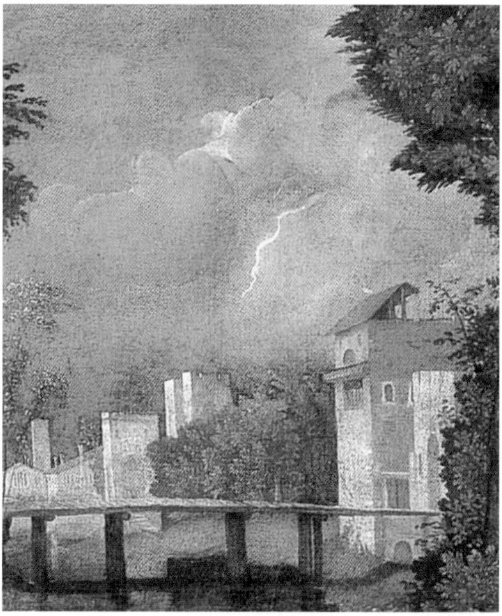

〈폭풍우〉(부분) 조르조네,
1508년경

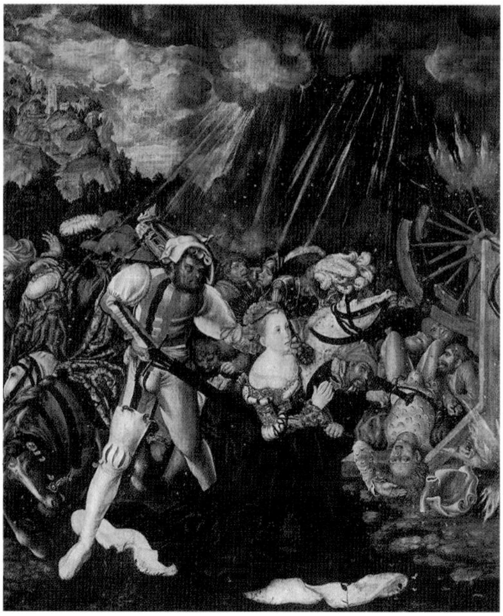

〈성 카타리나의 순교〉(부분) 루카스 크라나흐,
1504~1505년

과거에 풍경은 그저 역사화 속에 묘사되는 사건에 공간을 제공해주는 배경일 뿐이었다. 하지만 1500년을 전후하여 풍경은 서서히 자립적 장르로 독립하기 시작한다. 이는 물론 자연에 대한 관념의 변화와 관련이 있다. 과거에 인간은 신을 통해서 자연을 지배하려 했다. 하지만 신이 떠난 세상에서 인간은 이제 자연을 직접 대면해야 한다. 그러다 보니 당연히 자연에 대한 관심이 높아지고, 자연 자체가 회화의 제재가 될 수 있었던 것이다. 이미 뒤러와 알트도르퍼는 제재가 없는 풍경을 그린 바 있다. 이들과 더불어 조르조네는 풍경을 회화의 독립적인 제재(sujét)로, 즉 회화의 또 다른 영웅으로 만든 최초의 화가에 속한다.

여기서 〈폭풍우〉의 의미가 얼마나 복잡한지 또 한 번 드러난다. 어떤 이들은 이 작품을 역사화로 여겨 그 안에서 열심히 제재를 찾는다. 어떤 이들은 이 작품을 풍속화로 보고, 거기서 당시 베네치아의 부유한 시민들의 생활을 읽는다. 그런가 하면 어떤 이들은 이 작품을 풍경화로 여겨, 조르조네를 뒤러나 알트도르퍼와 나란히 유럽 풍경화의 선구자로 만든다. 작품 속 인물의 정체를 둘러싼 논란은 여기서 작품 자체의 성격에 대한 논란으로 비화한다. 이 작품은 과연 무엇일까? 역사화? 풍속화? 아니면 풍경화? 어느 쪽으로도 대답하기 힘들다. 이 물음은 다시 제재의 '유무' 또는 '성격'에 관한 문제를 제기한다.

이야기 없는 이야기

어떤 이는 여기서 '반(反)제재'와 '비(非)제재'라는 흥미로운 대립을 도입한다. 가령 앞에서 소개한 안토니오 모라시는 조르조네의 〈폭풍우〉를 '의도적 에니그마' 라고 불렀다. 이는 원래 작품에 제재가 존재했는데 조르조네가 그것을 단번에 이해하기 힘들도록 애매하게 만들어놨다는 뜻이다. 이런 것을 '반제재' (anti-subject)라고 부르기로 하자. 반면 월터 페이터는 조르조네 화파의 작품에는 종종 '분절된 이야기' 가 없다고 말한다. 이는 조르조네가 처음부터 작품의 제재를 아예 설정하지 않았다는 뜻이다. 이를 '비제재' (not-subject)라고 부르자. 그렇다면 조르조네의 〈폭풍우〉는 반제재와 비제재 중에서 어느 쪽에 속할까?

가령 〈세 사람의 철학자〉를 보자. 각각 다른 연령으로 묘사된 세 인물은 동방 박사를 연상시킨다. 하지만 제목은 이들이 철학자라 말한다. 일설에 따르면, 노인은 플라톤이고, 나머지 둘은 그의 제자란다. 왼쪽 어둠에 묻힌 동굴의 의미도 모호하다. 그것은 동방 박사들이 예수의 탄생을 기다렸다는 그 동굴일 수도 있고, 플라톤의 비유에 나오는 그 동굴일 수도 있다. 엑스레이 검사를 해본 결과, 세 사내 중 하나는 원래 흑인으로 묘사되어 있었다고 한다. 이는 조르조네가 원래 동방 박사를 그리는 도중에 슬쩍 제재를 흐려버렸음을 보여준다. 그런 의미에서 이 작품은 제재를 위장하는 반제재에 속할 것이다.

〈폭풍우〉는 어떤가? 살바토레 세티스는 이 작품 역시 '반제재' 에 속한다고 말한다. 즉 원래 이 그림에는 제재가 존재했으나, 그림을 그리는 도중에 화가가 그 제재를 슬쩍 흐려놓았다는 것이다. 이는 물론 일부러 작품의 의미를 알아보기 힘들게 만드는 당시 베네치아 지식층의 취향에 따른 것이다. 이어서 세티스는 그 '감추어진 제재' 를 찾아낸다.

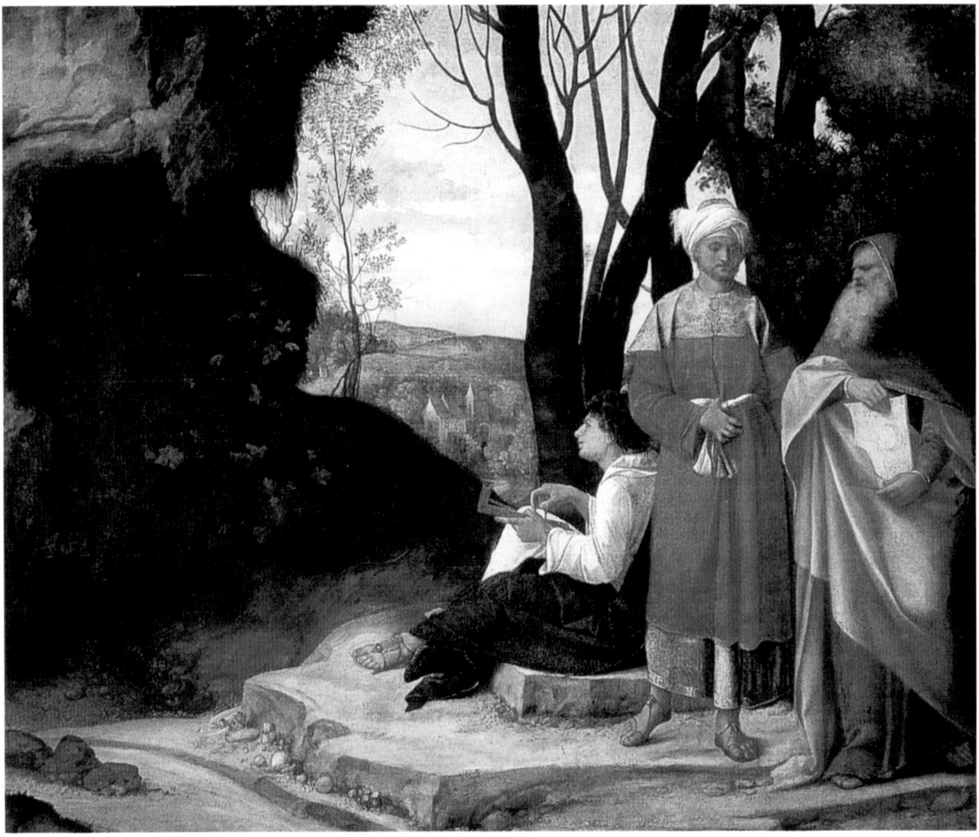

〈세 사람의 철학자〉 조르조네, 1505년경

그의 말에 따르면, 막대를 든 사내는 아담, 맞은편의 여인은 이브, 아기는 카인이다. 도시는 잃어버린 낙원, 폭풍우는 신의 진노, 끊어진 기둥은 그들의 죽음이다. 한마디로 〈폭풍우〉에는 원래 제재가 존재하며, 그것은 '낙원 추방' 이라는 성경적 모티프라는 얘기다. 과연 그럴까?

작품을 엑스레이로 검사한 결과, 사내가 서 있는 자리에는 원래 여성의 누드가 있었고, 건너편의 여인은 나중에 덧붙여진 것으로 드러났다. 이는 조르조네가 뚜렷한 제재 없이 출발한 후 서서히 제재 쪽으로 접근했음을 시사한다. 이는 반제재와는 정반대되는 방향이다. 설사 제재에 접근해도 그림 속의 사내는 아담, 파리스, 데우칼리온, 아드라스투스 등의 그 어느 쪽으로도 확정되지 않는다. 따라서 엄밀한 의미에서 제재라 부를 수가 없다. 조르조네는 이렇게 제재 없이 출발하여 제재에 접근하나 결국 아무 제재에도 이르지 못한다. 그런 의미에서 〈폭풍우〉는 비제재의 경우에 속한다고 할 수 있다.[6]

오성과 상상력의 유희

반제재이든, 비제재이든, 조르조네가 작품에 대한 명확한 해석을 의도적으로 피해간 것만은 분명하다. 단 하나의 작품을 놓고 쏟아져 나온 해석의 수와 그것의 놀라운 다양성을 생각해보라. 페이터의 말대로, 조르조네의 매력은 의미를 애매하게 처리함으로써 '지적 상상력' 을 자극하는 데 있을 것이다. 이 시각의 바탕에 깔려 있는 것은 물론 낭만주의 미학이다. 고전주의는 명료함을 추구하나, 낭만주의는 불명료함을 선호한다. 고전주의는 이성을 중시하나, 낭만주의는 상상력을 선호한다. 조르조네는 의미를 흐림으로써 해석을 보는 이의 상상에 맡겨버린다. 의미가 명확히 밝혀진 작품에는 상상의 여지가 없지 않은가?

칸트는 미적 체험을 '오성과 상상력의 유희'로 규정했다. 페이터는 그것을 '지적 상상력'이라 부른다. 역사적으로 이 작품에 대해 내려진 수많은 해석을 생각해보라. 그 각각은 어느 정도 작품을 설명해주나, 그 어느 것도 작품의 의미를 남김없이 드러내지 못한다. 또 다른 해석이 등장하여 감추어진 다른 의미를 드러내주나, 그 역시 또 다른 해석의 여지를 남기고 만다. 이어지는 다른 해석들도 결국 앞의 것들과 같은 운명에 처할 뿐이다. I_1, I_2, I_3, I_4 …… I_n. 늘 좌절하기에 결코 완료될 수 없는 이 해석의 무한한 연쇄. 그거야말로 칸트가 말한 '오성과 상상력의 유희'의 훌륭한 실례가 아닐까?

〈폭풍우〉가 현대의 관객을 매료시키는 것도 이 작품의 애매함과 관련이 있다. 고전 예술이 단의미(monosemie)를 지향한다면, 현대 예술은 의도적으로 다의미(polysemie)를 추구한다. 명확한 해석을 허락하지 않기에 현대 예술은 관객을 종종 짜증나게(irritating) 만든다. 이때 관객은 작품을 적절히 설명해줄 해석을 찾아 자신의 상상력을 발동시키고, 그로써 머릿속은 칸트가 '오성과 상상력의 유희'라 부른 상태로 들어간다. 이것이 현대적 예술 체험의 특성이다. 이 르네상스의 작품이 500년 뒤의 관객까지 매료시키는 것은, 거기서 현대성이 느껴지기 때문일 게다. 하지만 이게 혹시 우리에게 익숙한 예술 관념을 과거로 투사하는 오류는 아닐까?

살바토레 세티스의 말대로, 조르조네의 작품이 당대인들에게는 그렇게 신비하게 다가오지 않았을지도 모른다. 한 걸음 더 나아가 그는 당시 베네치아의 예술 애호가들은 어렵지 않게 이 작품의 제재를 알아봤을 거라고 말한다. 과연 그럴까? 물론 우리보다야 처지가 나았겠지만, 당대인들이라고 일부러 흐려놓은 제재를 첫눈에 알아차렸을 것 같지는 않다. 아니, 그 이전에 이 작품의 제재가 낙원 추방이라는 세티스의 해석도 실은 검증되지 않은 가설에 불과하지 않은가? 하지만 그의 지적대로, 16세기 르네상스의 작가를 억지로 18세기의 로맨티스트나 20세기의 모더니스트로 둔갑시킬 필요는 없다. 이제 그를 그의 시대로 돌려보내야 한다.

아르카디아에도 내가 있다?

조르조네를 이해하기 위해 그를 낳은 베네치아 휴머니즘의 '문화적 환경(cultural milieu)'에 주목하자. 당시에 베네치아의 부유한 시민 계급은 번잡한 도시의 성곽을 벗어나 즐겨 자연으로 나가곤 했다. 실제로 〈폭풍우〉 속의 사내는 목부처럼 막대기를 들고 있으나, 옷차림은 방금 도시에서 나온 듯 화려하지 않은가? '들리는 소음이라고는 지저귀는 새소리' 밖에 없는 전원생활에 대한 동경. 이는 멀리 그리스의 시인 테오크리투스(기원전 3세기)와 로마의 시인 베르길리우스(기원전 70~19년)로 거슬러 올라간다. 그들은 전원을 목동-시인들이 사는 이상향으로 상정했다. 그런 의미에서 조르조네의 〈폭풍우〉는 베네치아에서 부활한 그레코 로망의 전원시라 할 수 있다.

하지만 저 멀리서 밀려오는 시커먼 먹구름은 어떻게 설명해야 할까? 베네치아의 휴머니스트들은 로마 시인 루크레티우스(Titus Lucretius Carus, 기원전 99~55년)의 저서를 즐겨 읽었다. 그 지적 분위기에 속해 있던 조르조네 역시 그의 저서 《사물의 본성에 관하여(De Rerum Natura)》를 모르지 않았을 것이다. 이 책에 소개된 루크레티우스의 자연관이 〈폭풍우〉의 또 다른 배경이 되었다는 해석도 있다. 가령 〈폭풍우〉에서 조르조네는 "인류와, 무차별적인, 그러나 잠재적으로 폭력적인 자연 사이의 대립"을 묘사하고 있다. "잔인하도록 냉담한 자연에 알몸으로 노출된 인간." 이 모티프는 루크레티우스가 쓴 시의 핵심적 주제이기도 하다.[7]

이로써 목가적 풍경과 난폭한 하늘 사이의 대립이 설명된다. 남은 것은 저 알듯 모를 듯한 기둥의 정체이다. 거의 모든 해석이 고대의 폐허를 상징하는 저 기둥을 '죽음'과 관련시킨다. 목가적인 이상향에 불현듯 나타난 죽음의 존재. 이는 우리에게 게르치노(Guercino, 1591~1666년)와 푸생(Nicolas Poussin, 1594~1665년)의 그 유명한 작품을 연상시킨다. 〈아르카디아에도 내가 있다〉(게르치노, 1618~1622년 ; 푸생, 1637~1638년).

이렇게 그레코 로망의 아르카디아에 죽음의 모티프를 결합시킨 것은 야코포 산나차로(Jacopo Sannazaro, 1458~1530년)였다. 그의 시 〈아르카디아〉(1504년)를 통해 고대 전원시의 전통에 처음으로 근대적 바니타스 감정이 섞여 들어가기 시작한다. 조르조네가 이 나폴리 시인의 시를

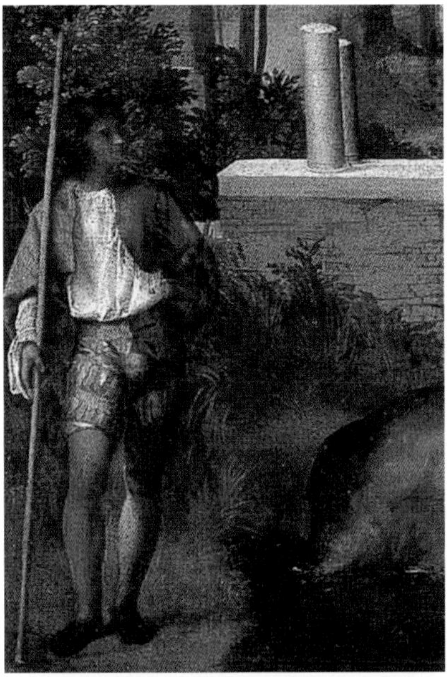

〈폭풍우〉(부분) 조르조네,
1508년경

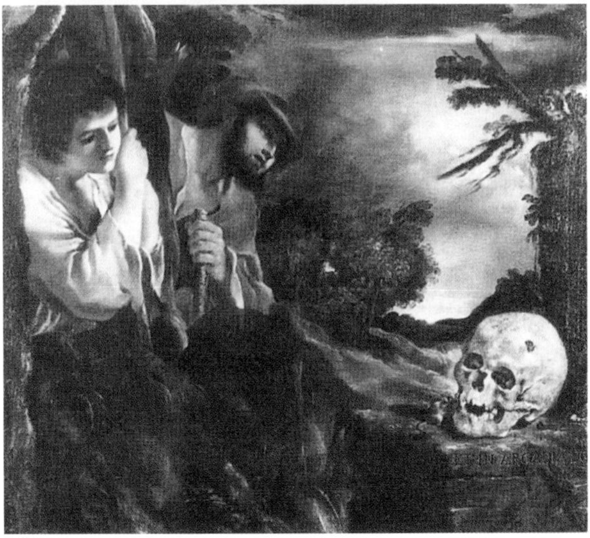

〈아르카디아에도 내가 있다〉 게르치노,
1618~1622년

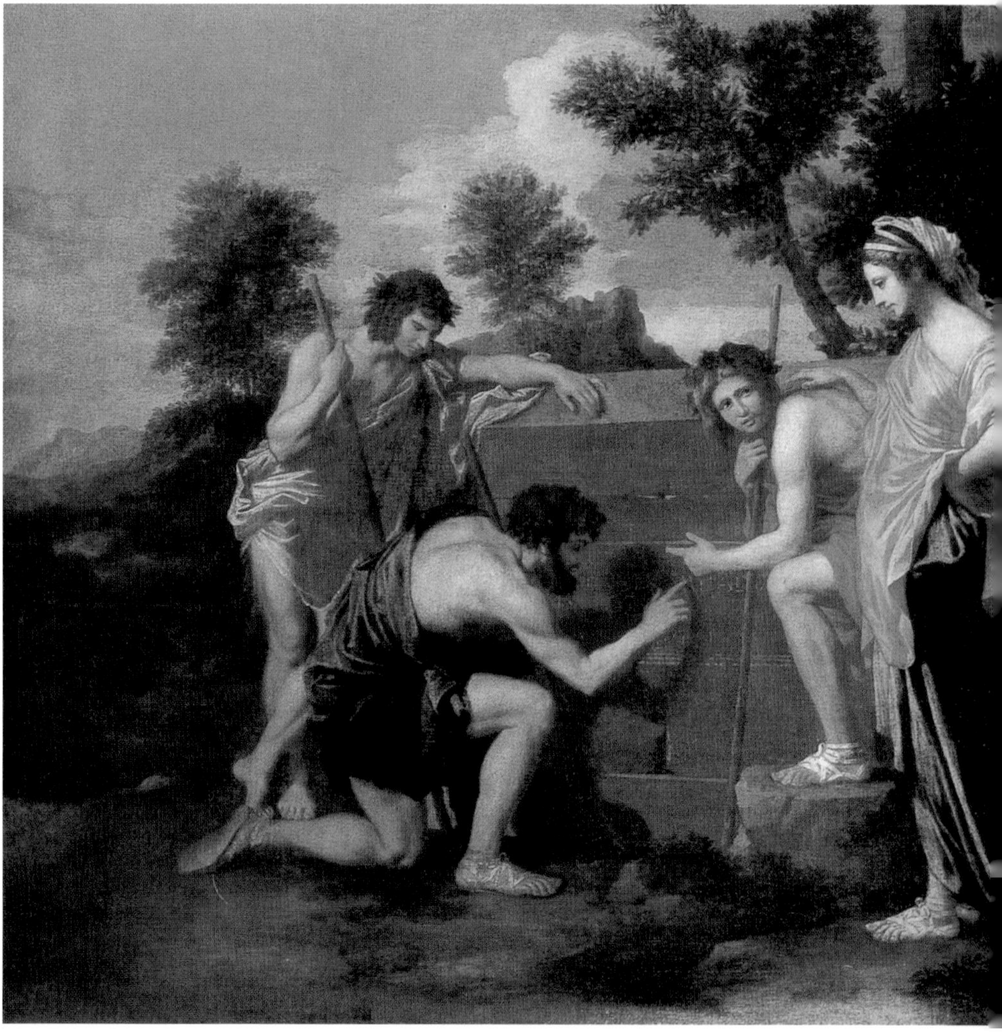

〈아르카디아에도 내가 있다〉 니콜라 푸생,
1637~1638년

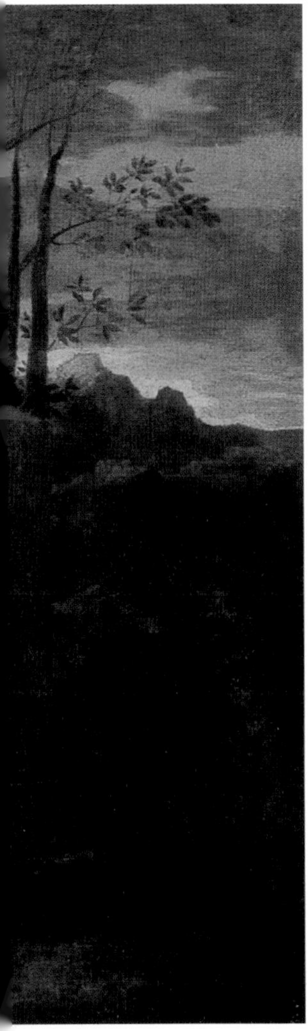

읽었을까? 알 수 없다. 한 가지 분명한 것은, 조르조네의 〈폭풍우〉에는 게르치노와 푸생이 100여 년 후에 표현할 어떤 세계 감정의 원형이 담겨 있다는 것이다. 그림을 보라. 끊어진 기둥 앞에 서 있는 조르조네의 목동. 조용히 두개골을 내려다보는 게르치노의 목동. 무덤에 새겨진 비명을 읽는 푸생의 목동. 너무나 비슷하지 않은가?

1 Salvatore Settis, *Giorgione's Tempest : Interpreting the hidden subject* (trans. by Ellen Bianchini) The university of Chicago press, 1990.

2 James Elkins, *Why are our pictures puzzles? : On the modern origins of pictorial complexity*, Routledge, 1999, pp. 123~154

3 Rose-Marie, Reiner Hagen, The man, the naked woman and the bolt of lightning in : *What great paintings say Vol. II*, Taschen, p. 111

4 Walter Pater, The school of Giorgione (1872) in : *The Renaissance : Studies in art and poetry*, Kessinger Publishing, 2004, pp. 67~79

5 Werner Busch (hrsg.), *Landschaftsmalerei*, Reimer Berlin, 1997, p. 78

6 James Elkins, p. 137

7 Stephen J. Campbell, Giorgione's Tempest, Studiolo culture, and the Renaissance Lucretius, in : *Renaissance Quarterly*, vol. 56 (2003), pp. 299~332

목이 긴 성모

11

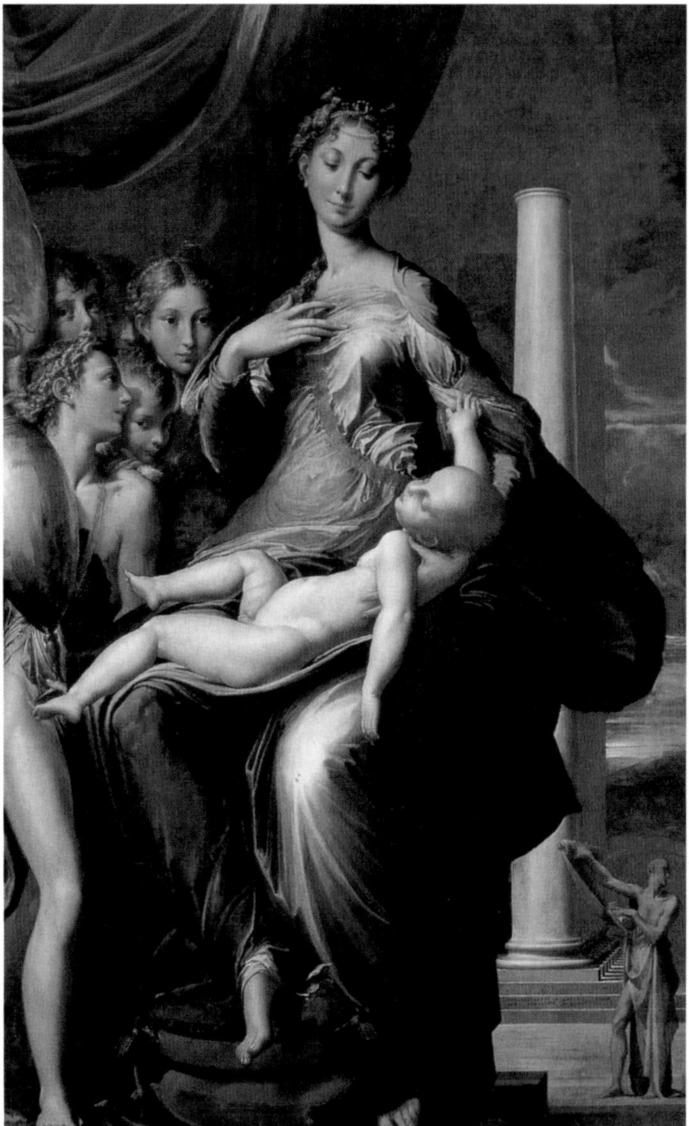

〈목이 긴 성모〉 파르미자니노,
1534~1540년

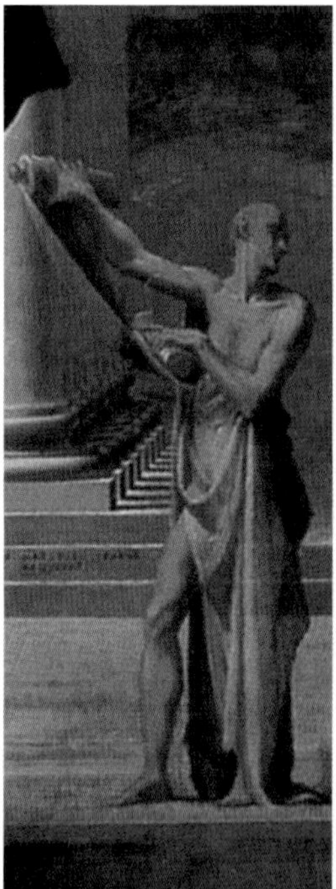

〈목이 긴 성모〉(부분) 파르미자니노,
1534~1540년

목이 긴 성모

피렌체의 '우피치' 미술관. 이탈리아 르네상스의 걸작들이 다 모여 있는 곳이다. 미리 예약을 하지 못한 바람에 기다란 줄의 관람객들 틈에 끼어 기약 없이 기다려야 했다. 예약을 하고 온 이들이 바로 입장하는 것을 부러운 눈으로 지켜보며 장장 네 시간 넘게 기다린 끝에, 해가 기웃거리는 저녁이 다 되어서야 간신히 입장할 수 있었다. 폐관까지는 겨우 한 시간. 그 많은 르네상스의 대작을 그냥 한눈으로 훑고 지나치다가, 마침내 미술관 한쪽 구석에서 꼭 보고 싶었던 작품 앞에 섰다. 파르미자니노(Parmigianino, 1503~1540년)의 〈목이 긴 성모〉. 이 작품이 걸려 있는 방의 입구에는 관객이 더 가까이 접근하지 못하도록 줄을 쳐 놓았다.

화면 왼쪽은 커튼이 드리워진 것으로 보아 실내로 보인다. 하지만 화면 오른쪽으로는 갑자기 툭 트인 공간에 신전의 풍경이 펼쳐진다. 저곳은 안인가, 밖인가? 안과 밖이 공존하는 이 독특한 공간 해석이 벌써 작품에 뭔가 알듯 모를 듯한 초현실의 분위기를 부여한다. 문제는 거기에 등장하는 도리스식 열주이다. 원근법에 따라 심하게 단축된 채로 묘사된 기둥들은 위로 올라갈수록 마치 하나로 합쳐지는 것 같은 느낌을

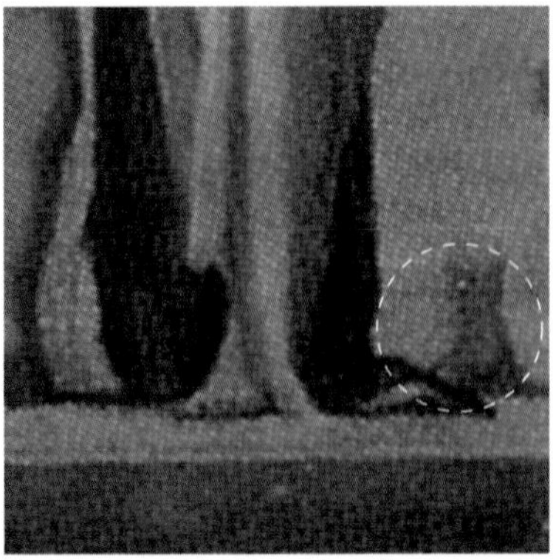

〈목이 긴 성모〉(부분) 파르미자니노,
1534~1540년

〈붉은 모델〉 르네 마그리트,
1937년

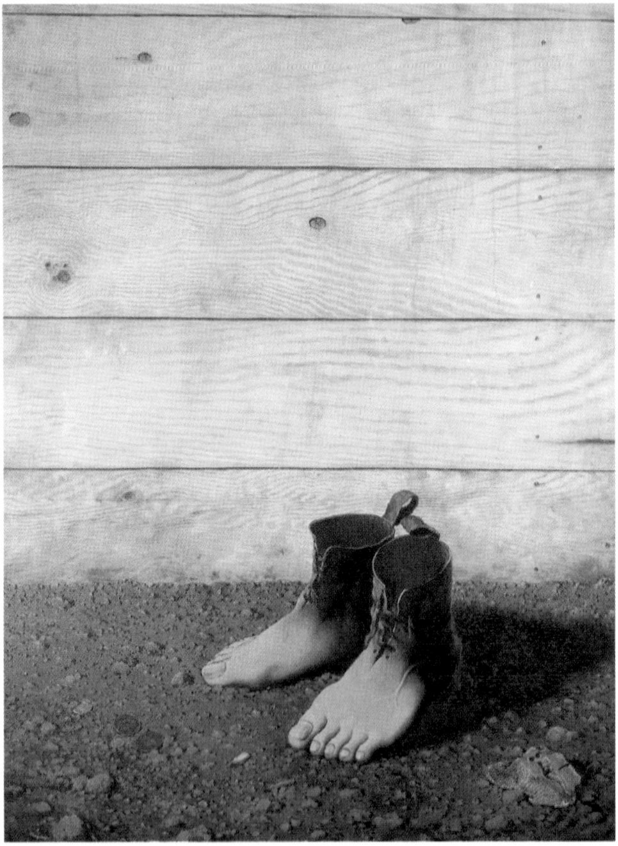

준다. 실제로 잠시 성모의 옷에 가렸다가 다시 나타난 것은 여덟 개의 열주가 아니라 단 하나의 기둥이다. 게다가 그놈은 기둥의 본분을 망각하고 아무것도 떠받치지 않고 있다.

기둥 옆에 제의적 몸짓을 하며 서 있는 저 사내도 궁금증을 자아낸다. 화가는 사내를 아주 작은 크기로 그려놓았다. 누구일까? 천 하나로 몸을 가린 사내는 이집트 왕궁의 서기, 또는 신전의 사제를 연상시킨다. 그의 왼쪽 발목 근처를 보면, 오른쪽으로 또 하나의 발이 눈에 들어온다. 몸통 전체가 뭉텅 잘려 나가고 발목 하나만 달랑 남았다. 그건 또 누구의 것일까? 아무튼 알 수 없는 저 인물의 발목은 마그리트의 작품 〈붉은 모델〉을 연상시킨다. 이 역시 작품에 초현실적인 느낌을 더해준다. 보면 볼수록 수수께끼 같은 그림이다. 데 키리코(Giorgio de Chirico, 1888~1978년)의 '형이상학적 회화(pittura metafisica)'와 비슷하다고 할까?

에셔와 파르미자니노

파르미자니노가 에셔(Maurits Cornelis Escher, 1898~1972년)보다 수백 년 앞서 그림에 패러독스를 도입했다고 주장하는 이도 있다. 실제로 〈목이 긴 성모〉는 에셔의 몇몇 작품을 연상시킨다.

가령 에셔의 판화 중에는 미술관 밖의 풍경을 묘사한 그림이 점점 확장되어 결국 그림 바깥의 관객까지 집어삼키는 그림이 있다. 안과 밖을 공존시킨다는 의미에서 이는 파르미자니노의 독특한 공간 해석과 닮은

데가 있다. 게다가 에셔의 끝없는 계단. 계단은 있으나 '올라감'도 없고, '내려옴'도 없다. 에셔의 계단은 놀고 있다. 계단이 사실상 사라져버린 셈이다. 이는 파르미자니노의 그림 속에서 열주가 사라지는 것을 연상시킨다.

> 관객을 애타게 하는 것은 기둥의 꼭대기까지 이루어진 조심스러운 명암 처리일 것이다. 이는 그 기둥들이 점차 사라지는 과정에 있음을 시사한다. 화가가 무슨 의도로 그렇게 했는지 머리를 썩혀야 소용이 없겠지만(특히 작가가 의도적으로 오류를 범한 것이라 믿고 싶어 한다면), 아무튼 거기에는 초현실주의적 병치의 효과가 있다. 말하자면 환상적으로 묘사된 성모가 나타났다 사라지는 도리스 열주들의 명백히 불가능한 배열의 존재로 인해 더 꿈처럼 느껴지는 것이다.[1]

그저 우연의 일치인지 모르겠지만, 에셔와 파르미자니노의 자화상 역시 둘 사이의 놀라운 유사성을 보여준다. 바사리에 따르면, 파르미자니노는 당시에 이발사들이 사용하던 볼록 거울을 이용해 자화상을 그렸다고 한다. 이를 위해 먼저 그는 나무로 구(球)를 반으로 쪼갠 모양의 반구(半球)를 만든 후에, 그것의 굽은 표면 위에 자신의 모습을 그려 넣었다. 한마디로 왜곡상(anamorphosis)의 기법을 사용한 것이다. 공교롭게도 400년 후의 에셔 역시 자화상을 구슬에 비친 모습으로 그린 적이 있다. 거울 쪽을 향해 뻗은 두 화가의 오른손이 머리보다 더 크다. 너무

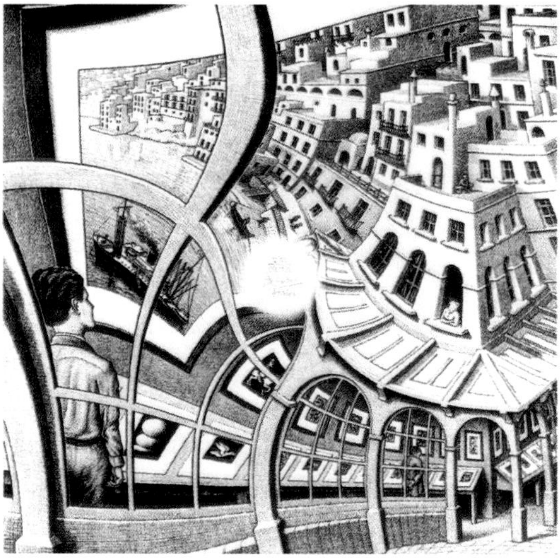

〈판화 화랑〉 M. C. 에셔,
1956년

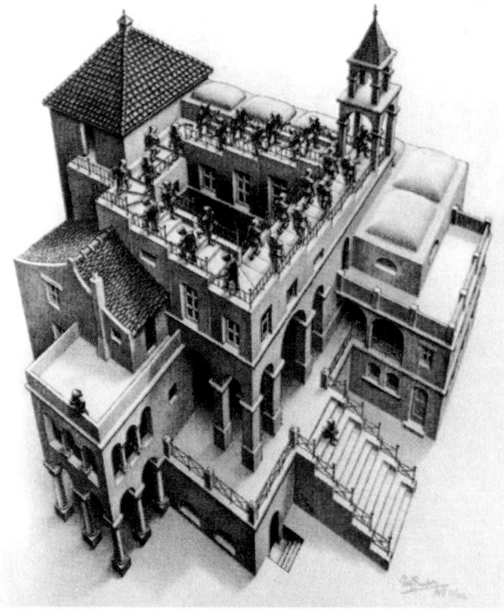

〈올라가고 내려가고〉 M. C. 에셔,
1960년

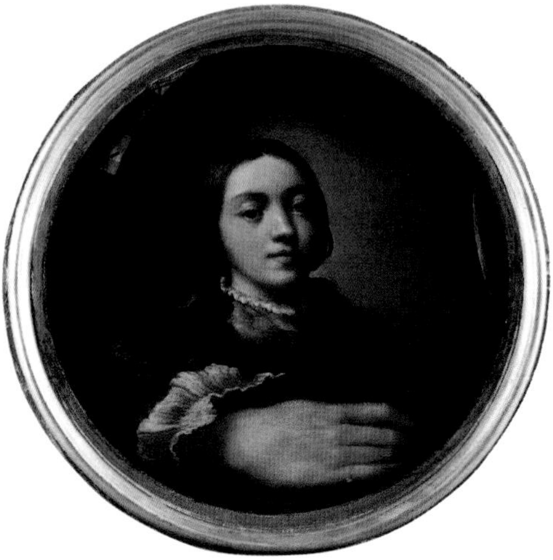

〈구면 거울에 비친 자화상〉 파르미자니노,
1524년

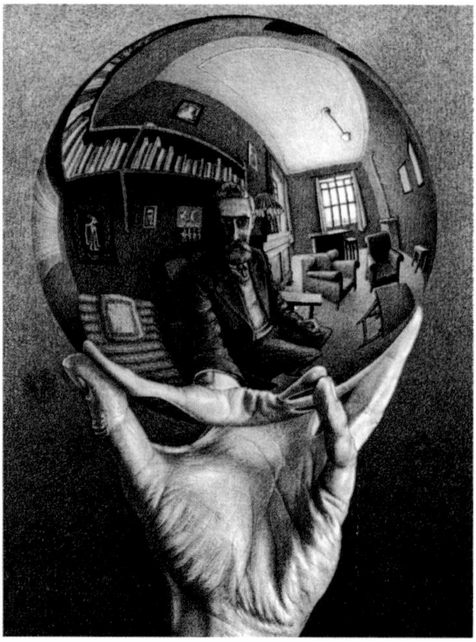

〈거울 구슬을 든 손〉 M. C. 에셔,
1935년

나 비슷하지 않은가?

그리다가 만 그림

하지만 이 그림에 신비한 구석이란 없는지도 모른다. 그저 미완성이라서 그렇게 보이는 것일 수도 있다. 실제로 내가 우피치에서 본 〈목이 긴 성모〉는 첫눈에 보기에도 미완성이었다. 기둥이 있는 오른쪽은 막 그림을 그리기 위해 초벌칠을 해놓은 것처럼 보였고, 비교적 완성된 편인 왼쪽 화면에도 아직 그리다가 만 천사의 얼굴이 보였다. 파르미자니노는 이 작품을 제작하기 위해 여러 점의 드로잉을 그렸다. 그 드로잉에서는 위아래로 기둥의 개수가 줄어들지 않는다. 여덟 개의 기둥의 상단에는 코린트식 주두가 얹혀 있고, 그 위에 엔타블러처(entablature)까

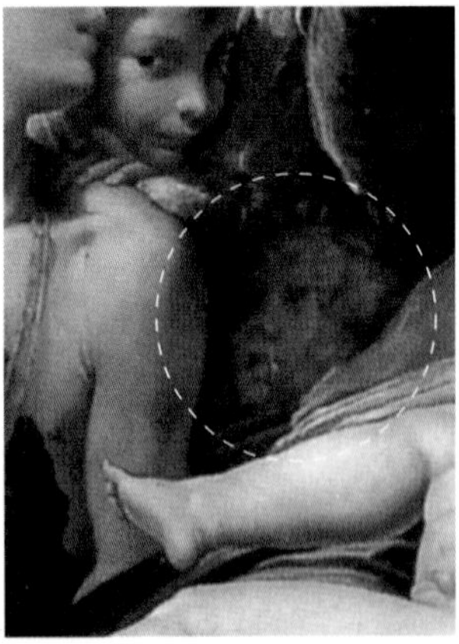

〈목이 긴 성모〉(부분) 파르미자니노, 1534~1540년

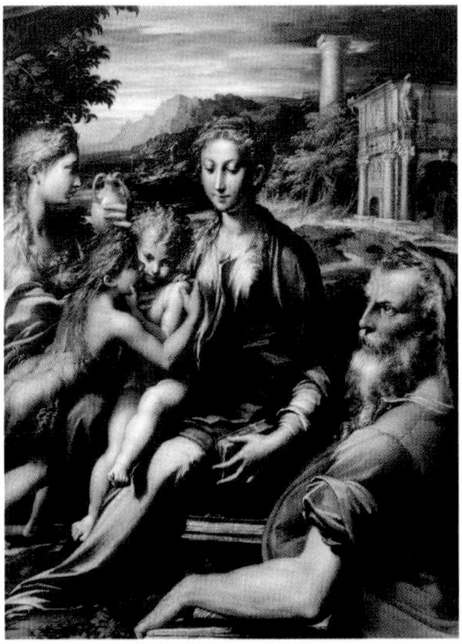

〈스가랴와 함께 있는 성모〉 파르미자니노,
1530년경

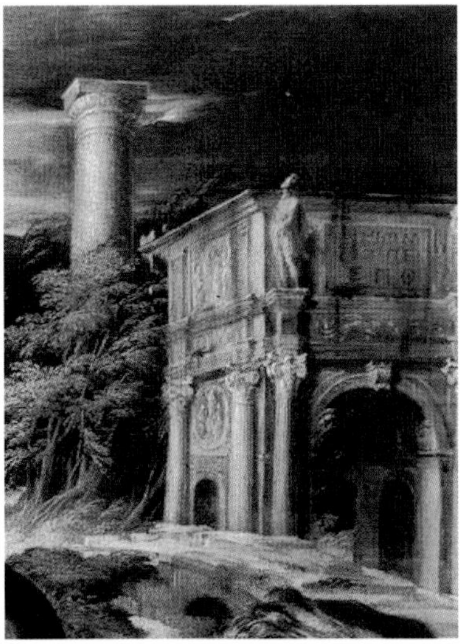

〈스가랴와 함께 있는 성모〉(부분) 파르미자니노,
1530년경

지 올려져 있다. 이것으로 판단하건대, 화가는 처음부터 온전한 형태의 신전을 그리려고 했던 것이다.

하지만 드로잉의 초안이 그대로 회화로 실현되는 것은 아니다. 실제로 그림 속의 기둥은 그냥 저 홀로 서 있고 싶어 하는 것 같다. 이 작품을 위한 또 다른 드로잉에는 기둥에 나선형 홈이 파여 있다. 이는 화가가 로마의 트라야누스 황제 전승주(戰勝柱)와 같은 하나의 기둥을 그리려 했음을 시사한다. 가령 비슷한 제재를 다룬 〈스가랴와 함께 있는 성모〉를 보자. 화면 오른쪽 배경 저 멀리로 도리스식 기둥 하나가 서 있는 게 눈에 들어올 것이다. 그것은 아무것도 떠받치고 있지 않다. 그것으로 보아 파르미자니노는 정말로 기둥들을 중간에서 사라지게 만들려 했을지도 모른다.

하지만 〈스가랴와 함께 있는 성모〉에는 도리스식 기둥 아래로 또 다른 건축물이 존재한다. 그것의 열주들은 주두와 엔타블러처를 떠받치고 있다. 결국 한 그림 안에 기념주와 신전, 두 종류의 상이한 건축물이 공존하는 셈이다. 하지만 〈목이 긴 성모〉에서는 서로 다른 이 두 종류의 건축물이 한 몸이 된 듯하다. 왜 그럴까? 하나의 기둥만 그릴지, 아니면 열주(列柱)가 있는 신전을 그릴지 망설이다가 미처 결정을 내리지 못했던 것일까? 아니면 일부러 상이한 두 건축물을 한 몸으로 만들어 에셔의 그림처럼 불가해한 분위기를 연출하려 했던 것일까? 대답은 물론 독자들의 몫이다.

한편, 기둥 옆에 서 있는 사내는 이집트의 사제가 아니라 성 히에로니무스라고 한다. 원래 그 옆에는 성 프란체스코가 그려질 예정이었는데, 채 그리지 못해 성자의 발목만 남은 것이다. 이 작품을 위해 그린 드로잉은 물론 발목만이 아니라 성 프란체스코의 전신을 보여준다.[2] 그렇다면 성자의 발목만 남아 마치 마그리트의 〈붉은 모델〉처럼 보이는 것은, 그저 그림이 미완성이라는 데서 비롯된 현상에 불과하다. 결국 저 그림은 에셔의 사라지는 계단이나, 발목만 남은 마그리트의 그림과는 아무 상관이 없다는 얘기다. 하지만 이 작품이 미완성이라는 사실을 받아들인다 하더라도, 인물을 발목부터 그린다는 게 좀 이상하지 않은가?

헤르메스의 기둥

이 작품에 주목하게 된 계기는 유학 시절에 읽은 송대방의 소설《헤르메스의 기둥》이었다. 얼마 전 세간을 떠들썩하게 했던《다빈치 코드》와 비슷한 부류의 작품인데, 시기적으로는 송대방의 소설이 댄 브라운의 것보다 앞선다. 작품의 문학성은 어떨지 몰라도, 적어도 소설의 모티프를 정하는 발상법에서는《헤르메스의 기둥》이 댄 브라운 것보다 수준이 훨씬 높다. 솔직히 '다빈치 그림 속의 요한이 실은 마리아' 라는 댄 브라운의 설정은 미술사를 조금 아는 사람이라면 절대로 내놓을 수 없는 무식하기 짝이 없는 주장이다. 〈최후의 만찬〉에 수염 없는 인물은 사도 요한이다. 요한은 예수가 총애하던 어린 제자로, 중세 이후 늘 수염이 없는 채로 묘사되어왔다.

아무튼《헤르메스의 기둥》의 저자는 〈목이 긴 성모〉를 연금술과 연관시킨다. 여덟 개이면서 하나인 저 기둥 속에 파르미자니노가 '현자의 돌' 의 비밀을 감추어놓았다는 것이다. 이 설정은 물론 순수한 문학적 허구에 불과하다. 하지만 파르미자니노가 연금술에 심취했다는 것은 기록을 통해서도 확인할 수 있는 역사적 사실이다. 화가와 동시대에 살았던 바사리의 말을 들어보자.

> 그는 자신의 머리를 혹사시키면서 — 아름다운 장치를 고안해내거나 붓이나 물감으로 작업을 하는 대신 — 석탄, 나무, 유리 그릇, 그 밖의 자질구레한 재료들을 다루는 데에 하루를 다 보내곤

했다. 단 하루의 작업만 그가 스테카타 성당에서 일주일 동안 버는 돈보다 많은 비용이 필요했다. 그는 용광로 속에서 스스로 소모되어갔다.[3]

바사리는 "이 바보가 자신의 연금술이 실은 그림을 그리는 데 있다는 사실을 깨닫지 못했다."고 타박한다. 그림을 그리면 "따로 돈 들일 것 없이 물감을 약간 바르는 것만으로 다른 이에게 수백 스크루디를 받아낼 수 있잖은가." 연금술에 몰두한 결과는 치명적이었다. 실험에 몰두하다가 위촉 받은 작품의 제작을 게을리 하는 바람에 화가는 파르마에서 야반도주를 하기도 했다.[4] 그가 젊은 나이에 사망한 것도 연금술을 하다가 수은에 중독됐기 때문이라는 설도 있다. 하지만 그보다 중요한 것은 물론 연금술에 대한 이 극단적 헌신이 그의 작품에 어떤 흔적을 남겼는가 하는 것이리라.

파르미자니노와 연금술의 관련을 보여주는 근거로 흔히 거론되는 것이 바로 이 작품, 〈목이 긴 성모〉이다. 사람들은 정상적 비례를 벗어난 성모의 기다란 몸매가 연금술과 관련이 있다고 말한다. 가령 연금술에 관한 최초의 문헌인 《태양의 광휘(Splendor Solis)》에는 사투르누스, 유피테르, 마르스, 태양, 비너스, 메르쿠리우스, 달이라는 일곱 개의 플라스크가 등장한다. 이 유리병들은 하나같이 모두 왕관을 쓰고 있다. 아래가 볼록하고 위로 갈수록 좁아지는 이 '왕관을 쓴 플라스크'는 영락없이 그림 속 성모의 몸매를 빼닮았다. 우연의 일치일까?

이보다 더 직접적인 증거도 들어 있다. 성모의 왼쪽으로 한 무리의

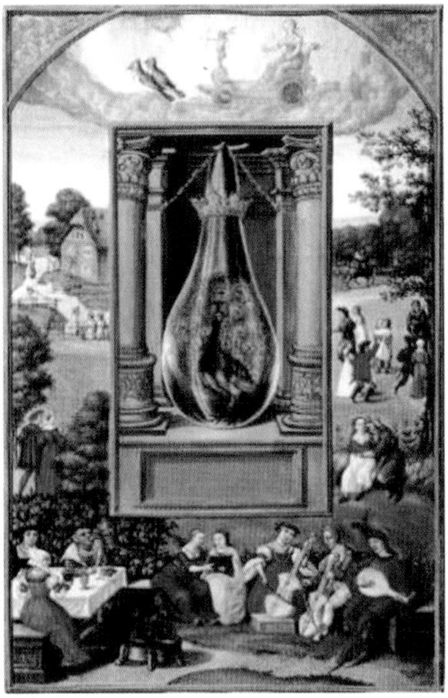

《태양의 광휘》에 나오는 삽화, 1532~1535년

벌거벗은 소년들이 보인다. 케루빔이라 불리는 천사의 무리인데, 화가는 그 좁은 공간 안에 무려 다섯 명을 배치했다. 가장 앞쪽에 배치된 천사가 손에 금속제로 보이는 정체불명의 병을 들고 있다. 도대체 어디에 쓰는 물건일까? 내가 아는 한 기독교의 도상에는 알려지지 않은 것인데, 그 병의 자태가 공교롭게도 '왕관을 쓴 플라스크'를 꼭 빼닮았다.[5] 이는 화가가 작품에 남긴 연금술의 흔적이라 할 수 있을 게다.

송대방의 소설은 연금술과의 연관을 토대로 그림 속의 기둥을 '헤르메스의 기둥'으로 해석한다. 바사리의 기록에 따르면, 파르미자니노는 실제로 하찮은 금속을 금으로 바꾸어놓기 위해 '메르쿠리우스'를 응결시키는 일에 열중했다고 한다. (물론 이를 글자 그대로 이해해서는 안 된다. 메르쿠리우스는 오늘날의 화학 기호로는 U, 즉 수은을 가리킨다. 수은은 −36℃에서 응결하는데, 당시에는 냉동의 기술이 없었기 때문이다.) 이 메르쿠리우스 신을 그리스에서는 헤르메스라 부른다. 그렇다면 정말로 저 기둥은 헤르메스의 지혜를 상징하는 것일까?

아우구스투스의 환상

물론 이는 순수한 문학적 허구일 뿐이다. 먼저 이 작품에 대한 몇 가지 해석을 살펴보자. 일설에 따르면, 그 기둥은 로마 황제 아우구스투스(Augustus, 기원전 63~서기 14년)가 본 환상과 관련이 있다. 옛날 옛적에 아우구스투스 황제가 무녀에게 제국의 미래에 관해 조언을 구하던 중, 앞으로 태어날 한 왕이 세계의 신성한 지배자가 될 것이라는 예언을 듣는다. 그 순간 황제는 하늘에서 성모와 예수가 둥근 고리의 빛을 발하며 나타난 것을 목격한다. 황제는 원로원에 이 사건을 보고하고, 그들의 도움을 받아 이 신성한 계시를 기념하는 제단을 짓는다고 한다. 그렇다면 작품 속의 건축물은 아우구스투스의 제단일 것이다.

또 다른 해석에 따르면, 저 그림 속의 장면은 성 히에로니무스가 본 환상을 묘사한 것이라고 한다. 실제로 파르미자니노는 성 히에로니무스가 꿈에서 보았다는 환상을 그림으로 그려 남긴 적이 있다. 〈성 히에로니무스의 환상〉이 그것이다. 화면 아래 오른쪽으로 잠이 든 성자가 아무렇게나 널브러져 있다. 화면 정면으로 세례 요한이 나타나 화려한

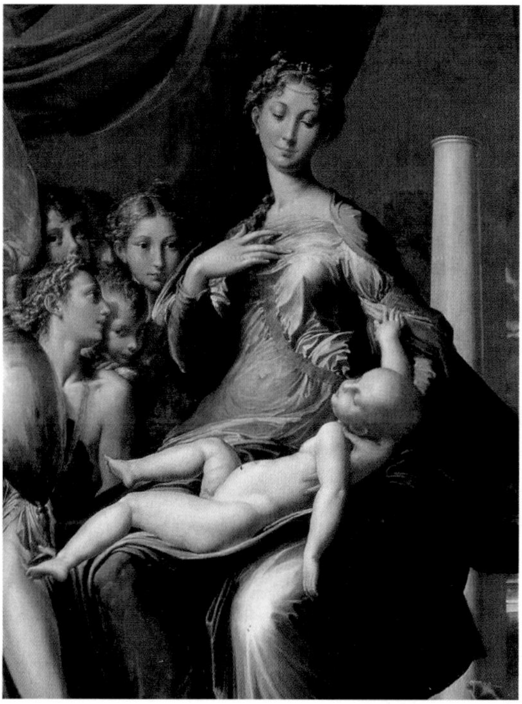

〈목이 긴 성모〉(부분) 파르미자니노,
1534~1540년

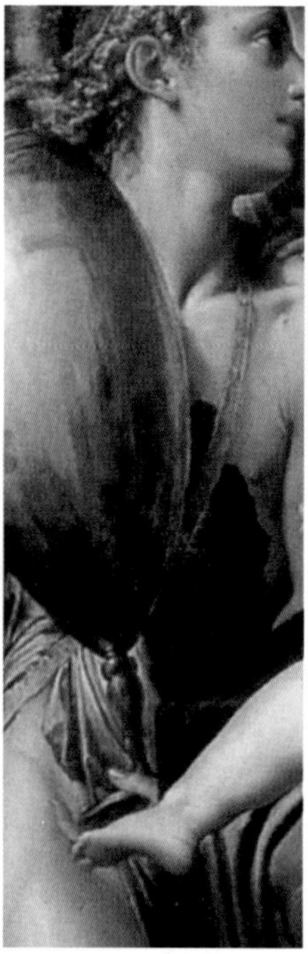

〈목이 긴 성모〉(부분) 파르미자니노,
1534~1540년

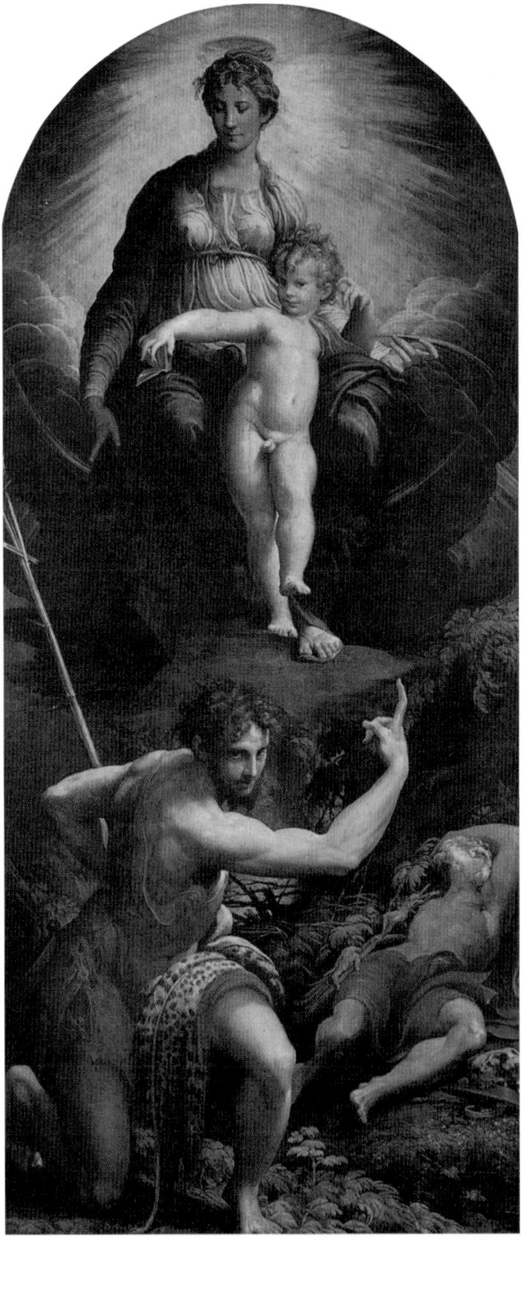

〈성 히에로니무스의 환상〉 파르미자니노,
1527년

몸짓으로 성모와 예수를 가리킨다. 말할 필요도 없이 그것은 앞으로 도래할 구세주의 탄생을 예고하는 몸짓이다. 성모자와 세례 요한은 물론 널브러져 잠든 히에로니무스가 꾸는 꿈의 묘사이다. 그렇다면 〈목이 긴 성모〉에 묘사된 장면 역시 히에로니무스가 보았다는 이 환상의 묘사가 아닐까?

〈목이 긴 성모〉가 환상의 묘사라는 가설에는 매력적인 구석이 있다. 다시 그림을 보자. 전경의 성모자는 매우 현실성 있게 묘사된 반면, 배경의 기둥과 성자는 왠지 비현실적으로 보인다. 하지만 이 그림을 환상의 묘사로 해석할 경우, 이 관계가 거꾸로 뒤집힌다. 이 경우 현실적인 것은 저 기둥과 성자가 있는 배경이요, 비현실적인 것은 외려 성모자와 천사가 있는 장면이 되기 때문이다. 성모자의 장면을 환상의 묘사로 해석할 경우, 전경과 배경 사이에 의미 연관이 만들어질 수도 있다. 이 경우 전경의 장면은 배경의 건물과 인물이 암시하는 구세주 탄생의 환상을 가리키게 되기 때문이다.

하지만 〈목이 긴 성모〉가 환상의 묘사라는 해석에는 몇 가지 문제가 있다. 첫 번째 해석의 경우, 그렇다면 왜 그림 속에 정작 아우구스투스 황제나 그에게 신탁을 전했다는 무녀의 모습이 보이지 않는가? 게다가 아우구스투스의 환상에 따르면, 성모와 예수는 광휘를 두르고 허공에 떠 있다. 하지만 이 작품에서 성모자는 애초에 구상 단계부터 땅에 발을 딛고 있는 것으로 묘사되었다고 한다. 이 그림이 성 히에로니무스의 환상이라는 두 번째 해석에도 똑같은 문제가 있다. 성자의 환상 속에서 성모자는 허공에 떠 있다. 하지만 이 작품의 성모자는 분명히 대지에 발을 딛고 있지 않은가?

논 피니토의 미학

어느 쪽이 옳을까? 확정적 해석은 애초에 불가능할지도 모른다. 마니에리스모는 모순으로 가득 찬 시대였다. 연금술 자체가 과학과 마술의 모순적 결합이 아니던가. 르네상스의 관습에서 벗어나려고 했던 마니에리스트들은 (모든 것을 분명하게 규정하는 르네상스의 회화와는 달리) 작품 속에 모순과 역설을 해결하지 않은 채 그대로 담아놓곤 했다.[6] 그림을 보라. 전경(안)과 배경(밖)이 충돌하고 있다. 여덟 개의 기둥과 하나의 기둥 사이의 모순도 해결하지 않은 채로 남는다. 갓난아기의 얼굴에 네댓 살 먹은 아기의 몸을 가진 예수의 형상도 기이하다. 전경과 배경의 의미 연관 역시 모호하게 남아 있다.

이것은 의도된 효과일까, 아니면 그저 작품이 미완성이라는 데서 비롯된 우연한 결과일까? 《헤르메스의 기둥》의 저자는 이 작품에 서명이 되어 있다는 이유를 들어 원래부터 작품이 미완성으로 의도된 것이라 주장한다. 그렇다면 이 작품은 이른바 '논 피니토(non finito)'일 것이다. 하지만 파르미자니노가 이 작품을 '논 피니토'로 의도했을지는 의문이다. 먼저 이 작품을 위해 제작한 드로잉이 있지 않은가? 거기에는 모든 것이 완성된 모습으로 그려져 있다. 게다가 그는 연금술에 몰두하느라 위촉 받은 작품을 그리지 않아 체포당한 적도 있다. 작품이 미완성으로 남은 것은 의도된 것이 아니라, 바사리가 통탄해 마지않았던 그

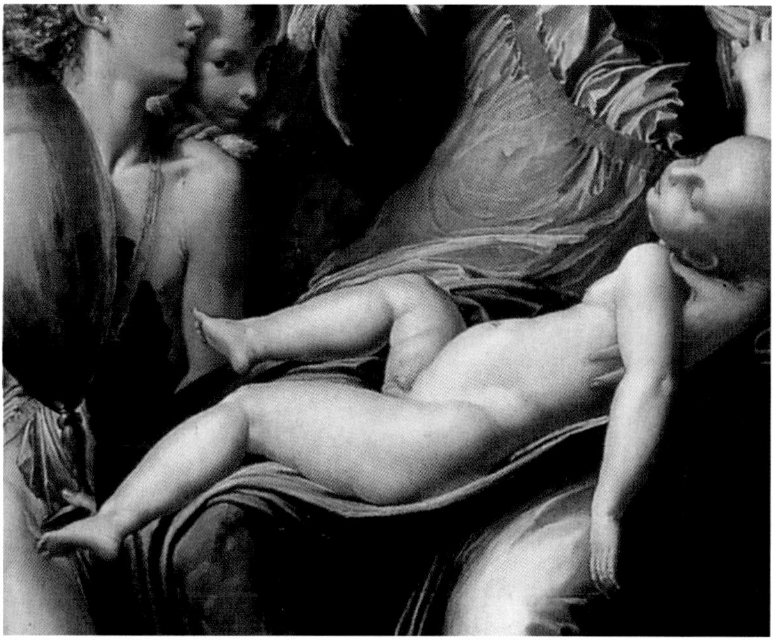

〈목이 긴 성모〉(부분) 파르미자니노,
1534~1540년

의 연금술 외도 때문일 가능성이 크다.

이 작품의 연도는 그의 죽음의 연도와 일치한다. 이 역시 그가 작품을 완성하지 못하고 죽었을 가능성을 시사한다. 화가가 이 작품을 완성했다면 어땠을까? 그랬다면 그림 속의 많은 요소가 더 분명해졌을 것이다. 가령 여덟 개의 기둥과 하나의 기둥 사이의 모순도 어떤 식으로든 해결되었을 것이고, 발목으로만 남은 성 프란체스코도 화폭에 온전히 모습을 드러냈을 것이다. 하지만 그랬다면 이 작품이 주는 매력은 본질적으로 손상되었을 것이다. 마니에리스모의 매력은 모순과 역설과 애매함에 있기 때문이다. 어떤 이유에선지 다행히(?) 이 작품은 '미완성으로 남았고, 덕분에 외려 최적의 표현성에 도달' 했다.[7] 그런 의미에서라면 이 작품을 '논 피니토' 라 부를 수도 있지 않을까?

저 기이한 기둥에 대한 해석 때문에 간과하기 쉽지만, 사실 이 작품에는 또 하나의 중요한 모순이, 또 하나의 심오한 역설이 존재한다. 그것은 연금술의 플라스크를 닮은 저 금속성 그릇 위에 얹혀 있다. 그 그릇의 표면에는 희미하게 십자가에 달린 예수의 상이 나타나 있다. 그것은 그릇에 새겨진 것이 아니라 비쳐진 것이다. 각도로 보아 거기에 비친 것은 당연히 성모의 무릎에 놓인 아기 예수여야 한다. 아기 예수는 갓 태어나자마자 벌써 저 금속성의 그릇의 표면에 제 죽음을 예고하고 있다. 잘 눈에 띄지는 않지만, 이렇게 표면의 반사를 이용하여 탄생을 죽음으로 연출하는 것이야말로 어쩌면 이 작품에 감추어진 가장 심오한 역설인지도 모른다.

1 Jane Duran, Escher and Parmigianino – A study in paradox in : *British Journal of Aesthetics*, Vol. 33, No. 3, July 1993, Oxford University Press, 1993, p. 240

2 David Ekserdjian, *Parmigianino*, Yale Univeristy Press, 2006, pp. 191~211

3 Vasari, *Le Vite*, 4 : 543~544

4 William R. Newman, *Promethean ambitions : Alchemy and quest to perfect nature*, University of Chicago Press, 2005, p. 124

5 Luigi Fabbrizzi, Communicating about Matter with Symbols : Evolving from Alchemy to Chemistry in : *Journal of Chemical Education Vol. 85 No. 11 November*, 2008.

6 Maria Rika Maniates, *Mannerism in Italian music and culture, 1530~1630* Manchester University Press, 1979, pp. 10~22

7 Hansjörg Gisiger, Michel Seuphor, *De l'art, de l'artiste et de la création, L'age d'homme*, Paris, 2000, pp. 42~43

고야의 개

12

〈개〉 프란시스코 고야,
1820~1823년

고야의 개

모래 지옥에 빠진 걸까? 이미 몸은 다 묻히고 겨우 머리만 남았다. 개의 눈은 위를 향하나, 거기서도 구원의 손길이 뻗쳐 올 것 같지는 않다. 머리만 남은 개. 그의 몸을 삼킨 대지. 그 위로 공허하게 펼쳐지는 하늘. 이것이 그림의 전부이다. 그런데도 이 그림이 이제까지 그려진 것 중에서 가장 아름다운 그림이란다. 말년의 호안 미로(Joan Miró, 1893~1983년)가 생에 마지막으로 프라도 미술관을 찾았을 때, 그를 안내하던 직원이 무슨 그림을 보고 싶으냐고 묻자, 그는 "벨라스케스의 〈라스 메니나스〉와 고야의 〈개〉"라고 대답했다고 한다. 이것으로 보아, 미로는 첫눈에 볼품없어 보이는 이 작품이 벨라스케스의 걸작 못지않게 위대하다고 생각한 모양이다.

핀투라스 네그라스

〈개〉는 프란시스코 고야(Francisco José de Goya y Lucientes, 1746~1828년)가 생의 말년에 제작한 일련의 그림들 가운데 하나이다. 1819년 고야는 72세의 나이로 은둔을 하기 위해 만자나레스 근교에 별장을 구입한다. 이 별장은 청력을 잃은 이전 소유자를 따라 '귀머거리의 집(Quinta del sordo)' 이라 불렸는데, 공교롭게도 이 별장을 구입한 고야 자신도 생명을 위태롭게 한 질병의 후유증으로 이미 귀가 먹은 상태였다. 별장을 구입한 직후 고야에게는 또다시 병마가 찾아온다. 이듬해에야 겨우 병상에서 일어난 그는 자기가 산 별장의 1층과 2층의 벽에 모두 열네 점의 벽화를 그려 넣기 시작한다. 그것이 오늘날 우리에게 '검은 회화(Pinturas negras)' 로 알려진 연작이다.

이 작품들이 '검은 회화' 라 불리는 것은 물론 작품들이 대부분 검정과 회색, 갈색의 어두운 색조를 띠었기 때문이다. 하지만 거기에 묘사된 장면들 역시 세계의 기괴함과 인간의 악마성을 보는 듯이 하나같이 어둡고 우울하다. 제 자식의 머리를 삼키고 팔을 우적우적 씹어 먹는 사투르누스, 염소 머리의 사탄이 주재하는 마녀들의 파티, 지붕을 들어 올려 남의 음탕함을 훔쳐보는 사악한 신들, 허공을 떠도는 불길한 운명의 신들, 요괴처럼 보이는 두 할멈, 기괴한 얼굴의 두 수도사, 상복처럼 검은 옷을 입고 서 있는 여인, 막대기를 휘두르며 서로 난투극을 벌이는 두 인간, 그리고 완벽한 공허함 속에 머리만 남은 저 개.

고야는 이 그림들을 오로지 자신만을 위해 그렸다. 은둔을 위해 마련한 별장의 벽에 그렸으니 애초에 대중에게 공개할 생각은 없었던 셈이다. 때문에 '검은 회화' 는 고야의 정신세계의 가장 내밀한 표현으로 받아들여진다. 그는 프랑스를 사랑했으나, 프랑스는 고국 스페인의 침략자였다. 그는 진보를 믿었으나, 근대화의 선봉 나폴레옹 군대가 그의 동포들에게 저지른 짓은 전근대적인 만행이었다. 그는 이성을 믿었으나, 스페인－프랑스 전쟁에서 그가 목격한 것은 이성을 가졌다는 인간들의 변함없는 야수성이었다. 게다가 몇 차례의 치명적인 질병을 통해 귀를 먹고 정신은 황폐해질 대로 황폐해진 상태. 당시에 고야의 내면 역시 그가 그린 그림만큼이나 어두웠다.

퀸타 델 소르도

'검은 회화'는 1820년에서 1823년 사이에 그려진 것으로 추정된다. 단명했던 자유주의 정권이 몰락하고, 1823년 스페인에는 왕정복고가 이루어진다. 신변에 위협을 느낀 고야는 이듬해 프랑스로 몸을 피하면서 별장을 당시 17세였던 손자 마리아노에게 넘겨준다. 고야가 죽은 후 별장은 몇 차례 소유자가 바뀐다. 1874년 데를랑제 백작이 이 별장을 구입했을 때, 그림들은 이미 많이 손상된 상태였다고 한다. 백작은 그림들을 보존하기 위해 프라도 미술관의 복구사의 손을 빌려 그림들을 벽에서 떼어내어 캔버스에 옮긴다. 50여 년 만에 벽에서 떨어져 나온 작품들은 1878년 잠시 프랑스에서 전시되다가 3년 후 영원히 프라도 박물관으로 옮겨진다.

그림들은 별장에 어떻게 배치되어 있었을까? 미술사학자들은 턱없이 부족한 문헌과 1860년대에 찍은 로랭의 사진을 근거로 그림들의 배치 상태를 재구성해냈다. 배치도를 보면, 마주 보는 그림들이 정교한 대립, 대조, 유사의 관계를 이루고 있음을 알 수 있다. 각각의 그림은 인접한 그림, 또는 마주 보는 그림에 의미론적으로 간섭한다. 따라서

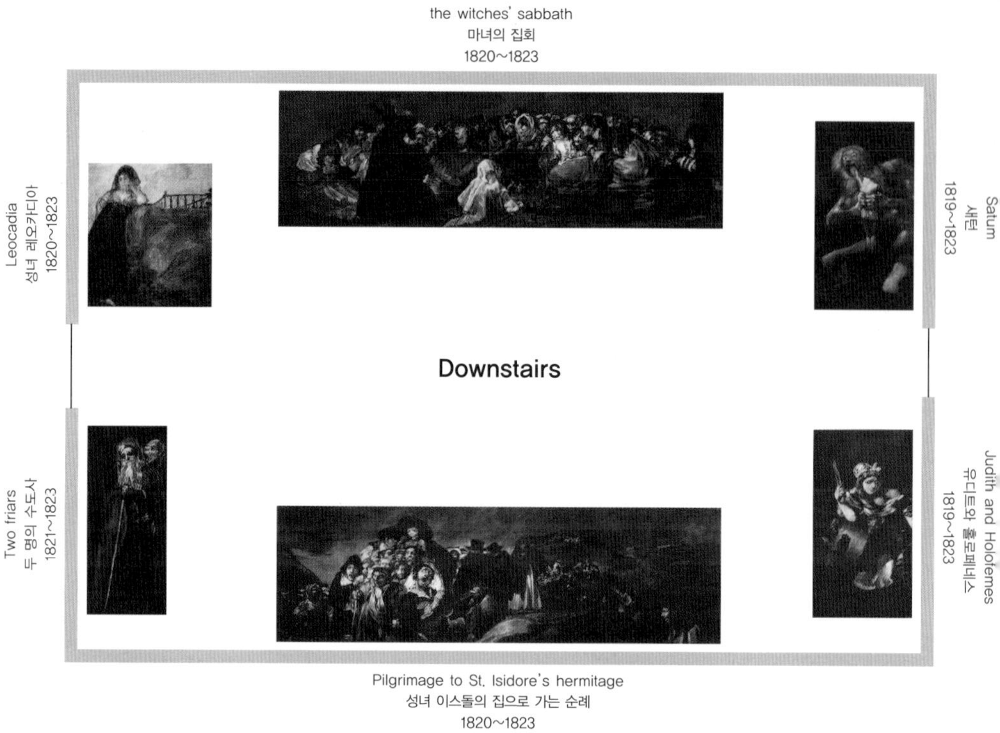

| '검은 회화'의 배치도 | '검은 회화'는 14점이지만, 여기에는 〈풍경 속의 머리들〉 작품을 포함하여 15점으로 배치하였다.

홀 중앙의 공간은 그저 텅 비어 있는 게 아닐 게다. 눈에 보이지는 않지만, 거기서는 그림과 그림을 이어주는 선들이 직각으로, 수평으로, 대각선으로 어지럽게 지나가고 있기 때문이다. 14점의 그림이 이 공간 속에서 연출해내는 이 의미의 놀이는 별도로 연구해볼 만한 가치가 있다.

오늘날 프라도를 찾는 관객들은 '검은 회화'를 제대로 감상하는 게 아닐 게다. 그림들은 '별장(quinta)'이라는 공간에 본질적으로 속해 있었기 때문이다. 작품을 벽에서 떼어내는 것은 곧 그것들을 원래의 의미

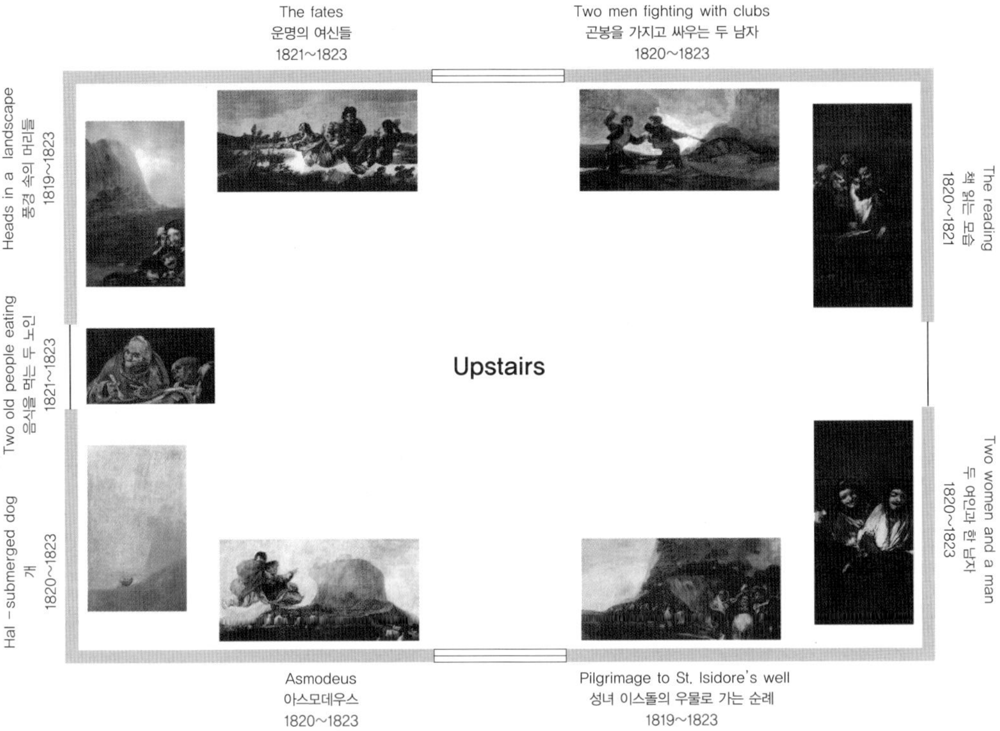

연관에서도 강제로 떼어내는 것을 의미한다. 그뿐인가? 그 별장은 '귀머거리(sordo)'의 것이었다. 고야는 저 그림들을 청력을 잃은 자의 완벽한 고요함 속에서 지켜보았을 것이다. 하지만 여행객들이 북적이는 박물관에서 조용히 자신의 내면으로 침잠하는 경험을 하는 것은 불가능할 것이다. 그렇다고 저 그림들을 다시 별장으로 옮겨놓을 수도 없다. '귀머거리의 집'은 아주 오래전에 철거되었기 때문이다.

엘 페로

다시 〈개(El Perro)〉로 돌아가 보자. 이 그림은 원래 별장 2층 한쪽 출입구의 옆에 있었다고 한다. 문을 사이에 둔 왼쪽의 벽은 비어 있었다. 하지만 일설에 따르면, 지금은 개인이 소장하고 있는 〈풍경 속의 머리들〉이라는 그림이 그려져 있었다고도 한다. 이 경우 '검은 회화'는 모두 열네 점이 아니라 열다섯 점이 될 것이다. 물론 이는 아직 공식적으로 인정받지 못하는 견해이다. 어떻게 보면 그 자리를 그냥 비워놓는 게 나을 것도 같다. 별장 전체에서 빈 것은 바로 그 벽뿐. 어차피 〈개〉에서 대부분의 공간은 텅 비어 있지 않은가? 그 황량한 공허함이 맞은편의 벽면으로 번져가는 것도 나쁘지 않은 연출이다.

개는 무엇을 가리키는 걸까? 개는 시선을 위로 향하나, 거기에는 아무것도 보이지 않는다. 누군가를 기다리는 듯하나, 그 기대는 저 텅 빈 공간만큼이나 공허해 보인다. 개는 무엇을 의미하는 것일까? 도상학도 여기서는 전혀 도움이 되지 않는다. 고야의 형상들은 지시 대상을 갖지 않는다. 그의 형상들은 성경이나 신화, 또는 역사에서 나온 게 아니기 때문이다. 바로 거기에 고야의 현대성이 있다. 그의 회화 속 형상들이 갖는 의미는 매우 애매하다. 누구 말대로,

> 그의 작품에 스며들어 있는 '애매함'은 허접한 마술, 그가 무덤 속에서 낄낄거리기 위해 만든 허접스러운 수수께끼가 아니다. 그것은 그가 광기를 무릅쓰고 발견한 심오한 인간의 진리에 가깝

다. 그것은 해독할 것도 아니고, 성스러운 금단의 제단처럼 경외하거나 숭배할 것도 아니고, 그저 끌어안아야 할 어떤 것이다.[1]

알려진 제재를 일부러 애매하게 만들어 관객에게 수수께끼를 던지는 것. 앞에서 우리는 그것을 '반(反)제재'라고 불렀다. 하지만 고야의 화폭에는 애초에 문헌을 들이대며 밝혀내야 할 제재 자체가 없다. 이를 앞에서 '비(非)제재'의 전략이라고 불렀다. 이는 현대 회화의 일반적 특징이다. 현대 예술에서 의미의 놀이는 고전 예술의 그것과는 전혀 다르다. 하지만 '비제재'라 하여 작품에 의미가 없는 것은 아니다. 명확히 규정할 수 없을 뿐이지, 외려 그 안에는 더 풍부한 의미의 놀이가 있다. 물론 그것들을 생산해내는 것은 관객의 상상력의 몫이다. 명확히 규정할 수 없는 막연한 상념을 불러일으킨다는 점에서, 고야의 작품은 현대의 상징주의 회화를 닮았다.

부조리한 인간의 실존

저 개는 무엇을 의미할까? 우리는 어쩔 수 없이 이렇게 다시 묻게 된다. '개'라고 하면 당장 떠오르는 것이 그리스의 철학자 디오게네스. 그를 흔히 '견유주의자(犬儒主義者)'라 하지 않던가. 마주 보는 작품도 이를 뒷받침해주는 듯하다. 홀을 가로질러 〈개〉의 맞은편에는 〈두 여인과 한 남자〉가 그려져 있다. 사내가 바지춤에 오른손을 집어넣고 자위를 한다. 디오게네스 역시 백주 대낮에 아테네의 거리에서 사람들이 지켜보는 가운데 자위를 한 적이 있다. 우리는 이렇게 '개'를 자처했던 디오게네스가 실은 자신을 '인간'으로 여기는 그 어떤 자보다 더 인간적이었음을 안다. 그렇다면 저 개는 '디오게네스의 분신'일까?

하지만 디오게네스의 공개 자위는 이성의 한계를 비웃는 철학적 퍼포먼스의 하나였다. 반면, 여인들의 비웃음 속에 자위를 하는 저 사내는 그다지 지혜로워 보이지 않는다. 디오게네스는 이성을 능가하는 지혜로 세상을 비웃었으나, 저 사내는 이성 이하의 어리석음으로 세상의 비웃음을 당하는 듯이 보인다. 게다가 그리스의 개는 스스로 세상과 등진 고독을 외려 명랑하게 즐겼지 않았던가. 고야의 개에게는 그런 명랑함이 느껴지지 않는다. 그렇다면 저 개는 혹시 '고야 자신의 초상'이 아닐까? 실제로 저 개의 처지는 모든 희망을 잃고 절대적 고독 속에 살았던 고야의 말년을 연상시키지 않는가.

개와 관련한 레비나스(Emmanuel Levinas, 1906~1995년)의 일화가 있다. 이 유대인 철학자가 2차 세계 대전 당시 독일군에게 포로로 잡혔을 때, 개 한 마리가 날마다 수용소로 찾아왔다고 한다. 나치의 인종주의자들은 물론 유대인 포로들을 인간으로 대접하지 않았다. 그런 상황 속에서 유일하게 그들을 인간으로 대한 것이 바로 그 개. 유대인들은 날마다 개와 인사를 나누면서, 그 개에게서 인간에게서는 찾아보지 못한 인간성을 확인했다. 하지만 어느 날 독일군 병사가 개를 쫓아냈고, 개는 다시 수용소 근처로 오지 않았다. 그것을 보고 레비나스는 이렇게 말했다. "나치 독일의 마지막 칸트주의자가 사라졌다."[2] 그렇다면 저 개는 '잃어버린 인간성'의 상징일까?

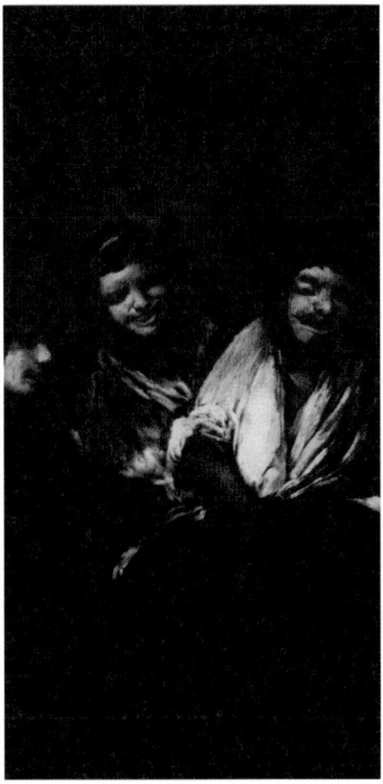

〈두 여인과 한 남자〉 프란시스코 고야,
1820~1823년

한편, 저 개는 베케트(Samuel Barclay Beckett, 1906?~1989년)의 연극에 나오는 상황을 연상시킨다. 예를 들어 〈고도를 기다리며〉에서 등장인물들은 그 누군가를 기다리나, 만남의 장소도, 약속의 시간도, 심지어 기다림의 대상도 확실하지 않다. 그저 영원한 기다림만이 있을 뿐이다. 저 개도 마찬가지가 아닌가? 저곳이 어디인지, 저것이 언제인지, 그리고 저 개가 대체 누구를 기다리는지, 확실한 것은 하나도 없다. 그저 텅 빈 공간만큼이나 공허하게 이어지는 알 수 없는 기다림만이 존재할 뿐이다. 따라서 저 그림에서 우리는 20세기 인간의 세계 감정, 즉 '인간 실존의 부조리'를 읽어낼 수도 있을 것이다. 실제로 고야는 그만큼 현대적이다.

개를 디오게네스와 연결시키는 해석은 '도상학적(iconographic)'이다. 개를 화가의 또 다른 자아(alter ego)로 보는 해석은 '전기적(biographic)'이다. 개에게서 잃어버린 인간성을 찾는 해석은 '인간주의적(humanist)'이다. 개 속에서 부조리한 인간의 조건을 보는 마지막 해석은 '실존주의적(existentialist)'이다. 이 중에서 어느 것이 옳을까? 그것은 무의미한 질문이다. 저 해석들은 모두 어느 정도 옳으나, 그 어느 것도 유일하게 옳지는 않다. 고야의 위대함은 외려 수많은 의미를 낳는 그 의미론적 생산성에서 찾아야 할 것이다. 예술의 현대성이 고야에게서 시작됐다고 말하는 것은 바로 이 때문이다.

존재하지 않는 벽의 벽화

이 모든 해석에는 어쩔 수 없이 화가의 얼굴이 어른거린다. 고야는 이성적 사회를 희망했으나, 나폴레옹 군대는 이성 자체의 야만성을 보여주었다. 고야에게 이는 정신적 좌절을 의미했다. 고야는 궁정화가이면서도 근대적 정치 체제를 희망했다. 하지만 세계는 그의 뜻대로 움직여지지 않았고, 그에게 이는 정치적 좌절이었다. 화가는 몇 차례의 질병으로 얻은 후유증을 앓고 있었고, 저 그림을 그릴 즈음에는 이미 일

혼을 넘어 죽음을 바라보고 있었다. 그에게 이는 신체적 좌절을 의미했다. 따라서 저 그림에서 한 화가의 실존적 좌절을 읽고, 그것을 해석에 투영하는 것은 어찌 보면 매우 당연한 일이다.

하지만 저 그림이 만약에 고야의 것이 아니라면 어떻게 될까? 실제로 최근에 어느 학자가 이 작품들이 고야의 것이 아니라고 주장하고 나섰다.[3] 당시의 거래 문서를 분석한 결과, 고야가 이 집을 구입할 당시 별장은 1층뿐이었고, 증축은 고야가 죽은 다음에 이루어졌다는 것이다. 만약 이 분석이 옳다면, 〈개〉는 분명히 고야가 그린 것이 아닐 것이다. 존재하지도 않는 벽에 벽화를 그릴 수는 없지 않은가? 그뿐 아니다. 손자 마리아노의 재산 목록에는 이 별장의 벽에 그려진 고야의 작품에 관한 언급이 없다고 한다. 그것은 2층에 있었던 작품들만이 아니라, 열네 점의 '검은 회화' 전체가 위작일 가능성을 시사한다.

'검은 회화'에 대한 가장 오래된 기록에는 두 가지가 있다. 하나는 고야의 친구인 안토니오 데 브루가다가 작성한 목록인데, 1820년대에 작성된 이 목록에는 (지금보다 하나가 더 많은) 열다섯 점의 '검은 회화'가 언급되어 있다. 다른 하나는 화가이자 수집가인 발렌티 카르데라라가 1838년에 어느 잡지에 쓴 기사이다. 거기에는 "캐리커처나 환상적 형상이 그려져 있지 않은 벽이 하나도 없다."고 기록되어 있다. 하지만 19세기 후반에나 쓰이던 용어가 등장하는 브루가다 목록은 사후에 위조된 것임에 틀림없고, 카르데라라의 기사는 '검은 회화'가 아니라 다른 작품들에 대한 기록으로 보인다는 것이다. 정말일까?

그렇다면 당장 떠오르는 물음은 이것이다. 그럼 누가? 유력한 용의

자가 있다. 한때 제법 그림을 배웠고 아버지의 화법에 정통했던 아들 하비에르. 그렇다면 왜 그런 짓을 했을까? 당연히 별장을 되도록 높은 가격에 팔기 위해서 그랬을 것이다. 만약에 이 추측이 맞는다면, 오늘날 최고의 걸작으로 칭송 받는 '검은 회화'가 실은 고야 후손들이 공모한 가문의 사기극이 되는 셈이다. 게다가 하비에르가 어떤 인물인가? 그는 "어머니라도 팔 수 있으면 팔았을" 위인이란다. 별장의 2층에 있던 〈개〉가 돈밖에 모르는 이 철저한 비즈니스맨의 작품이라면, 우리가 그 작품에 불어넣었던 그 모든 어두운 해석들은 어떻게 될까?

원작과 위작

'검은 회화'가 아들의 작품이라는 것은 물론 아직 검증되지 않은 주장에 불과하다. 하지만 그 주장이 옳다면, 여기서 매우 흥미로운 미학적 물음이 발생한다. 만약에 '검은 회화'가 고야의 것이 아니라면, 작품들의 가치는 어떻게 되는 것일까? 여기서 '가치'란 물론 미술품 시장에서 팔리는 가격이 아니라, 작품들이 지니는 미적, 예술적 가치를 말한다. '검은 회화'가 아들의 것으로 판명난다면, 그것으로 그것들은 일체의 미적, 예술적 가치를 잃어버리는 걸까? 그렇다면 프라도 미술관에서는 작품들을 당장 떼어내어 미술관의 지하실로 보내야 할 것이다.

하지만 '검은 회화'는 일반적인 위작과는 많이 다르다. 보통 원작과 위작 사이에는 수십에서 수백 년의 시간 차가 있게 마련이다. 위작이 가치가 없는 것은, 원작이 그려질 시대에는 예술적으로 의미가 있었던 작업을 더 이상 그것이 아무 의미도 갖지 못하는 시대에 반복하기 때문일 게다. 하지만 '검은 회화'는 원작과 위작 사이에 미술사적으로 의미가 있을 정도의 시간 차가 존재하지 않는다. 또 위작의 경우 이미 존재하는 원작을 약간 변형시키는 것이 대부분이나, '검은 회화'는 고야의 것으로 확인된 작품들 못지않게, 아니 그 이상으로 독창적이다. 그런데도 그저 작가가 고야가 아니란 이유에서 그 작품들을 무가치하다고 해야 할까?

'검은 회화'가 위작이라는 주장이 나왔을 때, 사람들은 곧바로 이렇게 물었다고 한다. "그럼 누가?" 이 물음은 매우 함축적이다. 거기에는 그 당시에 이런 그림을 그릴 사람이 고야 외에 또 누가 있느냐는 평가를 담고 있기 때문이다. 하나의 대답은 고야의 그림을 누구보다 잘 알았던 그의 아들의 솜씨라는 것. 이는 결국 그의 아들이 아버지의 화법과 주제를 살려 나름대로 독창적인 작품을 창작해냈다는 얘기가 된다. 이 경우 '검은 회화'는, 최근 제자의 솜씨로 판명 난 〈거인〉처럼, '고야 화파'의 작품으로 불러야 할 것이다. 그 작품들이 고야의 것이든, 아니면 제자의 것이든, 그로 인해 작품 자체에 대한 미적 평가가 달라져야 할 이유는 없을 것 같다.

고야의 유령

'검은 회화'의 구상이 속물의 머리에서 나왔다고 할 때, 깨지는 것은 작품을 감싸는 신비한 분위기다. 하지만 아우라가 깨진다고 작품의 가치가 떨어지는 것은 아니다. 그런 종류의 아우라는 작품 자체보다는 거기에 투영된 전기와 관련이 있다. 가령 고흐의 작품을 보며 사람들은 즐겨 정신병에 시달리던 가난한 천재의 삶을 떠올리곤 한다. 하지만 멀쩡한 정신으로 부귀영화를 누리며 행복하게 살면서 훌륭한 작품을 남긴 천재들도 얼마든지 있다. 작가의 전기가 내뿜는 아우라는 실은 작품의 가치와는 별 관계가 없는 것이다. 고흐의 작품이 위대한 것이 어디 그가 칼로 제 귀를 잘랐기 때문이겠는가?

고야의 것이 아니라면 가치가 없다는 느낌은 '작품은 예술가의 주체성의 표현'이라는 생각에서 나온다. 작가의 전기에 대한 지식은 물론 작품의 이해를 돕는다. 하지만 작가를 이해했다고 곧 작품을 이해한 것은 아니다. 신비평의 이론에서 말하듯이, 일단 작가의 품을 떠나면 작품은 자립적인 삶을 사는 법. 작품은 작품 자체로 이해가 되어야지, 작품 앞에 작가의 유령이 어른거리면 외려 작품을 이해하는 데 방해가 될 수도 있다. 고야가 위대한 것은 작품에 자신의 전기를 표현했기 때문이 아니라, 누구보다 앞서 현대의 세계 감정을 예감했기 때문이다. 그런데 그 일을 꼭 고야만이 할 수 있는 것은 아니다.

설사 별장의 그림이 고야의 것이라 할지라도, 지금 프라도에 있는 것은 어차피 고야가 그린 것이 아니다. 당시에 벽화는 이미 복원이 불가능할 정도로 훼손된 상태라, 작품을 보존하는 유일한 길은 벽화를 그대로 캔버스에 전사하는 것뿐이었다. 그 일을 맡은 것은 프라도의 복원사 살바도르 마티네스 쿠벨스(1845~1914년). 복원은 비교적 성공적이었다. 하지만 복원 전후의 사진을 비교해보면, 그 과정에서 상당한 변형이 이루어진 것을 확인할 수 있다. 한마디로, 우리가 프라도에서 보는 '검은 회화'는 상당 부분 복원사 쿠벨스의 개인적 취향과 해석을 반영한 것이다.[4] 심지어 '검은 회화'의 어두운 모노크롬의 분위기 역시 고야의 당대가 아니라 19세기 말의 취향이라고 한다.

하지만 그렇다고 해서 작품의 위대함이 손상되는가? 프라도를 찾는 예술가들은 누구나 고야의 〈개〉 앞에서 기도를 올린다고 한다. 잘 보이지 않지만 개 앞에는 희미한 형상이 하나 서 있다. 복원 전의 사진에는 그 형상이 더 뚜렷하게 보인다. 그는 고개를 숙여 개를 내려다보는 듯하다. 그것은 다른 그림을 그리다가 지운 흔적일 수도 있고, 원래 개 앞에 인간을 그리려다가 포기한 흔적일 수도 있다. 아니면 미처 다 그리지 못하여 미완성으로 남겨둔 것일까? 알 수 없다. 작가가 누구이든, 상태가 완성이든 미완성이든, 이 작품은 개의 머리 하나만 남기고 공간을 온통 텅 비워놓은 바로 그 상태로, '세계에서 가장 아름다운 그림'이다.

1 John J. Ciofalo, *The self portraits of Francis Goya*, University of Iowa Press, p. 178

2 Jerome Kohn, Reflecting on Judgement : Common sense and a common world in : *Pragmatism, critique, judgment* (Seyla Benhabib, Nancy Fraser ed.) The MIT Press, 2004, pp. 280

3 Arthur Lubow, The secret of the black paintings, *NY Times Magazine*, July 27, 2003.

4 Nigel Glendinning, The strange translation of Goya's 'black paintings' in : *The Burlington Magazine*, Vol 117, No. 868 (Jul. 1975). pp. 456~479

그림 찾아보기

1 주의 얼굴에 침을 뱉은 자

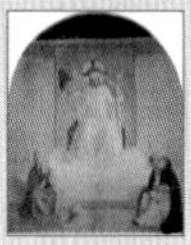

p. 24
〈조롱당하는 그리스도〉
프라 안젤리코,
1440~1441년

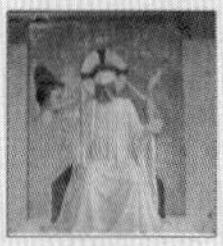

p. 27
〈조롱당하는 그리스도〉(부분)
프라 안젤리코,
1440~1441년

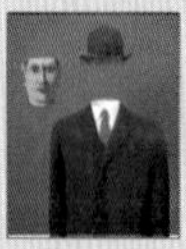

p. 27
〈순례자〉
르네 마그리트,
1966년

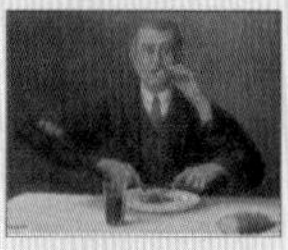

p. 27
〈마술사〉(네 팔이 달린 자화상)
르네 마그리트,
1952년
(《화가의 자화상》 p.299)

p. 29
아르마디오를 위한 패널 중
〈조롱당하는 그리스도〉
프라 안젤리코,
1450년경

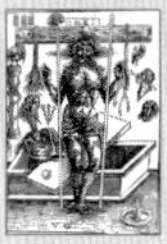

p. 33
〈그리스도의 수난〉
우르스 그라프,
1506년

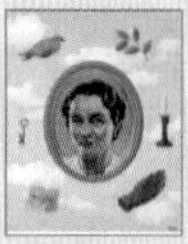

p. 33
〈조르제트〉
르네 마그리트,
1935년

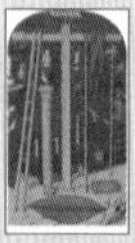

p. 35
부시코 원수의 성무일과서 중
〈그리스도 수난의 도구〉
피에르 빌라트의 아틀리에,
1405~1408년

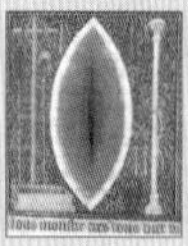

p. 36
노르망디 공작부인
본 드 뤽상부르의 성무일과서 중
〈그리스도의 성흔〉,
1345년

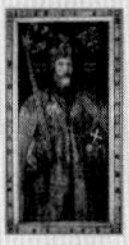

p. 39
〈샤를마뉴 대제〉
알브레히트 뒤러,
1512년경

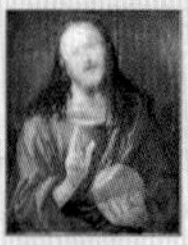

p. 39
〈구세주〉
알브레히트 뒤러,
1526년

2 책을 삼키는 사도 요한

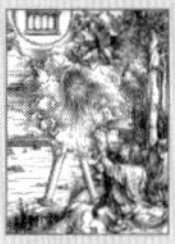

p. 46
삽화가 있는 〈요한계시록〉 중
〈책을 삼키는 요한〉
알브레히트 뒤러,
1498년

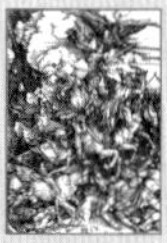

p. 49
삽화가 있는 〈요한계시록〉 중
〈계시록의 네 기사〉
알브레히트 뒤러,
1498년

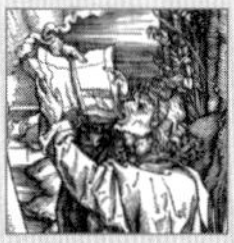

p. 51
삽화가 있는 〈요한계시록〉 중
〈책을 삼키는 요한〉
알브레히트 뒤러,
1498년

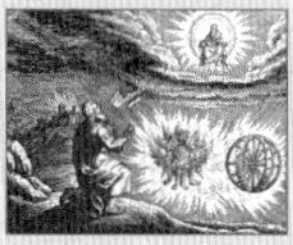

p. 53
〈에스겔의 환상〉
마테우스 메리안,
1625~1630년

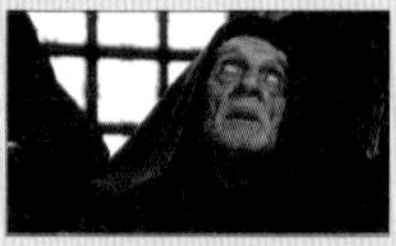

p. 58
영화 〈장미의 이름〉 중
호르헤 수사의 모습

3 신의 손가락

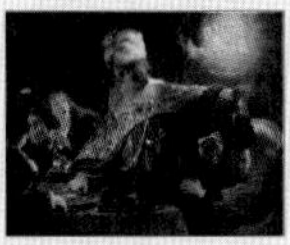

p. 66
〈벨사살의 연회〉
렘브란트,
1635년경

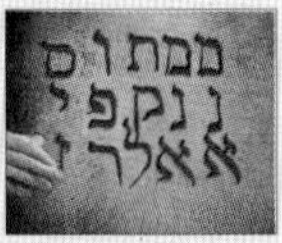

p. 69
컴퓨터로 재현한
〈벨사살의 연회〉(부분)

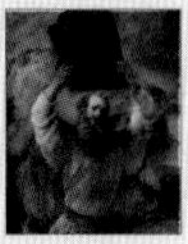

p. 73
〈십계명이 적힌 석판을 부수는 모세〉
렘브란트,
1659년

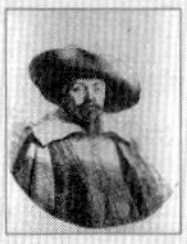

p. 73
〈메나세 벤 이스라엘의 초상〉
렘브란트,
1654년

4 바보의 돌

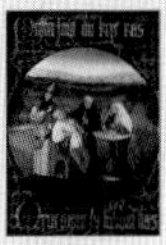

p. 82
〈우석의 제거〉
히에로니무스 보슈,
1494년경

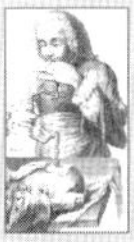

p. 87
두개골 천공 시술

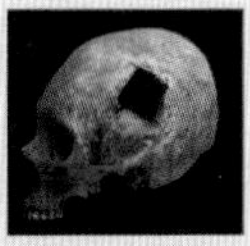

p. 87
잉카인의 두개골 천공

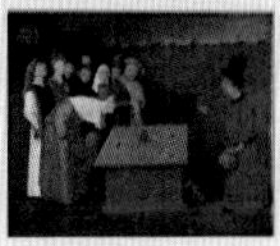

p. 89
〈야바위꾼〉
히에로니무스 보슈,
1475년

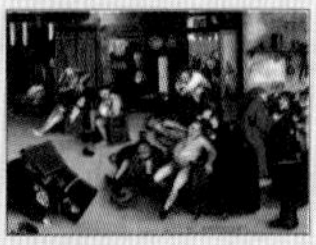

p. 89
〈우석의 제거〉
피터르 브뤼헐,
1550년경

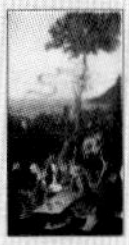

p. 92
〈바보들의 배〉
히에로니무스 보슈,
1490~1500년

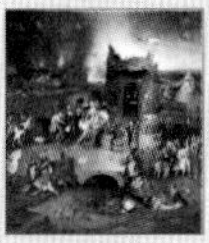

p. 93
〈성 안토니우스의 유혹〉
히에로니무스 보슈,
1505년경

5 교수대 위의 까치

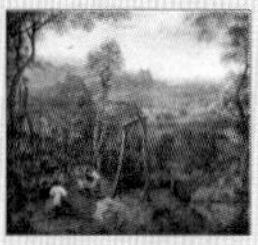

p. 98
〈교수대 위의 까치〉
피터르 브뤼헐,
1568년

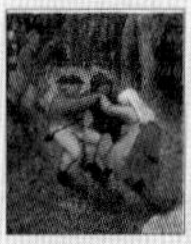

p. 101
〈교수대 위의 까치〉(부분)
피터르 브뤼헐,
1568년

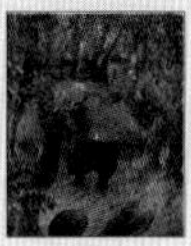

p. 101
〈교수내 위의 까치〉(부분)
피터르 브뤼헐,
1568년

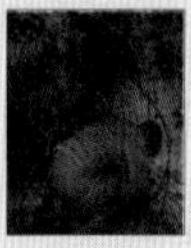

p. 101
〈교수대 위의 까치〉(부분)
피터르 브뤼헐,
1568년

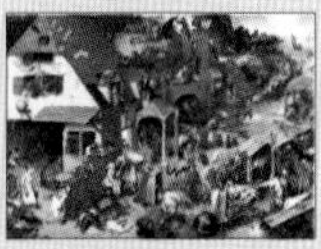

p. 102
〈네덜란드 속담〉
피터르 브뤼헐,
1559년

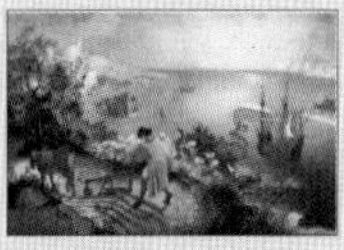

p. 109
〈이카루스의 추락〉
피터르 브뤼헐,
1558년

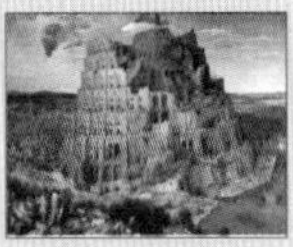

p. 109
〈바벨탑의 건설〉
피터르 브뤼헐,
1563년

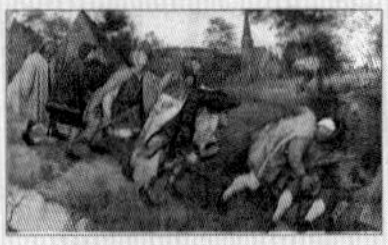

p. 110
〈소경의 인도〉
피터르 브뤼헐,
1568년

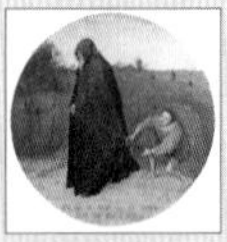

p. 113
〈염세가〉
피터르 브뤼헐,
1568년

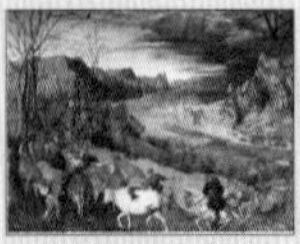

p. 115
〈소떼의 귀환〉(부분)
피터르 브뤼헐,
1565년

6 누구든지 저와 같지 않다면

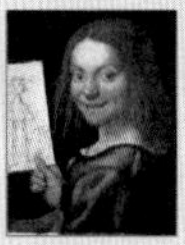

p. 120
〈그림을 든 빨간 머리 소년〉
조반니 프란체스코 카로토,
1515년경

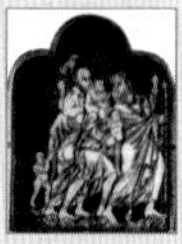

p. 123
〈니콜라스, 홍해를 건넘〉
베르둔의 제단화,
1181년

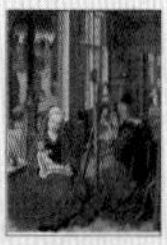

p. 126
〈성모를 그리는 사도 누가〉
데리크 바에게르트,
1490년경

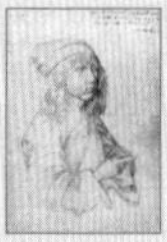

p. 126
〈자화상〉
알브레히트 뒤러,
1484년

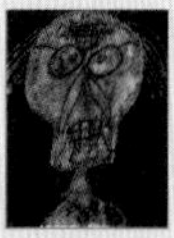

p. 129
〈자화상〉
장 뒤뷔페,
1947년

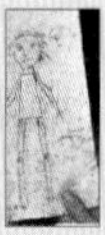

p. 129
〈그림을 든 빨간 머리 소년〉(부분)
조반니 프란체스코 카로토,
1515년경

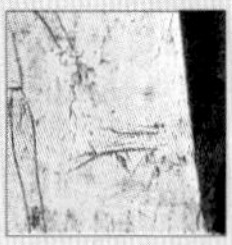

p. 133
〈그림을 든 빨간 머리 소년〉(부분)
조반니 프란체스코 카로토,
1515년경

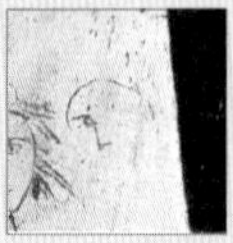

p. 133
〈그림을 든 빨간 머리 소년〉(부분)
조반니 프란체스코 카로토,
1515년경

7 사라진 주체

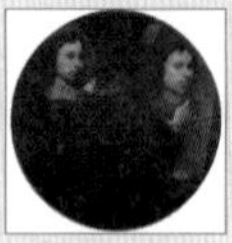

p. 138
〈자화상〉
요하네스 굼프,
1646년

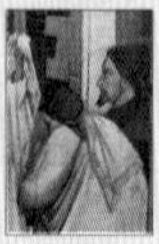

p. 140
산타 크로체 성당의
프레스코화 중
〈십자가의 승리〉(부분)
아뇰로 가디,
1380년대

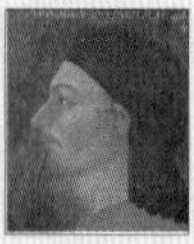

p. 140
〈가디 가문의 초상화〉(부분)
아뇰로 가디,
1380년경

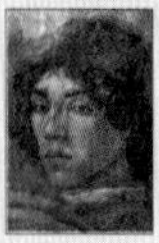

p. 140
〈시몬 마구스와의 논쟁과
베드로의 책형〉(부분)
필리피노 리피,
1481~1482년

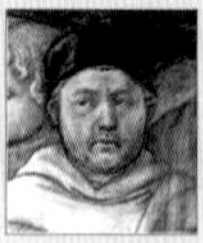

p. 140
스폴레토 성당의 프레스코화
〈성모의 일생〉(부분)
프라 필리포 리피,
1467~1469년

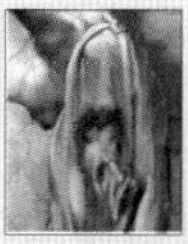

p. 140
시스티나 성당의 프레스코화
중 〈최후의 심판〉(부분),
1537~1541년

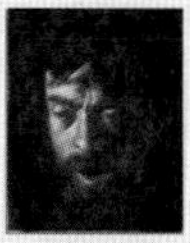

p. 140
〈골리앗의 머리를 든 다윗〉(부분)
카라바조,
1607년, 또는 1609~1610년

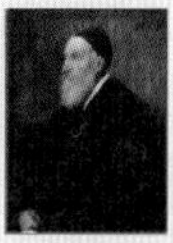

p. 140
〈자화상〉
티치아노,
1567년경

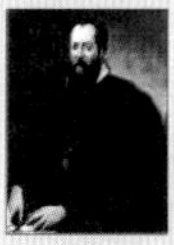

p. 140
〈자화상〉
바사리,
1567년경

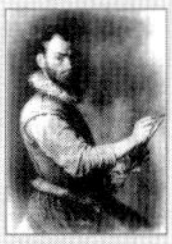

p. 140
〈자화상〉
안니발레 카라치,
1605년

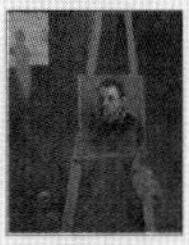

p. 144
〈이젤 위의 자화상〉
안니발레 카라치,
1595년경

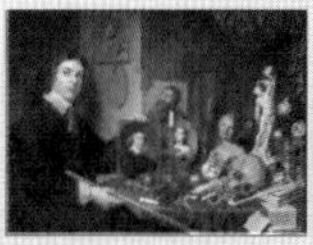

p. 149
〈바니타스 상징들이 있는 자화상〉
데이비드 베일리,
1651년

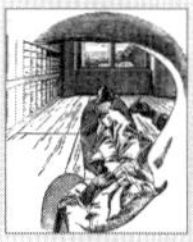

p. 150
《감각의 분석》 중
〈거울 없는 자화상〉
에른스트 마흐,
1885년

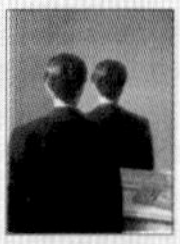

p. 153
〈재현 금지〉
르네 마그리트,
1937년

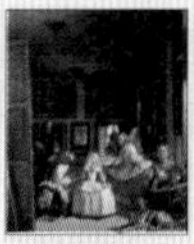

p. 154
〈시녀들〉
디에고 벨라스케스,
1656년

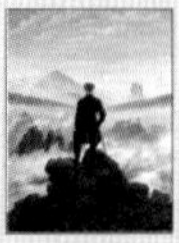

p. 154
〈안개 바다 위의 방랑자〉
카스파 다비드 프리드리히,
1818년경

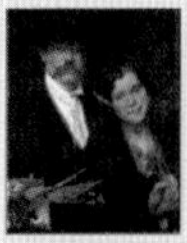

p. 154
〈모델과 함께 있는 자화상〉
로비스 코린트,
1918년

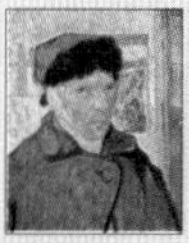

p. 154
〈붕대로 귀를 감은 자화상〉
빈센트 반 고흐,
1889년

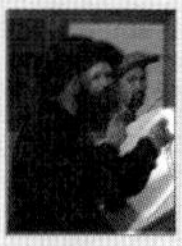

p. 156
〈건축가 친구와 함께 있는 자화상〉
조반니 바티스타 파지,
1560~1590년

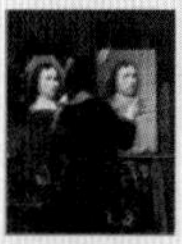

p. 156
〈자화상〉
요하네스 굼프,
1646년

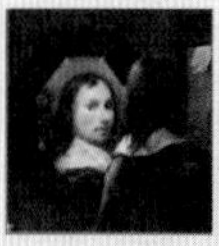

p. 158
〈자화상〉(부분)
요하네스 굼프,
1646년

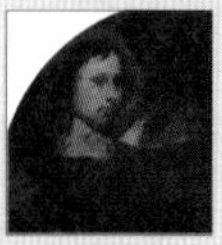

p. 158
〈자화상〉(부분)
요하네스 굼프,
1646년

8 뒤집어진 그림

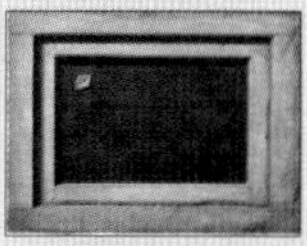

p. 162
〈뒤집어진 캔버스〉
코르넬리스 노르베르투스
기스브레히츠,
1670년

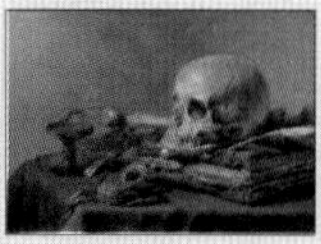

p. 167
〈바니타스 정물〉
페테르 클라스,
1630년

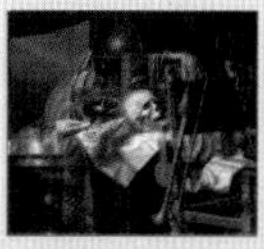

p. 169
〈바니타스 정물〉
코르넬리스 노르베르투스
기스브레히츠,
17세기경

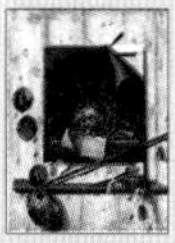

p. 169
〈바니타스 정물〉
코르넬리스 노르베르투스
기스브레히츠,
17세기경

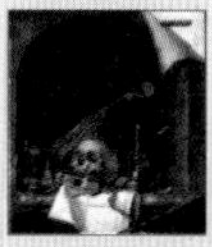

p. 169
〈바니타스 정물〉
코르넬리스 노르베르투스
기스브레히츠,
17세기경

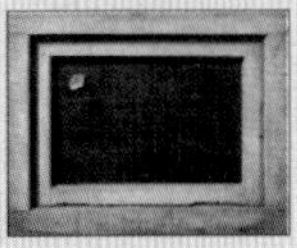

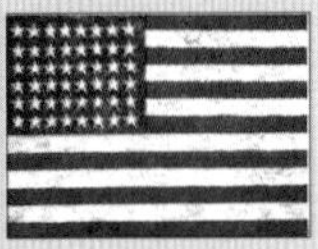

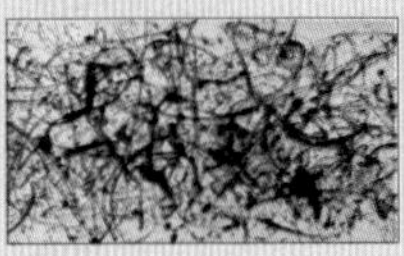

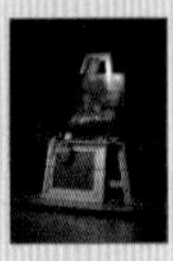

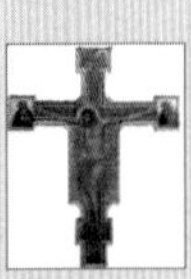

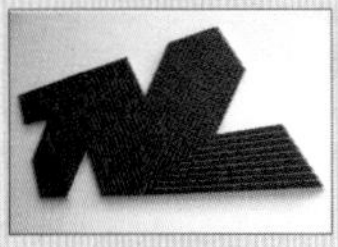

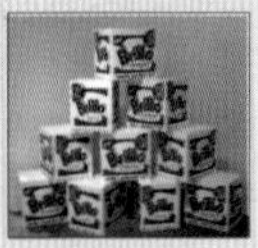

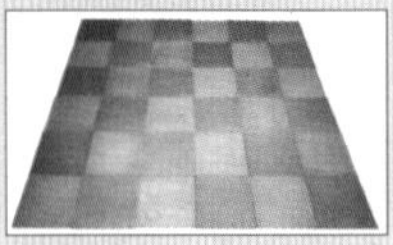

9 신중함의 알레고리

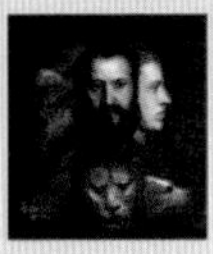

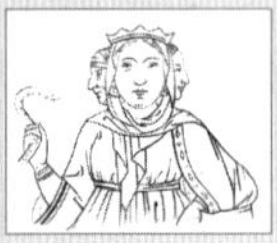

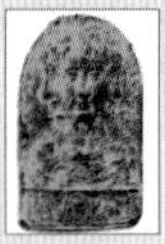

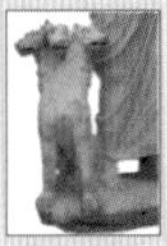

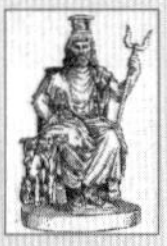

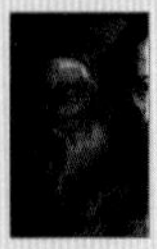

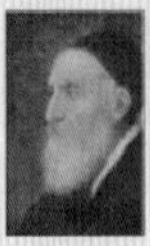

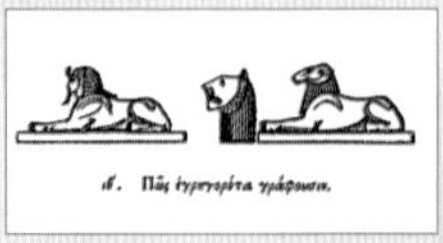

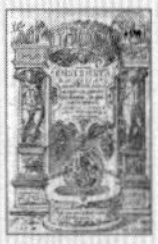

10 해석의 바벨탑

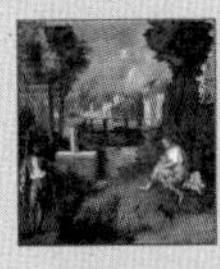

p. 204
〈폭풍우〉
조르조네,
1508년경

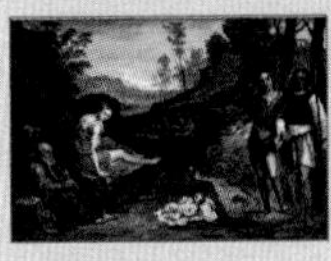

p. 208
〈파리스의 발견〉
(조르조네 원작의 모작)
데이비드 테니르스,
연대 미상

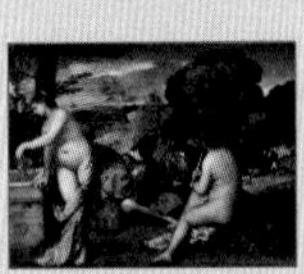

p. 213
〈전원 콘서트〉
조르조네,
1510년

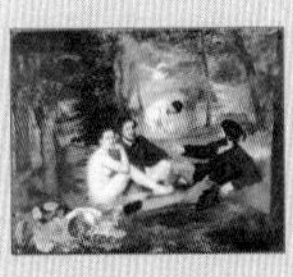

p. 213
〈풀밭 위의 점심〉
에두아르 마네,
1863년

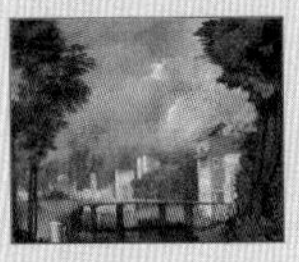

p. 215
〈폭풍우〉(부분)
조르조네,
1508년경

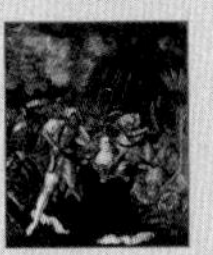

p. 215
〈성 카타리나의 순교〉(부분)
루카스 크라나흐,
1504~1505년

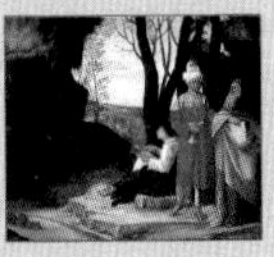

p. 218
〈세 사람의 철학자〉
조르조네, 1505년경

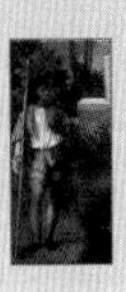

p. 223
〈폭풍우〉(부분)
조르조네,
1508년경

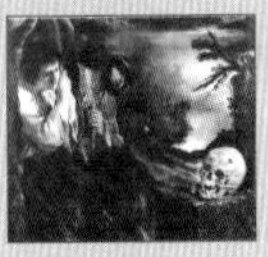

p. 223
〈아르카디아에도 내가 있다〉
게르치노,
1618~1622년

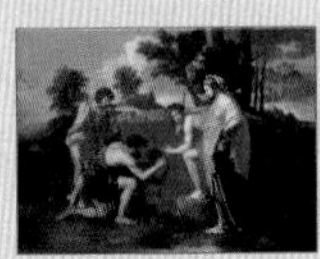

p. 224
〈아르카디아에도 내가 있다〉
니콜라 푸생,
1637~1638년

11 목이 긴 성모

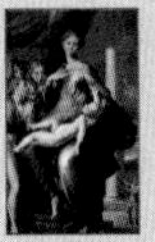

p. 228
〈목이 긴 성모〉
파르미자니노,
1534~1540년

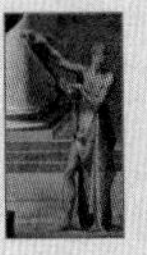

p. 228
〈목이 긴 성모〉(부분)
파르미자니노,
1534~1540년

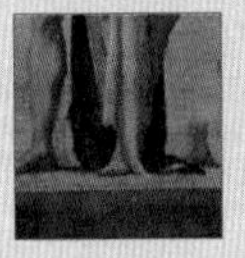

p. 230
〈목이 긴 성모〉(부분)
파르미자니노,
1534~1540년

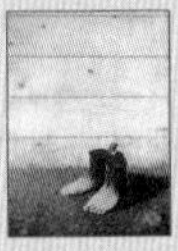

p. 230
〈붉은 모델〉
르네 마그리트,
1937년

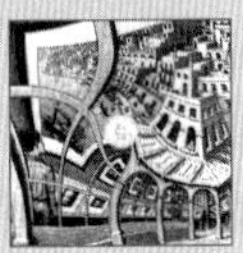

p. 233
〈판화 화랑〉
M. C. 에셔,
1956년

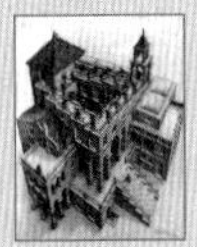

p. 233
〈올라가고 내려가고〉
M. C. 에셔,
1960년

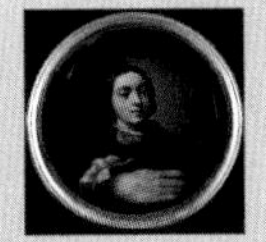

p. 233
〈구면 거울에 비친 자화상〉
파르미자니노,
1524년

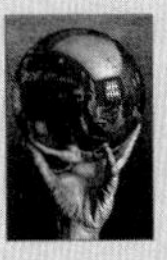

p. 233
〈거울 구슬을 든 손〉
M. C. 에셔,
1935년

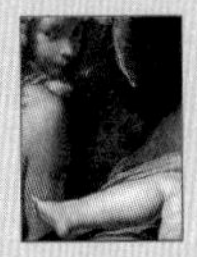

p. 234
〈목이 긴 성모〉(부분)
파르미자니노,
1534~1540년

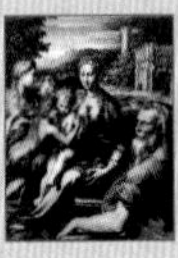

p. 235
〈스가랴와 함께 있는 성모〉
파르미자니노,
1530년경

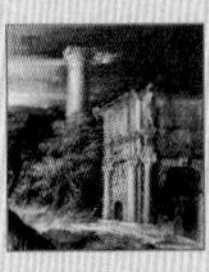

p. 235
〈스가랴와 함께 있는 성모〉(부분)
파르미자니노,
1530년경

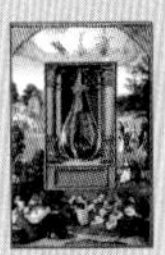

p. 239
《태양의 광휘》에 나오는 삽화
1532~1535년

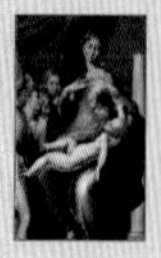

p. 241
〈목이 긴 성모〉(부분)
파르미자니노,
1534~1540년

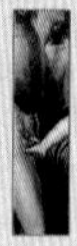

p. 241
〈목이 긴 성모〉(부분)
파르미자니노,
1534~1540년

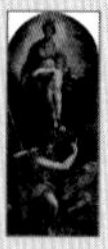

p. 242
〈성 히에로니무스의 환상〉
파르미자니노,
1527년

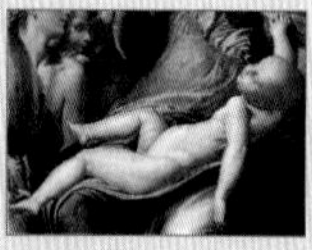

p. 245
〈목이 긴 성모〉(부분)
파르미자니노,
1534~1540년

12 고야의 개

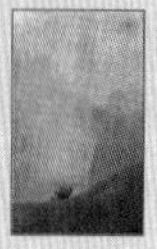

p. 250
〈개〉
프란시스코 고야,
1820~1823년

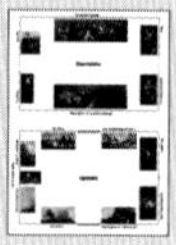

p. 254, 255
'검은 회화' 의 배치도

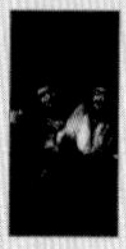

p. 259
〈두 여인과 한 남자〉
프란시스코 고야,
1820~1823년

교수대 위의 까치 **진중권의 독창적인 그림 읽기**

지은이 | 진중권

1판 1쇄 발행일 2009년 10월 12일
1판 3쇄 발행일 2011년 1월 10일

발행인 | 김학원
편집인 | 선완규
경영인 | 이상용
편집장 | 위원석 정미영 최세정 황서현
기획 | 임은선 나희영 박인철 김은영 박정선 김희은 김서연 정다이
디자인 | 김태형 유주현
마케팅 | 하석진 김창규
저자 · 독자 서비스 | 조다영 함주미(humanist@humanistbooks.com)
스캔 · 출력 | 이희수 com.
용지 | 화인페이퍼
인쇄 | 청아문화사
제본 | 정민제본

발행처 | (주)휴머니스트 출판그룹
출판등록 | 제313-2007-000007호(2007년 1월 5일)
주소 | (121-869) 서울시 마포구 연남동 564-40
전화 | 02-335-4422 팩스 | 02-334-3427
홈페이지 | www.humanistbooks.com

ISBN 978-89-5862-290-1 03600

만든 사람들

기획 | 선완규(swk2001@humanistbooks.com), 김은영
편집 | 임미영
디자인 | 민진기디자인